Der Kalte Streik

Europäische Hochschulschriften Recht

European University Studies in Law

Publications Universitaires Européennes de Droit

Band/Volume **6781**

Justin Melzer

Der Kalte Streik

PETER LANG

Berlin - Bruxelles - Chennai - Lausanne - New York- Oxford

Bibliografische Information der Deutschen Nationalbibliothek
Die Deutsche Nationalbibliothek verzeichnet diese Publikation in der Deutschen Nationalbibliografie; detaillierte bibliografische Daten sind im Internet über http://dnb.d-nb.de abrufbar.

Zugl.: Berlin, Freie Univ., Diss., 2023

D 188
ISSN 0531-7312
ISBN 978-3-631-90574-6
EBOOK 978-3-631-90665-1
E-PUB 978-3-631-90666-8
DOI 10.3726/b21082

Verlegt durch: Peter Lang GmbH, Berlin, Deutschland

info@peterlang.com- www.peterlang.com

Diese Publikation wurde begutachtet.

Vorwort

Diese Arbeit wurde im Frühjahr 2023 von der Juristischen Fakultät der Freien Universität Berlin als Dissertation angenommen.

Mein herzlicher Dank gilt meinem Doktorvater Herrn Prof. Dr. Felix Hartmann, LL.M. (Harvard). Er hat diese Arbeit angeregt, betreut und gefördert. Ich danke Prof. Dr. Florian Rödl (M.A.) für die Erstellung des Zweitgutachtens.

Dem Land Berlin danke ich für die Förderung meines Promotionsvorhabens im Rahmen des Elsa-Neumann-Stipendiums.

Amadeus Haux sowie Marcus Bertz gebührt mein aufrichtiger Dank nicht nur für die hilfreichen Anregungen, Diskussionen und Ratschläge, sondern auch für ihre Begleitung während der gesamten Examens- und Promotionszeit. Für zahlreiche Aufmunterungen und ihre Unterstützung danke ich Marcia Ferle.

Von Herzen danke ich meiner Mutter für alles, was sie für mich getan und mir ermöglicht hat; ohne sie wäre ich nicht dort, wo ich jetzt bin. Ihr widme ich die Arbeit.

Hamburg, im Mai 2023
Justin Melzer

Inhaltsverzeichnis

Abkürzungsverzeichnis

a. A.	anderer Ansicht; auch: anderer Auffassung
a. M.	am Main
Abs.	Absatz
AEUV	Vertrag über die Arbeitsweise der Europäischen Union
AFG	Arbeitsförderungsgesetz
AG	Aktiengesellschaft
Anm.	Anmerkung
AöR	Archiv des öffentlichen Rechts (Zeitschrift)
AP	Arbeitsrechtliche Praxis (Nachschlagewerk des Bundesarbeitsgerichts)
AR	Arbeitsrecht
AR-Blattei ES	Arbeitsrecht-Blattei Entscheidungssammlung (zum Arbeitsrecht)
AR-Kommentar	Kommentar zum gesamten Arbeitsrecht
ArbG	Arbeitsgericht
ArbGG	Arbeitsgerichtsgesetz
ArbR	Arbeitsrecht
ArbRB	Arbeits-Rechtsberater (Zeitschrift)
Art.	Artikel
Artt.	Artikel (Plural)
AT	Allgemeiner Teil
Aufl.	Auflage
AuR	Arbeit und Recht (Zeitschrift)
BAG	Bundesarbeitsgericht
BAGE	Entscheidungen des Bundesarbeitsgerichts (Entscheidungssammlung)
BB	Betriebs-Berater (Zeitschrift)
BeckOK	Beck´scher Online-Kommentar
BeckRS	beck-online.Rechtsprechung
Begr.	Begründer
Beil.	Beilage
Bekl.	Beklagte(r)
BGB	Bürgerliches Gesetzbuch

BGH	Bundesgerichtshof
BGHZ	Entscheidungen des Bundesgerichtshofes in Zivilsachen (Entscheidungssammlung)
BPSU	Berg Platow Schoof Unterhinninghofen
BVerfG	Bundesverfassungsgericht
BVerfGE	Entscheidungen des Bundesverfassungsgerichts (Entscheidungssammlung)
BVerwG	Bundesverwaltungsgericht
bzw.	beziehungsweise
c. i. c.	culpa in contrahendo
DB	Der Betrieb (Zeitschrift)
ders.	Derselbe
DGB	Deutscher Gewerkschaftsbund
dies.	dieselbe(n)
Diss.	Dissertation
E-Mail	Electronic Mail
EGMR	Europäischer Gerichtshof für Menschenrechte
Einl.	Einleitung
EMRK	Europäische Menschenrechtskonvention
ErfK	Erfurter Kommentar zum Arbeitsrecht
ESC	Europäische Sozialcharta
EuZA	Europäische Zeitschrift für Arbeitsrecht
EzA	Entscheidungssammlung zum Arbeitsrecht
f.	folgende
ff.	fortfolgende
Fn.	Fußnote
FS	Festschrift
GDL	Gewerkschaft Deutscher Lokomotivführer
GG	Grundgesetz
ggf.	gegebenenfalls
GmbH	Gesellschaft mit beschränkter Haftung
GMP	Germelmann Matthes Prütting
GRC	Charta der Grundrechte der Europäischen Union
GRUR	Gewerblicher Rechtsschutz und Urheberrecht (Zeitschrift)
GS	Gedächtnisschrift
Habil.	Habilitation
Hrsg.	Herausgeber

i. E.	im Ergebnis
i. S. d.	im Sinne des
i. V. m.	in Verbindung mit
IG Metall	Industriegewerkschaft Metall
IGH	Internationaler Gerichtshof
IAO	Internationale Arbeitsorganisation
ILO	International Labour Organization
JbArbR	Jahrbuch des Arbeitsrechts
JJb	Juristen-Jahrbuch
JM	juris Die Monatszeitschrift
Jur.	Juristische
JuS	Juristische Schulung (Zeitschrift)
JZ	JuristenZeitung (Zeitschrift)
Kap.	Kapitel
KG	Kammergericht
Kl.	Kläger(in)
LAG	Landesarbeitsgericht
LAGE	Entscheidungen der Landesarbeitsgerichte (Entscheidungssammlung)
m. w. N.	mit weiteren Nachweisen
MünchHandbuch	Münchener Handbuch
MünchKomm	Münchener Kommentar
NJOZ	Neue Juristische Online Zeitschrift
NJW	Neue Juristische Wochenschrift (Zeitschrift)
NJW-RR	Neue Juristische Wochenschrift Rechtsprechungs-Report (Zeitschrift)
NJW-Spezial	Neue Juristische Wochenschrift Spezial (Zeitschrift)
NK-ArbR	Nomos Gesamtes Arbeitsrecht Kommentar
Nr.	Nummer
NZA	Neue Zeitschrift für Arbeitsrecht
NZA-Beil.	Neue Zeitschrift für Arbeitsrecht Beilage
NZA-RR	Neue Zeitschrift für Arbeitsrecht Rechtsprechungs-Report
OLG	Oberlandesgericht
RdA	Recht der Arbeit (Zeitschrift)
RG	Reichsgericht

RGZ	Entscheidungssammlung der Entscheidungen des Reichsgerichts in Zivilsachen
Rn.	Randnummer
S.	Satz; auch: Seite
SAE	Sammlung Arbeitsrechtlicher Entscheidungen
sog.	sogenannt(e/r/s)
SR	Soziales Recht (Zeitschrift)
StGB	Strafgesetzbuch
TVG	Tarifvertragsgesetz
u. a.	unter anderem; auch: und andere
Univ.	Universität
US	United States
v.	vom; auch: von
ver.di	Vereinte Dienstleistungsgewerkschaft
vgl.	vergleiche
WSI	Wirtschafts- und Sozialwissenschaftliches Institut
z. B.	zum Beispiel
ZAF	Zeitschrift für Arbeitsmarktforschung
ZESAR	Zeitschrift für europäisches Sozial- und Arbeitsrecht
ZFA	Zeitschrift für Arbeitsrecht
zit.	Zitiert
ZPO	Zivilprozessordnung
ZTR	Zeitschrift für Tarifrecht

Einleitung

A. Vorbemerkung

„Die Gewerkschaft X hat für Donnerstag und Freitag Warnstreiks an vier Flughäfen in Deutschland angekündigt. Betroffen sind die Städte München, Köln, Bremen und Frankfurt am Main. Die Gewerkschaft X hat ihre Mitglieder dazu aufgerufen, ihre Arbeit von Donnerstag ab 0:00 Uhr bis Freitag um 24:00 Uhr ruhen zu lassen." So oder ähnlich lauten regelmäßig die Eilmeldungen in den deutschen Medien, nachdem eine Gewerkschaft der Flugbegleiter/-lotsen oder Piloten ihren Streikbeschluss veröffentlicht hat. Für die Bevölkerung bedeutet diese Meldung primär, dass sie in dem angegebenen Zeitraum mit erheblichen Komplikationen bei der Abwicklung des Flugverkehrs zu rechnen hat. Sofern die Möglichkeit besteht, buchen die Reisewilligen daher noch kurzfristig ihre Flüge um oder weichen auf andere Verkehrsmittel aus. Das betroffene Unternehmen kann hingegen anhand des Streikbeschlusses, von dem es in der Regel bereits vor der Medienmeldung auf anderem Wege Kenntnis erhalten hat, nicht nur die Zugehörigkeit der Gewerkschaft zum sich anbahnenden Streik erkennen und das verfolgte Streikziel überprüfen, sondern auch sein eigenes Verhalten darauf abstimmen. Vor diesem Hintergrund scheint die Streikankündigung zunächst einer dem Grunde nach fairen Verhaltensweise zu entsprechen.

Erweitert man allerdings den Blick hierauf, kann die Streikankündigung in einem weit weniger unschuldigen Licht erscheinen. Sie kann unter Umständen, angesichts des von der Rechtsprechung aufgestellten Postulats der Kampfmittelfreiheit[1], als sog. atypisches Arbeitskampfmittel zu qualifizieren sein. Dies ist insbesondere dann nicht auszuschließen, wenn die Gewerkschaft mit der Streikankündigung ein koalitionsspezifisches Ziel verfolgt, also Druck auf den Kampfgegner ausübt, um eine Tarifeinigung zu erzwingen. Werden Streikankündigungen kurzfristig zurückgenommen, kann dies als zielgerichtetes Druckmittel gegen den Arbeitgeber bewertet werden, um ihm Vermögenseinbußen zuzufügen. Im Schrifttum wird diese Vorgehensweise mittlerweile als *„Kalter Streik"* bezeichnet.[2] Besonders bei Dienstleistungsunternehmen aus der

---

1 Vgl. BAGE 163, 219 = NZA 2019, 100; BAGE 132, 140 = NZA 2009, 1347; BAGE 123, 134 = NZA 2007, 1055.

2 Soweit ersichtlich verwendete erstmals *Hromadka*, Editorial NJW 32/2010 in solchen Konstellationen den Begriff „Kalter Streik".

Verkehrsbranche (Schienen- und Flugverkehr), deren Leistungen nicht nachholbar sind, können die wirtschaftlichen Folgen eines solchen Kalten Streiks erheblich sein. Die Unternehmen haben hierbei nicht nur die Umstände zu bewältigen, die mit der Vorbereitung einer Streikabwehr verbunden sind, sondern sie verlieren für den Zeitraum des angekündigten Streiks auch (potentielle) Kunden. Ferner müssen sie den Lohn für Arbeitnehmer zahlen, die sie infolge der Umorganisation für den Fall einer Streikdurchführung gar nicht benötigen. Auf diese Weise kann es den Gewerkschaften gelingen, auf den Kampfgegner gewaltigen Druck auszuüben, der *sie* nichts, aber den betroffenen Unternehmer empfindlich viel kostet, was das folgende Beispiel veranschaulicht:

Die Gewerkschaft A ist für die Piloten des Flugunternehmens Y tarifzuständig. Die Gewerkschaft und der Arbeitgeber führten in den letzten Wochen ausführliche Tarifverhandlungen, welche allerdings ergebnislos blieben. Eine entgegenstehende relative Friedenspflicht besteht für die Tarifforderung der Gewerkschaft A nicht mehr. Ein Schlichtungsverfahren wurde von den Parteien erfolglos durchgeführt. Die Gewerkschaft kündigt hieraufhin gegenüber dem Arbeitgeber des Betriebs und der Öffentlichkeit einen Streik für die darauffolgende Woche (Montag–Mittwoch, Montag ab 6:00 Uhr) an. Der Arbeitgeber reagiert und arbeitet gemeinsam mit dem Betriebsrat einen Ersatz- bzw. Notfallplan aus, der der Sicherung und Aufrechterhaltung der Funktionsfähigkeit des Betriebs dient und von der Gewerkschaft gebilligt wird. Die Gewerkschaft A sagt 24 Stunden vor dem angekündigten Zeitraum ihren geplanten Streik ab. Der wirtschaftliche Schaden für das Unternehmen hingegen ist bereits eingetreten: stornierte Flüge, ausbleibende Flugbuchungen wie auch Vergütungszahlungen an (nach dem Notfallplan tatsächlich nicht benötigte) Arbeitnehmer. Das Flugunternehmen kann den Ersatz- bzw. Notfallplan erst nach drei Tagen zum Regelbetrieb zurücksetzen.

In der vorgenannten Fallkonstellation sorgt die Gewerkschaft A allein mit der Ankündigung des Streiks für Komplikationen im Betriebsablauf des Kampfgegners Y. Die vorzeitige Absage des Streiks durch die Gewerkschaft A kann den wirtschaftlichen Schaden, den das Flugunternehmen erlitten hat, nicht rückgängig machen. Darüber hinaus ist das Vertrauen potentieller Kunden in die zuverlässige Erfüllung der angebotenen Dienstleistungen des Betriebs Y für die nächste Zeit erschüttert. Das Flugunternehmen verliert an den darauffolgenden Tagen weiterhin einen guten Teil seiner Kunden, da diese die angespannte Arbeitskampfsituation zwischen der Gewerkschaft A und dem Betrieb Y nicht einschätzen können. Da der angekündigte Streik nicht stattfindet und die organisierten Arbeitnehmer somit dem Arbeitgeber gegenüber nicht ihre Streikteilnahme erklären, benötigen diese hingegen keine finanzielle Unterstützung aus der Streikkasse ihrer Gewerkschaft. Sie ist nämlich nur dann zur finanziellen Unterstützung ihrer Mitglieder verpflichtet, wenn diesen durch eine Teilnahme am Streik Einbußen bei der Vergütung bzw. den Dienstbezügen entstehen.[3] Ohne also ihre Streikkasse zu belasten, kann die Gewerkschaft A somit schon ganz erheblichen Druck auf ihren Kampfgegner ausüben.

Außerdem bewirkt die Ankündigung eines Streiks (gerade in Bereichen der Daseinsvorsorge) in den meisten Fällen in Deutschland auch eine große Medienpräsenz. Dabei beschränkt sich die Berichterstattung von Presse und Rundfunk erfahrungsgemäß nicht auf die angekündigte Dauer des Streiks, den betroffenen Werksstandort und generell auf die zu erwartenden Auswirkungen, sondern informiert stets auch über die konkrete Tarifforderung der Gewerkschaft. Den sich so zusätzlich noch aufbauenden öffentlichen Druck auf den Arbeitgeber kann sich die Gewerkschaft zu Nutze machen, um ihn gezielt zu einer Tarifeinigung nach ihren Vorstellungen zu bewegen.

Im Ergebnis hat die Gewerkschaft A mittels der (zurückgenommenen) Streikankündigung eine ihre eigenen Finanzen schonende Situation geschaffen, die den Kampfgegner Y bis zur Tarifeinigung allerdings in wirtschaftlicher Hinsicht schädigen kann. Der Betrieb Y dürfte zu weitreichenden Zugeständnissen bereit sein, da erst ab dem Zeitpunkt, an dem die Kampfparteien sich auf einen Tarifvertrag geeinigt haben werden, die Öffentlichkeit wieder auf die störungsfreie Erfüllung der angebotenen Dienstleistungen des Betriebs Y vertrauen wird.

Der Thematik des Kalten Streiks hat die Wissenschaft bisher nur wenig Aufmerksamkeit geschenkt. Angesichts des großen Schadens, den diese bei Unternehmen bewirken können, und der Unsicherheit der rechtlichen Beurteilung dieser Konstellationen ist allerdings eine ausgreifende Untersuchung erforderlich, vor allem, wenn man bedenkt, dass die Gewerkschaften die Streikankündigung als Instrument des Arbeitskampfes für sich entdeckt haben.[4] In Anbetracht des in der Vergangenheit veränderten Beurteilungsmaßstabs des BAG bezüglich bestimmter Ausformungen des Arbeitskampfes[5], stellt sich zumal die Frage, wie mit der Streikankündigung als möglicher neuer und außergewöhnlicher

---

3 Vgl. beispielsweise die Satzung von ver.di, die unter § 16 die finanzielle Unterstützung der Gewerkschaftsmitglieder regelt, online abrufbar unter: https://wdr.verdi.de/++file++5e1d766e554ace5a91809666/download/2019_Satzung_Stand%20September.pdf (zuletzt abgerufen am 14.8.2020), sowie die ver.di Arbeitskampfrichtlinie unter § 11, online abrufbar unter: https://www.grundeinkommen.de/wp-content/uploads/2016/02/Arbeitskampfrichtlinie-gultig-ab-1.-Januar-2011.pdf (zuletzt abgerufen am 14.8.2020).

4 So warnend *Höpfner*, in: Neue Arbeitswelt (2014), S. 115 (139); ebenfalls *Ubber*, in: Deutsche und europäische Tariflandschaft im Wandel (2013), S. 139 (140).

5 Vgl. BAGE 132, 140 = NZA 2009, 1347; BAGE 123, 134 = NZA 2007, 1055.

Arbeitskampfmaßnahme rechtlich umzugehen ist. Die Abgrenzung des Kalten Streiks von der Ankündigung tatsächlich geplanter Arbeitskampfmaßnahmen fällt bereits, wie noch zu sehen sein wird, mit Blick auf die Rechtsprechung von BAG und BVerfG schwer. Sie ist jedoch schon allein deswegen notwendig, weil, je nachdem, um was es sich im Einzelfall handelt, unterschiedliche rechtliche Schlüsse mit unterschiedlichen rechtlichen Folgen daraus zu ziehen sind.

B. Ziel und Gang der Untersuchung

Ziel der vorliegenden Untersuchung ist es, die Streikankündigung und im Besonderen das Phänomen des Kalten Streiks und dessen rechtliche Einordnung umfassend zu beleuchten.

Hierauf ausgerichtet, folgt die Untersuchung dem nachfolgend kurz skizzierten Aufbau:

Die Untersuchung beginnt in *Kapitel 1* mit einer Darstellung der Streikankündigung, in deren Rahmen nicht nur das Wesen der Streikankündigung und deren rechtliche Einordnung zu behandeln ist, sondern auch klärungsbedürftige Vorfragen zum Kalten Streik thematisiert und beantwortet werden. Thema eines weiteren Unterabschnitts des ersten Kapitels ist die bisher vom Schrifttum gewählte Aktionsbezeichnung „Kalter Streik" und die Begutachtung ihrer begrifflichen Sinnhaftigkeit. Außerdem werden die Anforderungen besprochen, die an die Nichtumsetzung einer Streikankündigung zu stellen sind. Abschließend folgt in diesem Teil der Untersuchung die Beantwortung der Vorfrage, ob es faktisch aus Sicht der Gewerkschaft naheliegend wäre, den Kalten Streik in die Riege der atypischen Arbeitskampfmittel einzureihen. Hierfür werden in einem knappen Exkurs auch die Ursachen aufgezeigt, die im Wesentlichen für den Umbruch bei den Arbeitskampfstrategien von Gewerkschaften verantwortlich sind, und die stets wiederkehrenden Spezifika von atypischen Arbeitskampfmitteln herausgestellt.

Kapitel 2 widmet sich den für die Untersuchung notwendigen arbeitskampfrechtlichen Grundlagen. Herausgearbeitet wird die verfassungsrechtliche Gewährleistung des Arbeitskampfes, in diesem Rahmen insbesondere die Herleitung des Arbeitskampfes aus Art. 9 Abs. 3 GG, sowie – aufgrund der fehlenden gesetzlichen Regulierung – das notwendige „Einspringen" des Richters in arbeitskampfrechtlichen Sachverhalten als „Ersatzgesetzgeber". Darüber hinaus erhält der Leser Informationen über die Voraussetzungen für einen rechtmäßigen Arbeitskampf, einzeln aufgeschlüsselt und unter Beachtung der aktuellen Rechtsprechungsentwicklung beschrieben und teilweise kritisch hinterfragt.

Dies verdeutlicht, dass die aktuellen höchstrichterlichen Anforderungen an einen rechtmäßigen Arbeitskampf nicht gänzlich überzeugen können.

Es folgt in *Kapitel 3* die Untersuchung, ob insbesondere nach der subjektiv ausgerichteten Ermittlungsmethode des BAG eine Einordnung der Streikankündigung als atypisches Arbeitskampfmittel in der Praxis möglich erscheint. Im gleichen Zuge soll die Rechtsprechung auf unterschiedliche Fälle der Streikankündigung vorbereitet werden. Denkbare Abgrenzungsfälle, in denen die Streikankündigung eine Rolle spielt, sind in diesem Zusammenhang zu erörtern, und es ist zu prüfen und zu beurteilen, ob die Streikankündigung im Einzelfall als Kalter Streik eingeordnet werden kann. Ist die Streikankündigung als selbständiges atypisches Arbeitskampfmittel einzuordnen, gilt es, sie – gemessen an der aktuellen Judikatur des BAG – einer Rechtmäßigkeitskontrolle zu unterziehen. Die wenigen Äußerungen im Schrifttum zu diesem Themenkomplex sind gebührend zu berücksichtigen.

Schließlich behandelt *Kapitel 4* die zivilrechtlichen Konsequenzen, die eine Gewerkschaft nach Einsatz eines Kalten Streiks sowie einer rechtswidrigen Streikankündigung treffen kann.

Den Abschluss bildet eine Zusammenfassung mit den wesentlichen Ergebnissen der Arbeit in Schlussthesen.

C. Arbeitsbegriffe

Zwei elementare Begriffe im Rahmen der Untersuchung, für die es keine Legaldefinition gibt, sind die Begriffe „Arbeitskampf" und „atypischer Arbeitskampf". Es erscheint daher angebracht, zunächst Klarheit zu schaffen, wie diese im Rahmen der Arbeit verstanden werden sollen, um etwaigen Missverständnissen vorzubeugen. Bereits an dieser Stelle ist aber darauf hinzuweisen, dass von dieser Definition nicht auf die rechtliche Zulässigkeit des hinter dem Begriff stehenden Instruments geschlossen werden kann.[6]

Unter dem Begriff „*Arbeitskampf*" ist hier eine kollektive Maßnahme zu verstehen, welche die zielgerichtete Ausübung kollektiven Drucks von Arbeitgeber- oder Arbeitnehmerseite mittels Störung der Arbeitsbeziehung zur Erreichung eines bestimmten Ziels beinhaltet.[7] Herkömmlich verbindet man den

6 So bereits *Kamanabrou*, Arbeitsrecht (2017), S. 648; *Zöllner/Loritz/Hergenröder*, Arbeitsrecht (2015), S. 547; *Otto*, Arbeitskampf- und Schlichtungsrecht (2006), S. 1; *Brox/Rüthers*, Arbeitskampfrecht (1982), S. 16.

7 So in etwa auch *Gooren*, Der Tarifbezug des Arbeitskampfes (2014), S. 50.

Arbeitskampf begrifflich mit dem „Streik“ und der „Aussperrung“. Anzumerken ist jedoch, dass die einzelnen Definitionsmerkmale im Schrifttum hoch umstritten sind und teilweise deutlich weiter ausgelegt werden.[8] So will ein Teil des Schrifttums etwa vom Definitionsmerkmal „Störung der Arbeitsbeziehung“ abrücken und nur das Zufügen von Nachteilen, die der jeweils anderen Seite aus der kollektiven Maßnahme erwachsen, als (begrifflich) ausreichend erachten[9].

Ausgehend vom allgemeinen Sprachgebrauch wird der *„atypische Arbeitskampf“* hier als eine Maßnahme definiert, die vom Typus des gewöhnlichen Arbeitskampfes abweicht. Demgemäß sind darunter all jene Konstellationen begrifflich zu subsumieren, denen gemeinsam ist, dass sie nicht auf die passive Vorenthaltung der Vertragsleistung der eigenen Seite beschränkt sind.[10]

---

8 Siehe weiterführend zum Streitstand über den Arbeitskampfbegriff *Gooren*, Der Tarifbezug des Arbeitskampfes (2014), S. 42 ff., *Szigetvári*, Moderne Erscheinungsformen des Arbeitskampfes (2020), S. 5 ff. sowie *Nonnenmühlen*, Atypische Arbeitskampfmittel der Arbeitnehmerseite (2017), S. 7 ff.

9 *Chiu*, Die Zulässigkeit atypischer Arbeitskampfformen und die Kampfmittelfreiheit (2016), S. 93 ff.; *Otto*, Arbeitskampf- und Schlichtungsrecht (2006), S. 3; *Treber*, Aktiv produktionsbehindernde Maßnahmen (1996), S. 103.

10 So auch *Nonnenmühlen*, Atypische Arbeitskampfmittel der Arbeitnehmerseite (2017), S. 10.

Kapitel 1: Die Streikankündigung

Kapitel 1 widmet sich der Streikankündigung, die im Zentrum der vorliegenden Untersuchung steht. Was unter Streikankündigung zu verstehen und wie sie rechtlich einzuordnen ist, zeigt sich im Abschnitt A. Abschnitt B. befasst sich anschließend mit der zweckentfremdeten Variante der Streikankündigung, dem Phänomen des Kalten Streiks, und den diesbezüglich relevant erscheinenden Fragen.

A. Streikankündigung als Verfahrensbestandteil

Nach Verortung der Streikankündigung in den Tarifkonflikt (I.) steht ihr Wesen im Mittelpunkt der Untersuchung, und es wird der Versuch unternommen, für mit dem Wesen der Streikankündigung im Zusammenhang stehende Fragen eine Klärung herbeizuführen (II.). Dazu zählen etwa die Fragen, welche Rechtsnatur, welchen Inhalt und welchen Adressaten eine Streikankündigung hat. Anschließend ist die Streikankündigung von anderen Erscheinungsformen im Tarifkonflikt abzugrenzen, um Verwechslungen vorzubeugen (III.).

I. Rolle der Streikankündigung im Tarifkonflikt

In der deutschen Arbeitskampfpraxis gehen einem Streik regelmäßig verschiedene Verfahrensabläufe[11] voraus. Je nach Situation kann es bei diesen in der Praxis zu Abweichungen kommen, die sich durch die Umstände nachvollziehbar erklären lassen.

Zeitlich betrachtet beginnt der Tarifkonflikt bereits, sobald die Gewerkschaft den Arbeitgeber(-verband) schriftlich über ihre Forderung informiert.[12] Anschließend finden Tarifverhandlungen statt, in denen Angebote unterbreitet und Kompromisslösungen gesucht werden. Die Verhandlungsparteien loten hierbei aus, wo die Kompromisslinie der jeweils anderen liegt. Bei stockenden Verhandlungen kommt es gelegentlich vor, dass Aussagen von Seiten der Gewerkschaft getroffen werden, die Druck auf die andere Partei ausüben und so deren Kompromissbereitschaft fördern sollen. Dies kann mitunter dergestalt

11 Vgl. zum Ablauf eines Tarifkonflikts auch das Schaubild von *Reichold*, Arbeitsrecht (2019), S. 326.

12 BPSU, Tarifvertragsgesetz und Arbeitskampfrecht (2010), S. 636.

erfolgen, dass bereits zu diesem Zeitpunkt (öffentliche) Drohungen mit dem Inhalt ausgesprochen werden, die Gewerkschaft werde in den kommenden Wochen oder Monaten immer wieder zu Streikmaßnahmen aufrufen, die jeweils erst kurz vor dem Beginn angekündigt würden.[13] Im Bereich des Einzelhandels sowie des Verkehrs sind solche Drohungen in der Vergangenheit schon häufiger zu beobachten gewesen.

Gewöhnlich vereinbaren die Parteien nach einer Tarifverhandlungsrunde einen neuen Verhandlungstermin oder signalisieren zumindest der jeweils anderen Seite, einen weiteren Verhandlungstermin wahrnehmen zu wollen. Erfolgt dies nicht, so liegt ein Verhandlungsabbruch vor. Gleichwohl sind die Tarifverhandlungen damit nicht offiziell gescheitert. Nach einer Abkühlungsphase und Sondierungsgesprächen finden gelegentlich erneut Verhandlungen statt. Hält die Gewerkschaft die Verhandlungsmöglichkeiten für ausgeschöpft und sieht keine andere Möglichkeit, mit der Arbeitgeberseite zu einer Einigung zu gelangen, erfolgt regelmäßig ein Streikbeschluss. Hierüber informiert sie den Kampfgegner in der Regel mittels *Streikankündigungsschreiben*. Daraufhin ruft die Gewerkschaft die möglichen Streikenden (Mitglieder und Nicht-Mitglieder) zum zeitlich befristeten Warnstreik auf. Dies kann grundsätzlich auch während der noch laufenden Tarifverhandlungen geschehen.[14] Der angekündigte Warnstreik lässt sich – abgesehen von der Möglichkeit, beim jeweils zuständigen Arbeitsgericht den Erlass einer einstweiligen Verfügung auf Untersagung des angekündigten Streiks zu beantragen – in aller Regel nur noch durch beachtliche Zugeständnisse oder durch die Erfüllung der gewerkschaftlichen Forderungen vermeiden. Mittels Warnstreik demonstriert die Gewerkschaft dem Arbeitgeber(-verband), dass sie gewillt ist, ihre Forderung notfalls auch mit Hilfe eines (länger andauernden) Erzwingungsstreiks durchzusetzen.[15] Oftmals genügen Warnstreiks als Erzwingungshandlung, um die Verhandlungs- und Kompromissbereitschaft der anderen Seite zugunsten der Gewerkschaft wesentlich zu beeinflussen. In allen anderen Fällen eskaliert der Konflikt zwischen den Parteien weiter und es folgt am Ende einer hart geführten Verhandlungsrunde eine formelle Scheiternserklärung direkt gegenüber dem Verhandlungsgegner oder auch über die Presse.[16]

---

13 *Ubber*, in: Deutsche und europäische Tariflandschaft im Wandel (2013), S. 139 (140).

14 BAGE 58, 364 (381 f.) = NZA 1988, 846 (848 f.); vgl. zum Problem des Warnstreiks etwa: *Kissel*, in: Rechtswissenschaft im Wandel (2007), S. 491 ff.; *Picker*, Der Warnstreik und die Funktion des Arbeitskampfes in der Privatrechtsordnung (1983).

15 *Hromadka/Maschmann*, Arbeitsrecht, Band 2 (2017), S. 165.

16 *Lesch*, Industrielle Beziehungen 2017, 31 (38).

Soweit keine Schlichtung vorgesehen ist, ergeht die Aufforderung an alle Mitglieder, an der beschlossenen Urabstimmung als verbandsinterner Voraussetzung für die Einleitung eines Streiks teilzunehmen. Es müssen in der Regel 75 %[17] der zur Urabstimmung aufgerufenen und nicht verhinderten Mitglieder für die Arbeitseinstellung gestimmt haben. Erst anschließend entscheidet der Bundesvorstand der Gewerkschaft grundsätzlich über die Einleitung und Durchführung des Erzwingungsstreiks. Nachdem der Streikbeschluss dem Kampfgegner bekanntgegeben worden ist (Streikankündigung), ruft die Gewerkschaft zum Streik auf. Daraufhin folgt, soweit keine wesentliche Änderung der Situation eintritt, der Erzwingungsstreik zum angegebenen Zeitpunkt.

II. Wesen der Streikankündigung

1. Streikankündigung als formale Rechtmäßigkeitsvoraussetzung

Die Streikankündigung im herkömmlichen Sinne ist eine andere Bezeichnung für die Bekanntgabe des Kampfbeschlusses. Aber sie ist auch *formale Rechtmäßigkeitsvoraussetzung* für das Arbeitskampfgeschehen[18] und muss vor Kampfbeginn gegenüber dem Kampfgegner erfolgen[19].

Entgegen der Auffassung von Raab, der Zweifel an der Rechtsgrundlage hat, weil sich die Kundgabe des Streikbeschlusses als Kampfvoraussetzung nicht problemlos unter das Gebot der fairen Kampfführung fassen lasse[20], ist das Gebot der fairen Kampfführung die spezifische Rechtsgrundlage für diese Mitteilungspflicht[21]. Vergegenwärtigt man sich, dass dieses vom BAG anerkannte Gebot[22] (siehe hierzu auch noch unten Kap. 2 B. V. 2. c) sowie Kap. 3 B. IV.) dem Zweck dient, den Missbrauch der Arbeitskampffreiheit zu unterbinden und die Beziehungen der Arbeitsvertragsparteien (aber auch der Tarifvertragsparteien)

---

17 Siehe beispielsweise § 4 Nr. 3 ver.di Arbeitskampfrichtlinie (2010) sowie § 22 Nr. 3 IG Metall Satzung (2016); *Hromadka/Maschmann*, Arbeitsrecht, Band 2 (2017), S. 182.

18 BAGE 142, 98 (111) = NZA 2012, 1372 (1376); *Ricken*, in: MünchHandbuch-ArbR (2019), Rn. 272.36.

19 BAGE 152, 260 (266) = NZA 2016, 179 (181); *Rieble*, BB 2014, 949; *Raab*, in: FS Otto (2008), S. 405 (424, 428 ff.).

20 *Raab*, in: FS Otto (2008), S. 405 (426 f.).

21 BAG NZA 1997, 397 (398); BAGE 81, 213 (219) = NZA 1996, 389 (390); Schaub/*Treber*, Arbeitsrechts-Handbuch (2019), Rn. 192.36; Däubler/*Wolter/Schubert/Rödl*, Arbeitskampfrecht (2018), Rn. 16.9; *Wißmann*, in: Das Arbeitsrecht der Gegenwart (1998), S. 115 (124).

22 Vgl. BAGE 23, 292 (307) = BeckRS 9998, 152519 unter III. A. 2. b).

vor einer schwerwiegenden Belastung im Anschluss an den stattgefundenen Arbeitskampf zu bewahren[23], so lässt sich die Streikankündigung dem sehr wohl zuordnen. Die Kampfparteien müssen sich fair gegenüber der jeweils anderen Seite verhalten; das betrifft sowohl das Bedürfnis, Informationen zu erhalten als auch die Art und Weise der Durchführung des Arbeitskampfes.[24] Mithilfe der Streikankündigung ist die Gegenseite in der Lage zu beurteilen, ob der geplante Streik rechtsmissbräuchlich genutzt wird. Dass sie als Kampfvoraussetzung dem Streik zeitlich vorgeschaltet ist, steht der Zuordnung zum Gebot der fairen Kampfführung als Rechtsgrundlage nicht entgegen. Die Arbeitgeberseite soll mit der Streikankündigung darüber in Kenntnis gesetzt werden, ob der vorbereitete Streik von der (tarifzuständigen) Gewerkschaft getragen wird.[25] Die Gegenseite muss wissen, ob sie einer Kampfmaßnahme ausgesetzt ist, damit sie ihr eigenes Verhalten danach ausrichten und beispielsweise von ihren arbeitskampfrechtlichen Reaktionsmöglichkeiten Gebrauch machen kann.[26] Zudem erhält der Arbeitgeber(-verband) durch die Ankündigung die letztmalige Möglichkeit, den sich anbahnenden Streik durch Erfüllung der gewerkschaftlichen Forderungen abzuwenden[27], ebenso wie die mit dem Streik verbundene wirtschaftliche Belastung für das Unternehmen. Voraussetzung dafür ist, dass dem Gegenüber aber auch die genaue Streikforderung übermittelt wird, die mit dem Arbeitskampf durchgesetzt werden soll.[28] Denn nur so wird die Arbeitgeberseite in die Lage versetzt, auf die Forderung einzugehen und sie ggf. auf ihre Rechtmäßigkeit hin zu kontrollieren. Eine Mindestankündigungsfrist für die Streikankündigung existiert nicht. Sie lässt sich nicht aus dem Gebot der fairen Kampfführung ableiten. Es geht bei der Streikankündigung nicht darum, der Arbeitgeberseite eine *großzügig* bemessene Vorbereitungszeit für Abwehrmaßnahmen zu

23 *Ricken*, in: MünchHandbuch-ArbR (2019), Rn. 272.59.

24 BAGE 81, 213 (219) = NZA 1996, 389 (390) („In beiden Fällen ergibt sich aus dem Gebot der fairen Kampfführung das gleiche Informationsbedürfnis der Gegenseite. Es wird durch die Notwendigkeit bestimmt, das eigene Verhalten auf die Kampfmaßnahmen […] einzustellen.“); BAGE 73, 141 (149) = NZA 1993, 809 (811) („Dazu gehört auch, daß die Art der Kampfführung den Regeln eines fairen Kampfes entspricht“).

25 Däubler/*Wolter/Schubert/Rödl*, Arbeitskampfrecht (2018), Rn. 16.9.

26 BAGE 152, 260 (266) = NZA 2016, 179 (181); BAGE 142, 98 (111) = NZA 2012, 1372 (1376); NZA 1997, 397 (398).

27 Däubler/*Wolter/Schubert/Rödl*, Arbeitskampfrecht (2018), Rn. 16.9.

28 *Raab*, in: FS Otto (2008), S. 405 (431).

verschaffen.[29] Folglich genügt es, wenn eine Streikankündigung kurzfristig vor Streikbeginn erfolgt.

Die Bedeutung der Streikankündigung ist für das Arbeitskampfgeschehen nicht zu unterschätzen. Die *fehlerfreie* Streikankündigung leitet die Phase des Arbeitskampfes ein und ist Voraussetzung für das weitere Vorgehen. Unmittelbar betrifft sie mit ihrer Rechtsfolge zunächst nur das Verhältnis der Kampfparteien. Die Streikankündigung markiert den Übergang von der (reinen) Verhandlungsphase in die Phase des Arbeitskampfes und berechtigt den Kampfgegner seinerseits zu Abwehrmaßnahmen. Aber auch für den einzelnen Arbeitnehmer ist ihr eine gewichtige Rolle beizumessen. Wenn es nämlich an der Bekanntgabe gegenüber dem Kampfgegner mangelt, ist der anschließende Streik als rechtswidrig einzuordnen. Erst der Zugang des Kampfbeschlusses beim Kampfgegner eröffnet den Arbeitnehmern nach offizieller Aufforderung zum Streik durch die Gewerkschaft die Suspendierung des Arbeitsverhältnisses durch individuelle Kampferklärung bzw. Streikteilnahme.[30] Hierbei bleibt den Arbeitnehmern indes nichts anderes übrig, als sich auf die ihnen übermittelten Informationen und den ordnungsgemäßen Umgang der Gewerkschaft mit der Streikankündigung zu verlassen.

2. *Rechtsnatur der Streikankündigung*

Ausgehend von der Erkenntnis, dass der Streikankündigung eine rechtserhebliche Wirkung zukommt, stellt sich die Frage nach ihrer Rechtsnatur. Bedeutung hat dies vor allem in Hinsicht auf die Anwendbarkeit der Vorschriften des Bürgerlichen Gesetzbuchs. In der Literatur wird teilweise vertreten, dass es sich bei der Bekanntgabe des Streikbeschlusses um eine rechtsgeschäftsähnliche Handlung handelt.[31] Andere kategorisieren sie unter Zugrundelegung einer anderen Rechtsfolge als Willenserklärung, und zwar konkret als „Zustimmung im Sinne der §§ 182 ff. BGB [...] zu der im Wege eines einseitigen Rechtsgeschäfts erfolgenden Ausübung des Streikrechts durch die Arbeitnehmer."[32] Die

29 Däubler/*Wolter/Schubert/Rödl*, Arbeitskampfrecht (2018), Rn. 16.9.

30 *Rieble*, BB 2014, 949.

31 So etwa ErfK/*Linsenmaier*, Arbeitsrecht (2020), Art. 9 GG Rn. 138; *Ricken*, in: MünchHandbuch-ArbR (2019), Rn. 272.36; Däubler/*Wolter/Schubert/Rödl*, Arbeitskampfrecht (2018), Rn. 16.9 (in Fn. 12); *Raab*, in: FS Otto (2008), S. 405 (426); *Otto*, Arbeitskampf- und Schlichtungsrecht (2006), S. 139; *ders.*, Anm. zu BAG, Urteil v. 23.10.1996 – 1 AZR 269/96, EzA Art. 9 GG Arbeitskampf Nr. 126 unter I. 1.

32 *Seiter*, Streikrecht und Aussperrungsrecht (1975), S. 252 f. („Da es entscheidend auf die Verlautbarung des Streikbeschlusses ankommt, liegt es nahe, die gewerkschaftliche

Rechtsprechung hat es vermieden, sich bezüglich der Frage der Rechtsnatur festzulegen.

Der grundlegend anmutende Streit verliert jedoch an Schärfe vor dem Hintergrund, dass bei Einordnung der Streikankündigung als rechtsgeschäftsähnliche Handlung die für Willenserklärungen direkt geltenden Vorschriften analog zur Anwendung kommen.

Der Gewerkschaft geht es bei einer Streikankündigung nicht darum, das einzelne Arbeitsverhältnis zu gestalten. Es ist ihr eher daran gelegen, mit der Streikankündigung die notwendigen kollektiven, verbandsrechtlichen Voraussetzungen für die Durchführung des Arbeitskampfes zu schaffen. Die Ankündigung beseitigt mithin nur eine Schranke, die dem durch Art. 9Abs. 3 GG dem Grunde nach gewährleisteten Streikrecht im Wege steht.[33] Zudem tritt die von Art. 9 Abs. 3 GG an die Streikankündigung geknüpfte Rechtsfolge unabhängig vom Vorhandensein eines darauf gerichteten Willens der Gewerkschaft ein. So kann die Streikankündigung etwa primär darauf gerichtet sein, den Kampfgegner zur Kompromissbereitschaft zu veranlassen, oder aber darauf, ihn nur – fairerweise – über die Streikmodalitäten zu informieren. Die besseren Gründe sprechen deshalb dafür, in der Bekanntgabe des Streikbeschlusses bzw. der Streikankündigung eine rechtsgeschäftsähnliche Handlung zu sehen.

3. *Zuständigkeit für die Streikankündigung und deren Adressat*

Auf Arbeitnehmerseite kann nur die *Gewerkschaft als Tarifpartei* auftreten und zum Mittel des Arbeitskampfes greifen. Darum muss der Streikbeschluss von den zuständigen Organen der Gewerkschaft gefasst und durch diese oder durch Bevollmächtigte kundgegeben werden.

Als *Adressat* einer Streikankündigung kommen sowohl Arbeitgeber als auch Arbeitgeberverband in Betracht. Je nachdem, ob die Gewerkschaft den Streik um einen Firmen- oder Verbandstarifvertrag führen will, ergeben sich gewisse Abweichungen. Bei Arbeitskämpfen um *Firmentarifverträge* kann die Streikankündigung einzig und allein den Arbeitgeber zum Adressaten haben, wobei als empfangsberechtigt eine Führungskraft anzusehen ist, die nach ihrer Stellung in der betrieblichen Hierarchie für die Organisation der betrieblichen Arbeit

---

Billigung und Übernahme des Streiks mit der zivilrechtlichen Figur der Zustimmung im Sinne der §§ 182 ff. BGB zu erfassen, und zwar als Zustimmung zu der im Wege eines einseitigen Rechtsgeschäfts erfolgenden Ausübung des Streikrechts durch die Arbeitnehmer.“).

33 So zutreffend *Otto*, Arbeitskampf- und Schlichtungsrecht (2006), S. 139.

zuständig ist.[34] Anders sieht es hingegen bei Arbeitskämpfen um *Verbandstarifverträge* aus. Hier kann nach der Rechtsprechung des BAG die Ankündigung gegenüber dem Verband, also der Partei des angestrebten Tarifvertrags, *oder* gegenüber dem betroffenen Arbeitgeber erfolgen.[35] Anders gewendet: Sofern der betroffene Arbeitgeber von der geplanten Arbeitskampfmaßnahme unterrichtet worden ist, sei es also entbehrlich, die potentielle Tarifpartei über den Streikbeschluss zu informieren. Es genüge, dass der vom Ankündigungsinhalt unmittelbar Betroffene seine Reaktionsmöglichkeiten erkennen und angemessen reagieren könne. Überzeugender ist es indes, im Falle von Arbeitskämpfen um Verbandstarifverträge den Arbeitgeberverband als *notwendigen* Erklärungsempfänger zu sehen,[36] weil die Streikankündigung gemäß § 130 Abs. 1 S. 1 BGB analog demjenigen, bei dem die Rechtsfolge eintreten soll, zugehen muss. Da die Streikankündigung in erster Linie den Übergang von der (reinen) Verhandlungsphase in die Phase des Arbeitskampfes markiert und den Kampfgegner seinerseits zu Abwehrmaßnahmen berechtigt, entfaltet sie nur Rechtsfolgen im Verhältnis der Kampfparteien untereinander. Für das einzelne Arbeitsverhältnis löst sie dagegen keine unmittelbaren Rechtsfolgen aus. Die Streikankündigung schafft nur die Grundlage dafür, dass die Arbeitnehmer sich an dem geplanten Streik beteiligen können. Zudem kommt es im Streit um einen Verbandstarifvertrag entscheidend auf den Druck an, der auf den Verband ausgeübt wird.[37] Einzig der Verband als Verhandlungsgegner kann auf die mit dem Streikbeschluss übermittelte Tarifforderung eingehen und den geplanten Streik abwenden. Hieraus allein schon folgt, dass Erklärungsempfänger (mindestens auch) derjenige sein muss, mit dem der angestrebte Tarifvertrag geschlossen werden soll.[38] Der Gewerkschaft bleibt es indes unbenommen, den betroffenen Arbeitgeber sowie die Öffentlichkeit zusätzlich zu einer dem Kampfgegner zugegangen Streikankündigung (medienwirksam) zu informieren.

---

34 Siehe dazu *Otto*, Arbeitskampf- und Schlichtungsrecht (2006), S. 139.

35 BAG NZA 1997, 397 (398) („Hierbei ist von der Regel auszugehen, daß die erforderliche Mitteilung ihren Zweck immer dann erfüllt, wenn sie unmittelbar an den Kampfgegner, also an den von einem Streik betroffenen Arbeitgeber […] gerichtet ist. Eine Erklärung, die stattdessen den zuständigen Arbeitgeberverband […] zum Adressaten hat, genügt dem Unterrichtungserfordernis freilich ebenso.").

36 Dafür ebenfalls plädierend Schaub/*Treber*, Arbeitsrechts-Handbuch (2019), Rn. 192.36; *Raab*, in: FS Otto (2008), S. 405 (429 f.).

37 *Raab*, in: FS Otto (2008), S. 405 (429 f.).

38 Ähnlich argumentiert *Raab*, in: FS Otto (2008), S. 405 (429).

Erfährt nur der Arbeitgeberverband vom Streikbeschluss, muss er sein Mitglied hierüber unverzüglich informieren. Diese Informationspflicht lässt sich aus der schuldrechtlichen Beziehung zwischen ihnen herleiten. Unterbleibt die Information, stellt dies eine Pflichtverletzung im Verhältnis zwischen Verband und dem betroffenen Mitglied dar und kann dies, sofern alle weiteren Voraussetzungen für einen solchen vorliegen, einen Schadensersatzanspruch des einzelnen Arbeitgebers gegenüber seinem Verband aus § 280 BGB zur Folge haben.[39] Die Nichtweitergabe der Information an das Verbandsmitglied bleibt ohne Folgen auf arbeitskampfrechtlicher Ebene. Das Versäumnis des Arbeitgeberverbands tangiert nicht das bislang ordnungsgemäße Vorgehen der Gewerkschaft.

4. *Inhalt und Form der Streikankündigung*

Die *inhaltlichen Anforderungen* an die Streikankündigung ergeben sich aus dem Zweck des Kundgabeerfordernisses.[40] Der Kampfgegner muss aufgrund der Streikankündigung erkennen können, ob der geplante Streik rechtmäßig ist und inwieweit Gegenmaßnahmen sinnvoll sind.[41] Sie muss daher Informationen zum Träger des Streiks, zur Art des Streiks, zum Zeitraum des Streiks, zum Kreis der betroffenen Arbeitnehmer(-gruppe) sowie zum Streikziel enthalten.[42] Die hiermit übermittelte Tarifforderung muss so *bestimmt* sein, dass sie dem bestreikten Arbeitgeber oder Arbeitgeberverband eine *Rechtmäßigkeitskontrolle ermöglicht.*[43] Eine vage und allgemein gehaltene Forderung (wie z. B. „zur Verbesserung der betrieblichen Altersvorsorge") reicht nach der hier vertretenen Auffassung nicht. Ein gewisser Bestimmtheitsgrad ist notwendig, denn andernfalls würde dies den Weg für eine mangelnde Überprüfbarkeit durch den Empfänger ebnen.

---

39 So wohl auch *Raab*, in: FS Otto (2008), S. 405 (431).

40 *Raab*, in: FS Otto (2008), S. 405 (431); *Otto*, Anm. zu BAG, Urteil v. 23.10.1996 – 1 AZR 269/96, EzA Art. 9 GG Arbeitskampf Nr. 126 unter I.°2.

41 *Raab*, in: FS Otto (2008), S. 405 (431).

42 *Ricken*, in: MünchHandbuch-ArbR (2019), Rn. 272.36.

43 LAG Berlin-Brandenburg BeckRS 2008, 53654 unter II°2.3.2; ErfK/*Linsenmaier*, Arbeitsrecht (2020), Art. 9 GG Rn. 117; *Rieble*, BB 2014, 949 sowie *Kissel*, Arbeitskampfrecht (2002), S. 220 fordern, dass die Tarifforderung in einer so klar gefassten Form erfolgen muss, dass sie der Arbeitgeberseite erlaubt, diese mit einem bloßen „Ja" anzunehmen, was zwar begrüßenswert ist, wohl aber als zu weitgehend anzusehen sein dürfte.

An eine bestimmte *Form* ist die Streikankündigung nicht gebunden.[44] Eine Streikankündigung kann dem Kampfgegner in Form einer E-Mail, eines Telefax oder eines Schreibens zugehen. Nach der BAG-Rechtsprechung genügt es ebenso, wenn der Kampfgegner den Streikbeschluss den ihm zugänglichen Quellen entnehmen kann, so etwa den Medien, einem im Betrieb, der bestreikt werden soll, verteilten Flugblatt oder einer öffentlichen Verlautbarung auf einer Pressekonferenz der Gewerkschaft.[45] Allerdings muss nach dem BAG eine öffentliche Verlautbarung hinreichend genaue Angaben enthalten und tatsächlich zur Kenntnis des Kampfgegners gelangen.[46] Dem Erklärungsempfänger könne nicht zugemutet werden, alle am Ort verfügbaren Medien ständig daraufhin zu verfolgen, ob sie eine Erklärung der Gegenseite über Kampfmaßnahmen enthalten. Die Kampfpartei trage das Risiko für die Übermittlung der Information.[47] Alle Ungenauigkeiten gehen zulasten derjenigen Kampfpartei, die sich für ihre Mitteilung öffentlicher Medien bedient.[48]

Dass die öffentliche Verlautbarung des Streikbeschlusses aus Sicht der Rechtsprechung ausreicht, ist jedoch keineswegs selbstverständlich. Im Vergleich zu den allgemeinen Regeln bedeutet dies eine deutliche Lockerung. Bei einer rechtsgeschäftsähnlichen Handlung ist es gemäß § 130 Abs. 1 BGB analog nämlich grundsätzlich erforderlich, dass die Erklärung zielgerichtet gegenüber dem Erklärungsempfänger erfolgt.[49] Eine an die Öffentlichkeit gerichtete Äußerung wird dem normalerweise nicht gerecht. Das richterrechtlich entwickelte Arbeitskampfrecht lässt jedoch Spielraum für Abweichungen von der allgemeinen Rechtsgeschäftslehre, sofern diese den Besonderheiten des Arbeitskampfes entsprechen. Eine zu berücksichtigende Besonderheit kann der Umgang der Tarifvertragsparteien mit den Medien sein. Die tariflichen Gegenspieler bedienen sich der Medien regelmäßig, wenn es darum geht, wechselseitig ihre Argumente auszutauschen und gleichzeitig die öffentliche Meinung für sich geneigt zu

---

44 BAGE 142, 98 (111) = NZA 2012, 1372 (1376).

45 Vgl. BAGE 142, 98 (111) = NZA 2012, 1372 (1376 f.); BAG NZA 1997, 397 (398); BAGE 81, 213 (220) = NZA 1996, 389 (390); Däubler/*Wolter/Schubert/Rödl*, Arbeitskampfrecht (2018), Rn. 16.10.

46 BAG NZA 1997, 397 (399).

47 BAG NZA 1997, 397 (399).

48 BAG NZA 1997, 397 (399).

49 *Otto*, Anm. zu BAG, Urteil v. 23.10.1996 – 1 AZR 269/96, EzA Art. 9 GG Arbeitskampf Nr. 126 unter I.°2.°b); *Raab*, in: FS Otto (2008), S. 405 (432); siehe allgemein zur Abgabe von Willenserklärungen statt vieler *Neuner*, BGB AT (2020), Rn. 33.2 ff. sowie *Wertenbruch*, JuS 2020, 481 f.

machen.[50] Insofern dürften sie auch um die Tragweite ihrer medialen Äußerungen wissen. Zudem begründet in der Regel eine offizielle Medienmitteilung über einen Beschluss hinsichtlich des Kampfverhaltens einer Seite, vor allem wegen des damit regelmäßig einhergehenden gewaltigen Medienechos, eine gewisse Selbstbindung.[51]

Gegen die Zulässigkeit einer solchen öffentlichen Verlautbarung und damit gegen die Auffassung des BAG spricht, dass es hierfür kein Bedürfnis gibt. Die Gewerkschaft kann ihren Streikbeschluss dem zuständigen Adressaten unmittelbar mitteilen und *außerdem* damit an die Öffentlichkeit gehen. Den Kampfgegner vom Streikbeschluss unmittelbar in Kenntnis zu setzen, stellt besonders in Zeiten elektronischer Kommunikationsmittel auch keinen unverhältnismäßigen Aufwand dar. Die Gewerkschaft könnte zwar mit nur einer an die Öffentlichkeit gerichteten Streikankündigung gleich „mehrere Fliegen mit einer Klappe" schlagen, denn damit könnte sie in einem Zuge mithin das Informationsinteresse der Allgemeinheit stillen, Druck auf den Kampfgegner ausüben sowie die formale Voraussetzung für den Arbeitskampf erfüllen. Jedoch kann die Verringerung eines (organisatorischen) Aufwands nicht Grund für das Abweichen von eindeutigen gesetzlichen Regelungen sein, zumal es hierfür keine offensichtliche Notwendigkeit gibt. Zudem würde sich die Gewerkschaft bei der öffentlichen Verlautbarung ihres Streikbeschlusses einem im Grunde von vornherein vermeidbaren (Schadensersatz-)Risiko aussetzen. Sie würde nämlich auf die Gewissheit, ob und inwieweit ihre (für den Streik formalrechtlich notwendige) Streikankündigung dem Kampfgegner tatsächlich vollständig und zutreffend zur Kenntnis gelangt, verzichten. Erhält die Arbeitgeberseite – aus welchen Gründen auch immer – keine oder nicht zutreffende Informationen, fällt dieser Fehler auf die Gewerkschaft zurück, da ein gleichwohl durchgeführter Streik bereits formal rechtswidrig ist und infolgedessen Schadensersatzansprüche auslösen kann. Selbst wenn sie dieses Risiko sehenden Auges in Kauf nehmen würde, so kann das nicht bedeuten, dass der Ersatzgesetzgeber das Risiko und den Nährboden für Konflikte rechtlich ebnet und dieses Verhalten sogar „fördert".

---

50 Dazu bereits *Otto*, Anm. zu BAG, Urteil v. 23.10.1996 – 1 AZR 269/96, EzA Art. 9 GG Arbeitskampf Nr. 126 unter I.°2.°b).

51 *Otto*, Anm. zu BAG, Urteil v. 23.10.1996 – 1 AZR 269/96, EzA Art. 9 GG Arbeitskampf Nr. 126 unter I.°2.°b); hieran zweifelnd *Raab*, in: FS Otto (2008), S. 405 (432) („Ob eine in der Presse lancierte Erklärung, die sich in erster Linie an die Öffentlichkeit wendet, aus der Sicht eines verständigen Empfängers den erforderlichen Bindungswillen erkennen lassen kann, erscheint durchaus zweifelhaft."); a.°A. *Mayer-Maly*, Anm. zu BAG, Urteil v. 23.10.1996 – 1 AZR 269/96, AR-Blattei ES 170.1 Nr. 44.

Darüber hinaus gewinnt die Arbeitgeberseite durch eine unmittelbare Inkenntnissetzung (unerheblich in welcher Form) an Plansicherheit und Kontrollfähigkeit. Das geringfügige Maß an Formalisierung[52], das zugegebenermaßen durch die Ablehnung einer mittelbaren Inkenntnissetzung des Kampfgegners über den Streikbeschluss in das Arbeitskampfgeschehen Einzug hält, wäre dann aber ein verhältnismäßig geringer Preis für mehr Rechtssicherheit.

Es lassen sich Gründe für und gegen eine Abweichung von vorhandenen gesetzlichen Regelungen ausmachen. Die hier vertretene Auffassung plädiert für den Ausschluss der Möglichkeit, die Öffentlichkeit als Übermittlungsmedium für die Streikankündigung zu nutzen, weil die gewonnene Rechtssicherheit, Planungssicherheit und Kontrollfähigkeit den verhältnismäßig geringen zusätzlichen Aufwand, den die Gewerkschaft hat, deutlich überwiegen.

III. Abgrenzung zu anderen Erscheinungsformen

Um begrifflichen Verwechslungen unterschiedlicher „Mitteilungen" mit sich deutlich voneinander unterscheidenden Inhalten vorzubeugen, werden diese im Folgenden in der Reihenfolge, in welcher sie im Tarif- bzw. Arbeitskampfkonflikt erfolgen (sollen), skizzenhaft erörtert. Von der Streikankündigung sind die Streikdrohung, die Streikvorankündigung, der Streikaufruf sowie die individuelle Kampfteilnahmeerklärung des Arbeitnehmers zu unterscheiden.

1. Streikdrohung

Anders als bei der Streikankündigung lassen sich einer „Streikdrohung", wie der Begriff bereits vermuten lässt, keine verlässlichen Informationen zum Streikbeginn sowie zum Streikziel entnehmen. Ein Organ oder ein Bevollmächtigter der Gewerkschaft informiert die Gegenseite nur in sehr groben Zügen über einen möglichen Streikbeginn. Der Mangel an übermittelten Informationen ist auf den fehlenden Streikbeschluss zurückzuführen, der gewerkschaftsintern Ziel und Umfang des Streiks festlegt. Ob der angedrohte Streik tatsächlich in dem Zeitraum, den die Streikdrohung vermuten lässt, stattfindet, kann nicht mit Gewissheit angenommen werden. Machen die Verhandlungen bedeutende Fortschritte oder bedarf die Vorbereitung des möglichen Arbeitskampfes mehr Zeit als angenommen, finden die Ausstände jedenfalls in dem grob ins Auge gefassten Zeitraum nicht statt. Die Gegenseite ist auf Basis dieser Drohung weder in der Lage,

52 BAGE 132, 140 (155) = NZA 2009, 1347 (1353) („Das Arbeitskampfgeschehen ist einer Formalisierung weitgehend entzogen.").

die Rechtmäßigkeit des angedrohten Streiks zu überprüfen, noch ihr operatives Geschäft verlässlich an die bevorstehenden Ausstände anzupassen. Der Gewerkschaft dient die Streikdrohung einzig als Druckinstrument im frühen Stadium des Tarifkonflikts, ohne dass dieser ein rechtserheblicher Inhalt zukommt.

2. *Streikvorankündigung*

Im Zusammenhang mit der Milderung von Streikfolgen für Drittbetroffene wird diskutiert, ob den Gewerkschaften – in Anlehnung an ausländische Regelungen[53] – die Pflicht auferlegt werden soll, einen Streik *in Betrieben der Daseinsvorsorge* unter Nennung bestimmter Angaben (Gegner, Beginn und Dauer der geplanten Streikmaßnahme) und Einhaltung einer angemessenen Frist gegenüber Kampfgegner und Öffentlichkeit vorher anzukündigen.[54] Auf Basis einer solchen Vorankündigung sollen Kampfgegner sowie Dritte bereits frühzeitig Vorkehrungen für mögliche Streikfolgen treffen können. Als Vorankündigungszeit sind, teilweise abhängig vom betroffenen Wirtschaftsbereich, drei bis zehn Tage vor dem geplanten Streik in der Diskussion.[55] Die Befürworter

53 In Frankreich besteht eine Vorankündigungspflicht für Streikmaßnahmen im Bereich des öffentlichen Sektors (*secteur public*) gemäß Art. L. 2512-2, 3 *Code du Travail* von mindestens fünf Tagen, vgl. ausführlich hierzu *Gärtner*, Die gesetzliche Regulierung von Bahnstreiks in Frankreich (2012), S. 63 ff., 209 ff. In Italien trifft die Gewerkschaft gemäß § 2 Abs. 5 des Gesetzes Nr. 146 v. 12.6.1990 die Pflicht, Arbeitskämpfe im öffentlichen Transportwesen mindestens zehn Tage vorher anzukündigen.

54 Vgl. hierzu etwa *Green*, Arbeitskämpfe zulasten der Allgemeinheit (2017), S. 100 ff.; *Manzanza Lumingu*, Regelung des Streikrechts in Bereichen der Daseinsvorsorge in der Bundesrepublik Deutschland (2017), S. 201 f.; *Hänsle*, Streik und Daseinsvorsorge (2016), S. 725 ff.; *Rudkowski*, Der Streik in der Daseinsvorsorge (2010), S. 99 ff.; *Bayreuther*, NZA 2008, 12 (17).

55 *Manzanza Lumingu*, Regelung des Streikrechts in Bereichen der Daseinsvorsorge in der Bundesrepublik Deutschland (2017), S. 201; *Stegmüller*, NZA 2015, 723 (724 f.); *Rieble*, ZAF 2005, 218 (225 f.); *Birk/Konzen/Löwisch/Raiser/Seiter*, ArbeitskampfG (1988), S. 58; *Franzen/Thüsing/Waldhoff*, Arbeitskampf in der Daseinsvorsorge (2012), S. 112. *Rudkowski*, Der Streik in der Daseinsvorsorge (2010), S. 199, 224, 233 f., 246, 267, 269 differenziert je nach betroffener Branche und plädiert bspw. bei der Bundesdruckerei (S. 269) für eine vierwöchige (Vor-)Ankündigungsfrist. *Rieble*, ZAF 2005, 218 (225) fordert zur Schadensbegrenzung für jede Arbeitskampfmaßnahme eine allgemeine Ankündigungsfrist von drei Tagen.

der Vorankündigungspflicht siedeln sie im Bereich der Verhältnismäßigkeit an[56] oder berücksichtigen sie im Rahmen von Arbeitskampfgesetzentwürfen[57]. Soweit ersichtlich, soll ihr nur eine rein informative Wirkung zukommen. Bis jetzt sind Vorankündigungen lediglich freiwillig und erfolgen gelegentlich in der Verkehrsbranche.

Die Instanzrechtsprechung verneint überwiegend eine Pflicht zur Vorankündigung einzelner Streikmaßnahmen.[58] Die Kampftaktik könne nämlich gerade darin liegen, den Gegner zu überraschen.[59] Über die Einführung einer Vorankündigungspflicht herrscht im Schrifttum seit jeher Streit, ohne dass sich bisher eine Seite mit besseren Argumenten durchsetzen konnte. Im Unterschied zur Bekanntgabe des Streikbeschlusses ist die umstrittene Streikvorankündigung jedenfalls – sollte sie verpflichtend sein – zwingend (auch) an die Öffentlichkeit zu richten, fristgebunden, informationsschwächer (zumindest im Hinblick auf die Tarifforderung) und in ihrem Anwendungsbereich sowie ihrer Rechtswirkung verschieden.

3. *Streikaufruf*

Der Streikaufruf ist die offizielle Aufforderung zum Streik an die möglichen Streikenden (Mitglieder und Nicht-Mitglieder). Er geht von der zuständigen Streikleitung der Gewerkschaft aus. Der Streikaufruf ist damit – obwohl gelegentlich so verwendet – nach zutreffender Auffassung[60] weder begrifflich noch funktional mit dem Streikbeschluss gleichzusetzen. In der Praxis fallen indes oftmals die Bekanntgabe des Streikbeschlusses an die Arbeitgeberseite und der Streikaufruf zusammen. In diesen Fällen wird der (notwendige) Text des Streikbeschlusses schlicht für den Streikaufruf verwendet und in legitimer Form an die Arbeitgeberseite weitergeleitet.

---

56 Vgl. etwa *Rudkowski*, Der Streik in der Daseinsvorsorge (2010), S. 99 („Ebenfalls im Bereich der Verhältnismäßigkeit anzusiedeln wäre die Pflicht, den Streik anzukündigen").

57 Vgl. *Birk/Konzen/Löwisch/Raiser/Seiter*, ArbeitskampfG (1988), S. 58; *Franzen/Thüsing/Waldhoff*, Arbeitskampf in der Daseinsvorsorge (2012), S. 112, 134.

58 LAG Köln NZA-RR 1999, 153; LAG Niedersachsen AP GG Art. 9 Arbeitskampf Nr. 69; differenzierend ArbG Berlin, Urteil v. 29.4.2008 – 58 Ga 6014/08 (zitiert nach juris).

59 LAG Köln NZA-RR 1999, 153.

60 Däubler/*Wolter/Schubert/Rödl*, Arbeitskampfrecht (2018), Rn. 16.11.

4. *Individuelle Kampfteilnahmeerklärung des Arbeitnehmers*

Mit der Kampfteilnahmeerklärung bringt der einzelne Arbeitnehmer gegenüber seinem Arbeitgeber zum Ausdruck, dass er sich dem angekündigten Streik anschließt. Die Kampfteilnahmeerklärung ist notwendig für die Suspendierung seiner arbeitsvertraglichen Pflichten. Das Arbeitskampfrecht formuliert damit einen *individuellen Freiwilligkeitsvorbehalt* für die Kampfteilnahme.[61] Dahinter steht der Gedanke, dass der kampfführende Verband nicht durch seine kollektive Erklärung in die Lage versetzt sein darf, in das Arbeitsverhältnis seiner Mitglieder einzugreifen. Andernfalls könnten die Mitglieder vom Kollektiv gegen ihren Willen zur Kampfteilnahme gezwungen werden. Praktische Relevanz erreicht die Kampfteilnahmeerklärung in ausdrücklicher Form, wenn die Arbeitspflicht bereits aus einem anderen rechtlichen Grund (z.B. Urlaub, Krankheit, Schwangerschaft) suspendiert ist und der Arbeitnehmer seine Streikteilnahme daher nicht konkludent durch Nichterscheinen zur Arbeit erklären kann.[62] Im Unterschied zur Streikankündigung ist die Kampfteilnahmeerklärung folglich im Individualverhältnis zwischen Arbeitgeber und Arbeitnehmer zu verorten.

IV. Fazit

Abschließend lässt sich festhalten:

1. Die Streikankündigung ist Synonym für die Bekanntgabe des Streikbeschlusses.
2. Für jeden Streik ist eine (fristlose) Ankündigung notwendig, damit die jeweilige Gegenseite überprüfen kann, ob sie einer rechtmäßigen Kampfmaßnahme ausgesetzt ist.
3. Die Streikankündigung läutet die Phase des Arbeitskampfes ein und berechtigt den Kampfgegner seinerseits zu Abwehrmaßnahmen. Erst nach Zugang der Streikankündigung beim Kampfgegner (und offizieller Aufforderung zum Streik) gelingt es den Arbeitnehmern, ihre arbeitsvertraglichen Pflichten durch individuelle Kampfteilnahmeerklärung bzw. Streikteilnahme wirksam zu suspendieren.
4. Bei der Streikankündigung handelt es sich um eine geschäftsähnliche Handlung.
5. Die Streikankündigung muss Informationen zum Träger, zur Art und zum Zeitraum des Streiks sowie zum Kreis der betroffenen Arbeitnehmer(-gruppe)

61 *Rieble*, SAE 1996, 227 (230).
62 *Rieble*, SAE 1996, 227 (230); *Ricken*, in: MünchHandbuch-ArbR (2019), Rn. 272.37.

und zum Streikziel enthalten. Die an den Kampfgegner übermittelte Tarifforderung muss so bestimmt sein, dass sie ihm eine Rechtmäßigkeitskontrolle ermöglicht.

6. Die Streikankündigung ist an keine Form gebunden. Es kommt nur darauf an, dass diese den Kampfgegner, also denjenigen, mit dem der angestrebte Tarifvertrag geschlossen werden soll, auf unmittelbarem Wege zugeht.
7. Die Streikankündigung ist von Streikdrohung, Streikvorankündigung, Streikaufruf sowie individueller Kampfteilnahmeerklärung des Arbeitnehmers abzugrenzen. Von diesen Erscheinungsformen unterscheidet sie sich erheblich durch ihren Inhalt sowie ihren Wirkungsgehalt.

B. Kalter Streik

Die vorangegangenen Ausführungen betrafen die Streikankündigung im Allgemeinen. Dieser Abschnitt wendet sich nun der besonderen Situation zu, in der eine Gewerkschaft die Streikankündigung zweckentfremdet nutzt. Gemeint sind damit Konstellationen, in denen eine Streikankündigung durch die Gewerkschaft, jedoch – wie auch von Anfang an beabsichtigt – keine Arbeitsniederlegung im angekündigten Umfang erfolgt. Die Ankündigung wird zielgerichtet dazu eingesetzt, den Druck auf die Arbeitgeberseite zu erhöhen, und bei dieser schon infolge bloßer Ankündigung einen Vermögensschaden entstehen zu lassen bzw. sie aufgrund der Ankündigung dazu zu bewegen, nicht mehr reversible Vermögensdispositionen zu treffen.[63]

Warum der Begriff „Kalter Streik“ der treffende für diese Vorgehensweise der Gewerkschaften ist, ergibt sich aus Abschnitt I. Daraufhin ist der Frage, welchen Anforderungen die Nichtumsetzung bzw. Rücknahme einer Streikankündigung unterliegt, in Abschnitt II. nachzugehen. Ob es für die Gewerkschaften aus arbeitskampfrechtlicher Sicht reizvoll erscheint, den Kalten Streik in ihr Arbeitskampfrepertoire aufzunehmen, ist schließlich Gegenstand der Untersuchung im Abschnitt III.

I. Begriff „Kalter Streik“

Den Begriff des Kalten Streiks hat, soweit ersichtlich, zuallererst *Hromadka* geprägt.[64] Er ist mittlerweile allgemein anerkannt und wird einheitlich verwendet, um die eingangs erwähnte Strategie zu benennen. Der Begriff wurde

63 *Henssler*, in: FS Wank (2014), S. 137 (152).
64 *Hromadka*, Editorial NJW 32/2010.

in Anlehnung an die sog. „kalte Aussperrung“ gebildet, worunter die Gewerkschaften bekanntlich verstehen, dass der Arbeitgeber vermeintlich nur vorgibt, die Arbeitnehmer aufgrund von Fernwirkungen eines Arbeitskampfes bei Dritten (z.B. bei einem Zulieferbetrieb) nicht beschäftigen zu können und den Arbeitnehmern kein Entgelt unter Heranziehung der Arbeitskampfrisikolehre[65] (siehe zur Arbeitskampfrisikolehre unten Kap. 3 B. II. 1.) zahlen zu müssen.[66] Das Pendant hierzu ist der Kalte Streik, bei dem der Arbeitgeber den Arbeitnehmern ihr Entgelt zu zahlen hat, obwohl er sie nach seinen im Vertrauen auf die Streikankündigung gefassten Plänen nicht benötigt. Doch auch darüber hinaus vermag die Wahl des Begriffs zu überzeugen, denn dieser erfasst treffend das schädigende Ausmaß einer planmäßig nicht umgesetzten Streikankündigung. Die Auswirkungen einer Streikankündigung sind nämlich (in bestimmten Branchen) oft ähnlich gravierend wie im Falle eines tatsächlich durchgeführten „heißen Streiks“. Allein die mit der Streikankündigung entstehende Unsicherheit führt (in bestimmten Branchen) schon zu denselben Folgen wie der Streik selbst. Wird die Ankündigung beispielsweise immer wieder zurückgenommen, kann die Wirkung eines Streiks jedes Mal, ohne dass er tatsächlich stattfindet, durch die Hintertür erreicht werden (siehe hierzu noch Kap. 1 B. III. 2.).

II. Rücknahme der Streikankündigung als zentrales Merkmal des Kalten Streiks

In Anbetracht dessen, dass der Kalte Streik sich durch die Nichtumsetzung einer Streikankündigung auszeichnet, liegt es nahe, sich, wenn auch in aller Kürze, mit der grundlegenden Frage zu befassen, was Gewerkschaften bei der Absage eines angekündigten Streiks überhaupt zu berücksichtigen haben. Um dies beantworten zu können, ist zu erörtern, ob (1.) und inwieweit (2.) die Nichtumsetzung einer Streikankündigung dem Kampfgegner gegenüber angezeigt werden muss.

1. Notwendigkeit der Anzeige der Streikankündigungsrücknahme

Entschließt sich eine Gewerkschaft dazu, ihren angekündigten Streik nicht durchzuführen, beendet sie damit das Streikgeschehen, ohne dass das Kampfgeschehen tatsächlich stattgefunden hat. Es erscheint daher nur konsequent, auf diese Konstellation die Verhaltensregeln für die Beendigung des Streiks[67]

---

65 Zu den Grundsätzen der Arbeitskampfrisikolehre bei mittelbarer Kampfbetroffenheit vgl. nur Schaub/*Treber*, Arbeitsrechts-Handbuch (2019), Rn. 194.22 ff.

66 *Hromadka*, Editorial NJW 32/2010; *Henssler*, in: FS Wank (2014), S. 137 (151).

67 Vgl. hierzu BAG NZA 1997, 397 (398).

anzuwenden. Für die Gewerkschaft bedeutet dies, dass die Abgabe einer entsprechenden Erklärung gegenüber der Gegenseite verpflichtend ist. Die Gegenseite muss nämlich wissen, ob sie der angekündigten Kampfmaßnahme noch ausgesetzt ist, damit sie ihr eigenes Verhalten hierauf ausrichten kann.[68] Aus Rücksicht auf die Rechtsgüter der Gegenseite darf diese nicht in dem Glauben gelassen werden, der Streik finde noch statt.[69] Vor allem in Betrieben der Daseinsvorsorge, in denen Notdienstvereinbarungen bestimmte Folgen in Lauf setzen, ist ebendiese Inkenntnissetzung für die Wiederherstellung eines ordentlichen Betriebsablaufs sowie für die Vermeidung von Schäden von besonderer Wichtigkeit.

2. Anforderungen an die Streikankündigungsrücknahme

Weil durch die vorzeitige Absage des angekündigten Streiks das Recht zum Arbeitskampf erneut aktualisiert wird, muss sie konsequenterweise dieselben Formalien erfüllen wie eine Streikankündigung.[70] Zunächst heißt das, dass eine entsprechende Rücknahmeerklärung dem Kampfgegner auf unmittelbarem Wege zugehen muss. Eine besondere Form der Erklärung ist nicht erforderlich. Der Inhalt der Erklärung muss eindeutig erkennen lassen, dass der geplante Streik nicht stattfindet. Einen Grund für ihre Entscheidung muss die Gewerkschaft nicht angegeben; denn es liegt in ihrer verfassungsrechtlich gewährleisteten Koalitionsbetätigungsfreiheit (Art. 9 Abs. 3 GG), von einem geplanten Streik jederzeit wieder Abstand nehmen zu können (vgl. zur Koalitionsbetätigungsfreiheit unten Kap. 2 A. I.). Jedes andere Ergebnis würde im Übrigen dazu führen, dass ein angegebener Grund auf seine Plausibilität hin überprüft werden müsste. An einer Prüfung des Rücknahmegrundes hat jedoch selbst die Gegenseite wohl kaum ein Interesse, da die Absage des Streiks in der Regel gerade in deren Interesse sein dürfte (siehe aber zum Anschein, den eine grundlose Rücknahme einer Streikankündigung entstehen lassen kann, noch unten Kap. 3 A. II.).

---

68 BAG NZA 1997, 397 (398).

69 Siehe zu einer aus der Tarifvertragsanbahnung folgenden Rücksichtnahmepflicht etwa *Löwisch/Rieble*, TVG (2017), § 1 Rn. 1156 ff.

70 Gemäß BAG NZA 1997, 397 (398) gelten für die Beendigung eines Streiks vice versa dieselben Formalien wie für dessen Beginn.

III. Streikankündigung als atypisches Arbeitskampfmittel?

Ausgehend davon, dass (wie oben in Einl. C. beschrieben) der „*atypische Arbeitskampf*“ als Maßnahme definiert ist, die vom Typus des gewöhnlichen Arbeitskampfes abweicht, und darunter all jene Konstellationen begrifflich zu subsumieren sind, denen gemeinsam ist, dass sie nicht auf die passive Vorenthaltung der Vertragsleistung der eigenen Seite beschränkt sind[71], ist zu überlegen, den Kalten Streik in die Liste der atypischen Arbeitskampfmittel aufzunehmen. Fraglich ist, inwieweit dieser für Gewerkschaften einen strategischen Reiz besitzt und faktisch ihrer grundsätzlichen Strategieausrichtung entspricht (2.). Dem soll nachgegangen werden, nachdem exkursartig auf die Gründe für den Formenwandel des Arbeitskampfes eingegangen und auszugsweise die Ideenvielfalt von Arbeitskampfmitteln erläutert worden ist (1.).

1. Formenwandel des Arbeitskampfes

Gerade zum Ende des 20. Jahrhunderts fanden in der deutschen Wirtschaft Veränderungen statt, die insbesondere auf eine sich beschleunigende Internationalisierung der Wirtschaft und eine verstärkte Standortkonkurrenz zurückzuführen waren.[72] Der daraus resultierende Wettbewerbs- und Anpassungsdruck für die Unternehmen veranlassten diese zu wirtschaftlichen Optimierungsmodellen, um weiterhin am Markt bestehen zu können und für transnationale Unternehmen attraktive Investitionsmöglichkeiten zu schaffen.[73] Damit einher ging teilweise aber auch eine hohe Störanfälligkeit in der Wertschöpfungskette, die von den Gewerkschaften nicht unerkannt blieb und in ihrer Arbeitskampfstrategie noch heute berücksichtigt wird.[74] In einigen Bereichen der Wirtschaft gelingt es den Gewerkschaften nur mit wenigen Mitgliedern über kurz oder lang, selbst bei sozialen Gegenspielern, die sich – wie zuletzt die Billigfluglinie Ryan

---

71 So auch *Nonnenmühlen*, Atypische Arbeitskampfmittel der Arbeitnehmerseite (2017), S. 10.

72 *Müller-Jentsch*, Strukturwandel der industriellen Beziehungen (2017), S. 90; *Dribbusch*, WSI Mitteilungen 2006, 382; *Kentner*, Arbeitskampfmittel der Arbeitgeber (2010), S. 39.

73 *Müller-Jentsch*, Strukturwandel der industriellen Beziehungen (2017), S. 90.

74 *Renneberg*, Die Arbeitskämpfe von morgen? (2005), S. 131; *Kentner*, Arbeitskampfmittel der Arbeitgeber (2010), S. 39. Die gezielte Bestreikung von produktionsnotwendigen Zulieferern wird im Schrifttum unter den Stichwörtern „Neue Beweglichkeit der Gewerkschaften“, „Mini-Max-Prinzip“ und „Flexi-Streik“ diskutiert.

Air[75] – hartnäckig gegen den Tarifvertragsabschluss sträuben, diese zum Einlenken zu bewegen.[76] Gleichwohl sind Arbeitskämpfe in besonders störanfälligen Wirtschaftsbereichen keine „Selbstläufer" und erfordern die richtige Dosierung ihrer Einsätze.

Eine effektive Führung des Arbeitskampfes gehört in weiten Teilen des tertiären Sektors eher zur Ausnahme als zur Regel. Das liegt vor allem daran, dass die in der *Dienstleistungsbranche* vorzufindenden strukturellen Bedingungen für die Gewerkschaften nicht optimal sind.[77] Es mangelt ihnen in diesem Wirtschaftsbereich an den für eine in der Regel schlagkräftige Gewerkschaftstätigkeit erforderlichen Machtressourcen.[78] Allen voran ist ein Defizit an Organisationsmacht, also an Mitgliedern, Infrastrukturressourcen, Organisationseffizienz sowie Mitgliederpartizipation festzustellen.[79]

---

75 Vgl. hierzu http://www.faz.net/aktuell/wirtschaft/unternehmen/ryanair-einigt-sich-in-den-tarifverhandlungen-mit-verdi-15880775.html (zuletzt abgerufen am 17.8.2020) sowie https://www.verdi.de/themen/nachrichten/++co++9cfcab70-e755-11e8-86d8-525400940f8 9 (zuletzt abgerufen am 17.8.2020).

76 Laut *Dribbusch*, WSI-Tariftagung 2017, Tarifpolitik und Arbeitskämpfe, S. 17, online abrufbar unter: https://www.boeckler.de/pdf/v_2017_05_04_dribbusch.pdf (zuletzt abgerufen am 17.8.2020) erfolgten etwa in der Luftfahrt nur schwerfällig Durchbrüche bei speziellen Tarifinhalten, da die sozialen Gegenspieler in diesem Bereich bereit seien, Maßnahmen auszuhalten und auch hohe Kosten zu tragen. Vgl. weiterführend zum Streik von „Funktionseliten" *Rüthers*, NZA 2010, 6 (12); *Rieble*, BB 2003, 1227; *Feudner*, BB 2007, 2459; *Bayreuther*, NZA 2008, 12 (15); *Giesen*, Sozialer Fortschritt 2016, 266 (270); *Giesen/Kersten*, NZA 2018, 1 (2); *Schwarzwälder*, Machtmissbrauchskontrolle von Streiks selbstständig organisierter Funktionseliten (2013), S. 27.

77 *Hassel/Schroeder*, WSI-Report 11/2018, S. 4, online abrufbar unter: https://www.boeckler.de/pdf/p_wsi_report_44_2018.pdf (zuletzt abgerufen am 17.8.2020); *Dörre*, in: Streik als Mittel des Arbeitskampfes (2019), S. 197 (201) („*Instabile Beschäftigung erschwert gewerkschaftliche Organisierung.*").

78 *Dribbusch*, WSI-Tariftagung 2017, Tarifpolitik und Arbeitskämpfe, S. 15, online abrufbar unter: https://www.boeckler.de/pdf/v_2017_05_04_dribbusch.pdf (zuletzt abgerufen am 17.8.2020); *Bewernitz/Dribbusch*, WSI Mitteilungen 2014, 393 (398); *Detje*, Supplement der Zeitschrift Sozialismus 9/2008, 7 (8). Die Machtressourcen einer Gewerkschaft basieren auf vier Säulen: der Organisationsmacht, der strukturellen Macht, der institutionellen Macht und der Medienmacht, vgl. *Detje*, Supplement der Zeitschrift Sozialismus 9/2008, 7 (8).

79 Vgl. überblicksartig zum (rückläufigen) Organisationsgrad der Gewerkschaften (u. a. auch im Dienstleistungssektor) etwa *Dribbusch/Birke*, Gewerkschaften in Deutschland (2019), S. 11 ff., online abrufbar unter: http://library.fes.de/pdf-files/id/ipa/15308-2019 041 8.pdf (zuletzt abgerufen am 17.8.2020).

Die *Mitgliederstärke* ist eine in mehrfacher Hinsicht wichtige Ressource der Gewerkschaften. Je mehr Mitglieder in der Gewerkschaft sind, desto höher ist die Summe der Mitgliederbeiträge, die einen erheblichen Anteil an der finanziellen Verfügungskraft einer Gewerkschaft darstellt. Außerdem bedarf es ehrenamtlichen Personals, welches sich in der Regel nicht nur in der jeweiligen Gewerkschaft stark engagiert, sondern auch in betrieblichen Interessenvertretungen vorzufinden ist und somit für eine Verknüpfung der Gewerkschaft zum Betrieb sorgen kann. Die Mitglieder sind eine Machtressource, auf die eine Gewerkschaft bei der Durchsetzung von Tarifforderungen (mittels Streik) gegenüber dem Arbeitgeber nur schwerlich verzichten kann.[80] Soweit es nämlich darum geht, dem Arbeitgeber bei stockenden Neuverhandlungen über die Arbeitsbedingungen den Wert der von ihm aufgrund bestehenden Bedarfs begehrten Arbeitsleistung vergegenwärtigen zu können, bedarf es grundsätzlich einer gewissen Mitgliederstärke der Gewerkschaft. Liegt eine solche nicht vor, mangelt es der Gewerkschaft nicht nur an der Fähigkeit, Mitglieder zu mobilisieren, sondern auch an einer ausreichenden Durchsetzungsfähigkeit gegenüber dem Arbeitgeber.[81] Außerdem steht eine hohe Mitgliederzahl in Gewerkschaften für Repräsentativität und Legitimität der gewerkschaftlichen Interessenvertretung.[82] Dies ist insbesondere dann von herausragender Bedeutung, wenn Gewerkschaften „gesamtgesellschaftlich relevante Gestaltungskompetenzen"[83] für sich beanspruchen wollen.

Mangelt es der Gewerkschaftsseite an *Organisationsmacht*, muss sie sich bei stockenden Tarifverhandlungen insofern die Frage stellen, wie sich durch Aktionen mit geringer Beteiligung ein möglichst hoher Schaden und damit auch Druck auf den Arbeitgeber erreichen lässt. Um dies zu bewirken, erscheint der Einsatz von atypischen Arbeitskampfmitteln (siehe zum Begriff bereits oben Einl. C. und Kap. 1 B. III.) sinnvoll. Sie erfordern nicht zwingend eine Organisationsmacht im betroffenen Betrieb und auch keine gefüllten Streikkassen. Zudem sorgen atypische Arbeitskampfmittel, allein schon aufgrund ihrer Form,

---

80 *Greef*, in: Grassroots-Campaigning (2013), S. 91 (95); anders beim Streik von „Funktionseliten", siehe hierzu *Rüthers*, NZA 2010, 6 (12); *Rieble*, BB 2003, 1227; *Feudner*, BB 2007, 2459; *Bayreuther*, NZA 2008, 12 (15); *Giesen*, Sozialer Fortschritt 2016, 266 (270); *Giesen/Kersten*, NZA 2018, 1 (2); *Schwarzwälder*, Machtmissbrauchskontrolle von Streiks selbstständig organisierter Funktionseliten (2013), S. 27.

81 *Greef*, in: Grassroots-Campaigning, 2013, S. 91 (95); kritisch hierzu *Renneberg*, Supplement der Zeitschrift Sozialismus 9/2008, 22.

82 *Greef*, in: Grassroots-Campaigning (2013), S. 91 (95).

83 *Greef*, in: Grassroots-Campaigning (2013), S. 91 (95).

für eine überdurchschnittliche öffentliche Wahrnehmung und werben damit zugleich für eine Mitgliedschaft bei der kampführenden Gewerkschaft. Nicht zuletzt können atypische Arbeitskampfmittel auch das Stimmungsbild in der Bevölkerung oder das der Auftraggeber des betroffenen Unternehmens zuungunsten des sozialen Gegenspielers beeinflussen, wie sich im Folgenden noch zeigen wird. Aus diesem Grund sind sie auch in Auseinandersetzungen attraktiv, in denen es zwar der Gewerkschaft nicht an Organisationsmacht fehlt, wohl jedoch an *Durchschlagskraft* bei einem sich gegen den Tarifabschluss sträubenden potentiellen Tarifpartner, der imstande ist, Streikschäden über eine längere Dauer auszusitzen. Als Inspirationsquelle für neue Arbeitskampfformen dienen besonders die sog. Organizing-Konzepte der US-Gewerkschaften, welche bereits seit den 80er Jahren zum Zweck der Verbesserung gewerkschaftlicher Durchsetzungsfähigkeit sowie der Stärkung der eigenen Mitgliederbasis bei diesen zum Einsatz kommen. Die US-amerikanischen Organizing-Konzepte zeichnen sich durch variantenreiche Strategien und Taktiken der gewerkschaftlichen Politik aus. Sie sind meist temporär begrenzt und eskalierend angelegt. In der Regel umfassen die Organizing-Konzepte direkte Aktionen, um das betroffene Unternehmen unter Druck zu setzen. Die Formen der Aktionen variieren hierbei situativ und enthalten keine Grenzen der Weiterentwicklung. Als effektive Strategie erwies sich über die Zeit, gezielt Dritte (wie beispielsweise Kunden und Auftraggeber des betroffenen Unternehmens) in die Aktionen mit einzubeziehen, um zum einen auf diese Weise die Reputation des betroffenen Unternehmens auf dem Markt zu beschädigen und zum anderen die kooperierenden Auftrags- und Kundenunternehmen mit Nachdruck an ihre Mitverantwortung für die Entlohnungs- und Arbeitsbedingungen zu erinnern.[84]

In der Vergangenheit sind auf Arbeitnehmerseite schon vielerlei atypische Formen des Arbeitskampfes zum Einsatz gekommen. Anders als beim gewöhnlichen Streik spielt die Zurückhaltung der arbeitsvertraglichen Hauptleistung bei diesen meist keine Rolle. Bei den bereits zur Anwendung gekommenen atypischen Kampfmitteln lassen sich dafür stets andere wiederkehrende Merkmale ausmachen: So sind häufiger unbeteiligte Dritte, die dem Aufruf einer Gewerkschaft folgen, direkter Bestandteil der Aktion. Ein klar definiertes Kollektiv, wie etwa bei einem Streik, lässt sich meist nicht erkennen, geschweige denn, dass die

84 Siehe zum Ganzen: *Dietrich*, Berliner Journal für Soziologie 2017, 243 (250 f.); *Wetzel/Weigand/Niemann-Findeisen/Lankau*, in: Organizing (2013), S. 47 (56 f., 62); *Dribbusch*, WSI Mitteilungen 2008, 18 (19 f.); *Schreieder*, Organizing – Gewerkschaft als soziale Bewegung (2005), S. 8; *Frege*, Industrielle Beziehungen 2000, 260 (266 ff.).

Teilnehmerzahl vorhersehbar kalkuliert werden kann. Die atypischen Maßnahmen greifen auch öfter aktiv in die Rechte wie Besitz und Eigentum der anderen Partei ein und beinhalten dabei kein Element der Selbstschädigung. Zuletzt ließen sich diese Merkmale bei Einsätzen von *Flashmobs* ausmachen, die in der primären Absicht organisiert wurden, streikbegleitend Druck auf den Kampfgegner auszuüben und somit die Tarifforderung durchzusetzen. Besondere (vor allem rechtliche) Aufmerksamkeit erhielt der von der Gewerkschaft ver.di organisierte Flashmob im Jahr 2007[85]. Die Gewerkschaft forderte damals auf ihrer Website und in der Presse die Öffentlichkeit dazu auf, sich aktiv durch die Teilnahme am Flashmob daran zu beteiligen, Druck auf den Arbeitgeber auszuüben. Der betroffene Kampfgegner wurde mit dem gewerkschaftlich getragenen Flashmob in unvorhersehbarer und überraschender Weise konfrontiert. Die Teilnehmer des Flashmobs – nicht nur Arbeitnehmer des betroffenen Unternehmens – betraten das öffentlich zugängliche Geschäft und störten den Betrieb systematisch für eine kurze Zeit. Aber auch bei einer *Betriebsblockade*[86], bei der Zugänge und Zufahrten eines Betriebs von organisierten Arbeitnehmern (und ggf. Sympathisanten) vollständig gesperrt und arbeitswillige Arbeitnehmer von der Aufnahme oder Durchführung ihrer Tätigkeit abgehalten werden[87], lassen sich die angesprochenen Merkmale wiederfinden. Nicht zuletzt stellt auch der *Boykottaufruf* ein Musterbeispiel für eine Maßnahme, welche nicht die Zurückhaltung der arbeitsvertraglichen Hauptleistung zum Gegenstand hat und sich durch die vorgenannten Merkmale auszeichnet, dar; bei einem Boykott soll der Gegner planmäßig vom geschäftlichen Verkehr abgesperrt werden.[88]

---

85 BAGE 132, 140 = NZA 2009, 1347. Im Jahr 2011 fanden vereinzelt Flashmobs zur Unterstützung von Tarifverhandlungen in Hotels und in einem Altenpflegeheim statt, vgl. hierzu die Ausführungen von *Callsen*, in: Rehder/Deinert/Callsen, Arbeitskampfmittelfreiheit und atypische Arbeitskampfformen (2012), S. 25 (35).

86 Vgl. zur Betriebsblockade jüngst die Entscheidung des LAG Berlin-Brandenburg BeckRS 2016, 73979 sowie des LAG Hamburg BeckRS 2013, 67336.

87 ErfK/*Linsenmaier*, Arbeitsrecht (2020), Art. 9 GG Rn. 277; *Preis*, Kollektivarbeitsrecht (2017), S. 289; BPSU, Tarifvertragsgesetz und Arbeitskampfrecht (2010), S. 632; *Otto*, Arbeitskampf- und Schlichtungsrecht (2006), S. 219 f.; *Richter*, Grenzen aktiver Produktionsbehinderung im Arbeitskampf (2005), S. 38; *Kissel*, Arbeitskampfrecht (2002), S. 877 f.

88 Dies kann auf verschiedene Arten und Weisen geschehen. So können etwa Gewerkschaften zum Ziel der Unterbindung von Streikbrecherarbeit im Betrieb die Öffentlichkeit dazu auffordern, mit dem betroffenen Arbeitgeber keine Arbeitsverträge mehr abzuschließen (sog. „Verruf"). Vorstellbar ist auch der Einsatz des Boykotts in der Weise, dass die gesamte wirtschaftliche und berufliche Betätigung des Gegners

2. *Faktisches Potential des Kalten Streiks als atypisches Arbeitskampfmittel*

Auf die Ankündigung von Ereignissen folgen gewöhnlich entsprechende Reaktionen von Seiten der Betroffenen. So veranlasst eine Streikankündigung den sozialen Gegenspieler aufgrund des drohenden Leistungsausfalls dazu, betriebserhaltende Maßnahmen in die Wege zu leiten. Der Kunde des bekämpften Unternehmens stellt sich auf streikbedingte Leistungsverzögerungen ein oder bemüht sich um Alternativen. Ferner ist die Ankündigung einer Arbeitsniederlegung auch geeignet, potentielle Kunden abzuschrecken und dem Unternehmen allein dadurch einen erheblichen wirtschaftlichen Schaden zuzufügen. Bleibt das angekündigte Ereignis wider Erwarten aus, können die erfolgten Reaktionen der Betroffenen nicht innerhalb kürzester Zeit oder überhaupt rückgängig gemacht werden (vgl. hierzu das Fallbeispiel oben Einl. A.).

Vergegenwärtigt man sich noch einmal, wodurch sich atypische Arbeitskampfmittel regelmäßig auszeichnen und welche Strategiekonzepte die Gewerkschaften bereits einsetzten (vgl. oben Kap. 1 B. III. 1.), fällt auf, dass ein Vorgehen in Form des Kalten Streiks den Ansprüchen der Gewerkschaften, die sie an neue Arbeitskampfmaßnahmen haben, prinzipiell gerecht wird. Der strategische Einsatz der Streikankündigung als Kampfmittel übt effektiven Druck auf den sozialen Gegenspieler aus, ohne auf Gewerkschaftsseite eine Kostenbelastung zu verursachen. Wie beim Flashmob bezieht die Gewerkschaftsseite die Öffentlichkeit aktiv mit ein, nur mit dem folgenden Unterschied zur Schwarmaktion: Die Dritten *reagieren* und agieren nicht. Es verwundert nicht, dass u.a. von *Höpfner* vermeldet wird, die Gewerkschaften hätten die Streikankündigung als Instrument des Arbeitskampfes anscheinend bereits für sich entdeckt[89].

---

behindert wird und so ein immenser wirtschaftlicher Druck auf ihm lastet. Dies kann insbesondere durch einen Aufruf erreicht werden, von dem bestimmten Arbeitgeber keine Waren oder Dienstleistungen mehr zu beziehen (Absatzsperre), ihm keine Waren mehr zu liefern (Lieferungssperre) oder aber generell mit ihm keine Verträge des allgemeinen Geschäftsverkehrs mehr abzuschließen. Siehe dazu ErfK/*Linsenmaier*, Arbeitsrecht (2020), Art. 9 GG Rn. 278; Henssler/Willemsen/Kalb/*Hergenröder*, Arbeitsrecht (2020), Art. 9 GG Rn. 240 ff.; Däubler/*ders.*, Arbeitskampfrecht (2018), Rn. 8.20; *Nonnenmühlen*, Atypische Arbeitskampfmittel der Arbeitnehmerseite (2017), S. 234 ff.; *Richter*, Grenzen aktiver Produktionsbehinderung im Arbeitskampf (2005), S. 35.

89 So warnend *Höpfner*, in: Neue Arbeitswelt (2014), S. 115 (139); ebenfalls *Ubber*, in: Deutsche und europäische Tariflandschaft im Wandel (2013), S. 139 (140).

Der strategische Einsatz der Streikankündigung im vorbezeichneten Sinne ist sicherlich nicht für jeden Wirtschaftsbereich von Interesse. Das kann verschiedene Gründe haben. So ist es vorstellbar, dass branchen-/sektorenbedingt durch den Einsatz einer Streikankündigung kein nennenswerter Druck auf den Kampfgegner erzeugt werden kann oder die Mitglieder gegenüber den Verantwortlichen ihrer Gewerkschaft darauf bestehen, den Streik stattfinden zu lassen. Besonders anfällig gegenüber einer Streikankündigung zeigt sich hingegen die *Verkehrsbranche* (vgl. hierzu das Fallbeispiel oben Einl. A.). In diesem Bereich kann die Gewerkschaft allein mit der öffentlichen Ankündigung (ggf. sogar schon mit der Drohung) eines Streiks für große Verunsicherung beim (potentiellen) Kunden sorgen, die sich anschließend durch rückläufige Buchungszahlen beim betroffenen Unternehmen bemerkbar macht. Gerade wenn der Streik in einen Zeitraum fallen soll, in dem ein erhöhtes Reiseaufkommen zu erwarten ist, kann eine Ankündigung sehr geschäftsschädigend sein. Für das betroffene Unternehmen gibt es keine Möglichkeit, hierauf schadensmindernd zu reagieren. Eine öffentliche Mitteilung des Unternehmens, welche an das Vertrauen der Kunden in den störungsfreien Betriebsablauf appelliert, hilft dem nicht ab und wäre auch nicht ratsam. Da das Unternehmen die Situation nicht beherrscht, sollte es nicht zusichernde Erklärungen gegenüber den (potentiellen) Kunden abgeben, die sich im Nachhinein als nichtzutreffend erweisen. Zudem liegt es nahe, dass die hierdurch entstehende mediale Aufmerksamkeit für den Tarifkonflikt den Schaden nur erhöht und nicht verringert.

Unter dem Deckmantel einer fairen Verhaltensweise kann sich mithin ein strategisch wertvolles Kampfmittel verbergen und ggf. als solches auch genutzt werden. Wie arbeitskampfrechtlich mit der Streikankündigung umzugehen ist, bedarf einer ausführlichen Analyse, die später noch vorzunehmen sein wird (siehe unten Kap. 3).

IV. Fazit

Zusammenfassend lässt sich festhalten:

1. Der Kalte Streik erfasst begrifflich zutreffend die Vorgehensweise, bei der die Gewerkschaft zwar den Streik ankündigt, diesen anschließend aber plangemäß nicht vollzieht.
2. Über die Nichtumsetzung einer Streikankündigung hat die Gewerkschaft ihren Kampfgegner in Kenntnis zu setzen. Hierbei muss sie jedoch weder einen Grund für ihre Entscheidung angeben noch eine besondere Form einhalten.

3. Für Gewerkschaften hält der atypische Arbeitskampf mehrere Möglichkeiten bereit, mit deren Hilfe bestehende Defizite an der gewerkschaftlichen Organisation in Betrieben überbrückt oder die Durchschlagskraft gegenüber einem sich gegen den Tarifabschluss sträubenden potentiellen Tarifpartner erhöht werden kann.
4. Bei atypischen Arbeitskampfmitteln lassen sich stets wiederkehrende Merkmale erkennen. So beinhalten sie in der Regel weder die Zurückhaltung der arbeitsvertraglichen Hauptleistung noch ein anderes Element der Selbstschädigung, greifen häufiger aktiv in Rechte wie Besitz und Eigentum des Gegners ein und instrumentalisieren unbeteiligte Dritte als Aktionsteilnehmer für ihre Zwecke.
5. Aus Sicht der Gewerkschaft ist es faktisch naheliegend, die Streikankündigung ihrem natürlichen Sinn, fairerweise die Arbeitgeberseite über das Bevorstehen eines Streiks zu informieren, zu entziehen und zur Durchsetzung eines koalitionsspezifischen Ziels einzusetzen. Der Kalte Streik übt effektiven Druck auf den sozialen Gegenspieler aus, ohne auf Gewerkschaftsseite eine Kostenbelastung entstehen zu lassen. Gerade der Verkehrsbereich ist für die Vorgehensweise empfänglich, da dort Streikankündigungen denselben Schaden anrichten wie der Streik selbst.

Kapitel 2: Die rechtlichen Rahmenbedingungen des Arbeitskampfes

Bevor eine rechtliche Bewertung des Kalten Streiks in Kapitel 3 möglich ist, bedarf es in Kapitel 2 der Darstellung der rechtlichen Rahmenbedingungen des Arbeitskampfes. Hierzu ist zunächst auf die nationale Herleitung und Ausgestaltung des Arbeitskampfrechts einzugehen und auf die darauf einwirkenden Einflüsse des internationalen Rechts hinzuweisen (A.). Anschließend werden die aktuellen Anforderungen der Rechtsprechung an einen rechtmäßigen Arbeitskampf nachgezeichnet und an verschiedenen Stellen näher auf ihre Plausibilität hin untersucht (B.). Schließlich ist die Kampfmittelwahlfreiheit näher zu beleuchten und sind die dazugehörige Rechtsprechungsentwicklung sowie die unterschiedlichen Auffassungen im Schrifttum zu erörtern (C.).

A. Verfassungsrechtliche Gewährleistung des Arbeitskampfes

I. Arbeitskampf als Instrument zur Sicherung der Tarifautonomie im Lichte des Grundgesetzes

Wenn es darum geht, dem Arbeitskampf eine *Rechtsgrundlage* zuzuordnen, besteht inzwischen weitgehend Konsens darüber, diese in Art. 9 Abs. 3 S. 1 GG zu sehen. Diese Erkenntnis kann aber nicht mühelos dem Wortlaut des Verfassungstextes entnommen werden, sondern wird geschlussfolgert aus der Garantie eines Tarifsystems[90].

Nach seinem Wortlaut wird die *Koalitionsfreiheit* gemäß Art. 9 Abs. 3 S. 1 GG nur dem Einzelnen gewährt, um zwecks Wahrung und Förderung der Arbeits- und Wirtschaftsbedingungen Vereinigungen bilden zu können. Längst ist es jedoch einhellige Auffassung in Rechtsprechung und Literatur, den Schutzbereich der Koalitionsfreiheit gemessen an ihrem Sinn und Zweck weit über den bloßen Wortlaut der Verfassungsnorm hinaus zu interpretieren.[91] Die Koalitionsfreiheit

---

90 Däubler/*ders.*, Arbeitskampfrecht (2018), Rn. 9.1; *Gamillscheg*, Kollektives Arbeitsrecht, Band I (1997), S. 939.

91 BVerfGE 146, 71 (114 f.) = NZA 2017, 915 (916 f.); BVerfGE 84, 212 (224) = NZA 1991, 809 (810); ErfK/*Linsenmaier*, Arbeitsrecht (2020), Art. 9 GG Rn. 20; *Kreuz*, Der Grundsatz der Verhältnismäßigkeit im Arbeitskampfrecht (1988), S. 26 f.

versteht sich nach der ständigen Rechtsprechung des BVerfG[92] und zahlreichen Stimmen im Schrifttum[93] als Doppelgrundrecht. So kann sich zum einen der Einzelne darauf berufen, um etwa eine Koalition zur Wahrung und Förderung der Arbeits- und Wirtschaftsbedingungen zu gründen, sich am Koalitionsleben zu beteiligen[94] oder diesem fernzubleiben[95]. Neben der individuellen Koalitionsfreiheit umfasst das Grundrecht zum anderen das kollektive Recht der Koalition selbst auf ihren Bestand, ihre organisatorische Ausgestaltung und ihre koalitionsspezifische Betätigung.[96] Die Betätigungsfreiheit umfasst etwa das Recht zur Mitgliederwerbung per E-Mail[97] oder zu diesem Zweck das Zutrittsrecht externer Gewerkschaftsbeauftragter[98]. Aus der Koalitionsbetätigungsgarantie

92 Vgl. nur BVerfGE 146, 71 (114) = NZA 2017, 915 (916); BVerfG NZA 2014, 493 (494 f.); BVerfG NZA 2007, 394 (395); BVerfG NZA 2005, 153; BVerfGE 103, 293 = NZA 2001, 777 (778); BVerfGE 84, 212 (224) = NZA 1991, 809 (810).

93 *Bayreuther*, Tarifautonomie als kollektiv ausgeübte Privatautonomie (2005), S. 14 ff.; *Ulber*, Tarifdispositives Gesetzesrecht im Spannungsfeld von Tarifautonomie und grundrechtlichen Schutzpflichten (2010), S. 133 f.; *Döttger*, Der Schutz tariflicher Normsetzung (2003), S. 101 f.; BeckOK-GG/*Cornils*, Art. 9 Rn. 3, 44; ErfK/*Linsenmaier*, Arbeitsrecht (2020), Art. 9 GG Rn. 7, 39; *Gamillscheg*, Kollektives Arbeitsrecht, Band I (1997), S. 181 f.; *Säcker/Oetker*, Grundlagen und Grenzen der Tarifautonomie (1992), S. 6, 31 f.; a. A. Sachs/*Höfling*, GG (2021), Art. 9 Rn. 26 ff., aber Rn. 69; *Löwisch/Rieble*, TVG (2017), Grundlagen Rn. 114; Maunz/Dürig/*Scholz*, GG (02/2020), Art. 9 Rn. 23 ff., 239; etwas differenzierender z. B. *Hütter-Brungs*, Tarifautonomie und unternehmerische Freiheit (2020), S. 99 f.

94 Sog. positive Koalitionsfreiheit.

95 Sog. negative Koalitionsfreiheit.

96 BVerfGE 146, 71 (114) = NZA 2017, 915 (916); BVerfG NZA 2014, 493; BAG NZA 2020, 1413 (1415) („Art. 9 III GG gewährleistet nicht nur den Bestand und die organisatorische Ausgestaltung einer Koalition, sondern erfasst alle koalitionsspezifischen Tätigkeiten, die der Wahrung oder Förderung der Arbeits- und Wirtschaftsbedingungen dienen.“); ErfK/*Linsenmaier*, Arbeitsrecht (2020), Art. 9 GG Rn. 39; *Hromadka/Maschmann*, Arbeitsrecht, Band 2 (2017), S. 24. Andere im Schrifttum leiten die kollektiven Gewährleistungselemente über Art. 19 Abs. 3 GG aus der individuellen Koalitionsfreiheit ab, vgl. Sachs/*Höfling*, GG (2021), Art. 9 Rn. 69 f.; *Löwisch/Rieble*, TVG (2017), Grundlagen Rn. 113; *Engels*, Verfassung und Arbeitskampfrecht (2008), S. 180 ff.; *Burkiczak*, Grundgesetz und Deregulierung des Tarifvertragsrechts (2006), S. 141 ff., 329; *Lambrich*, Tarif- und Betriebsautonomie (1999), S. 161 ff.; *Wiese*, ZFA 2008, 317 (322 ff.); *Höfling/Rixen*, RdA 2007, 360 (362); *Rieble*, ZFA 2000, 5 (23).

97 BAGE 129, 145 = NZA 2009, 615.

98 BVerfGE 93, 352 = NZA 1996, 381; BAGE 135, 1 = NZA 2010, 1365; BAGE 117, 137 = NZA 2006, 798.

wird heute schließlich einhellig[99] die verfassungsrechtliche Gewährleistung der Tarifautonomie abgeleitet, die das Recht der Koalitionen verkörpert, unbehelligt von staatlicher Einflussnahme Tarifverträge abzuschließen.[100]

Das Tarifvertragssystem ist die „Antwort auf eine besondere, den modernen Arbeitsmarkt seit seiner Konstituierung in der ersten Hälfte des 19. Jahrhunderts prägende Problematik“[101]. Es begegnet der monopolartigen Stellung des Arbeitgebers beim Abschluss von Arbeitsverträgen. Diese führte und führt dazu, dass Arbeitnehmer sich aufgrund des Überangebots an der Ware „Arbeit“ sowie mit Blick auf ihre existenzielle Bedürftigkeit zum Preisverfall ihrer eigenen Leistung treiben lassen.[102] Die heute in Art. 9 Abs. 3 S. 1 GG fest verankerte Koalitionsfreiheit lässt es daher zu, durch den Abschluss eines Tarifvertrags die Machtasymmetrie, die beim Einzelarbeitsvertrag typischerweise besteht[103], zugunsten des Arbeitnehmers zu beseitigen.[104] Mit der rechtlichen Möglichkeit, Koalitionen zu gründen, diesen beizutreten und ihre Arbeitsbedingungen mittels Tarifverträgen zu verbessern, ist den Arbeitnehmern allerdings nicht zwangsläufig geholfen, wenn es nicht zu gleichgewichtigen Verhandlungen mit der anderen Tarifvertragspartei kommt. Für eine funktionierende Tarifautonomie muss ihnen ein Mittel an die Hand gegeben werden, mit dem sie bei Ausschöpfung aller Möglichkeiten einer völlig freiwilligen Einigung zielgerichtet Verhandlungsdruck auf ihren Tarifpartner aufbauen können.[105] In diesem

---

99 Vgl. BVerfGE 146, 71 (115) = NZA 2017, 915 (917); BVerfGE 44, 322 (341, 344) = NJW 1977, 2255 (2256 f.); BAGE 33, 140 (149) = NJW 1980, 1642 (1643).

100 *Richardi/Bayreuther*, Kollektives Arbeitsrecht (2019), S. 30; *Jacobs*, ZFA 2011, 71 (83); *Kentner*, Arbeitskampfmittel der Arbeitgeber (2010), S. 56.

101 *Lobinger*, in: FS Krüger (2017), S. 249 (257).

102 *Lobinger*, in: FS Krüger (2017), S. 249 (257); *Picker*, ZFA 2010, 499 (517).

103 Die Arbeitskraft stellt die auf dem Arbeitsmarkt vorherrschende Ware dar, dessen Preis sich durch das Verhältnis von Angebot und Nachfrage bestimmen lässt. Da sich unser heutiges Wirtschaftssystem durch einen Überhang an Arbeitskraft auszeichnet, kommt tendenziell dem nachfragenden Arbeitgeber eine stärkere Marktmacht als der anbietenden Arbeitnehmerseite zu (so bereits *Rosenau*, Die Koalitionsbetätigungsfreiheit im gewandelten Kontext [2013], S. 251 sowie *Picker*, ZFA 2010, 499 [512 ff.]).

104 *Brauneisen*, Die tarifvertragsbedingte Friedenspflicht (2019), S. 94 ff.; *Jacobs*, ZFA 2011, 71 (83).

105 *Richardi/Bayreuther*, Kollektives Arbeitsrecht (2019), S. 153; *Rosenau*, Die Koalitionsbetätigungsfreiheit im gewandelten Kontext (2013), S. 187; *Kentner*, Arbeitskampfmittel der Arbeitgeber (2010), S. 56; *Rüthers/Höpfner*, JZ 2010, 261 (262 f.); *Lieb/Jacobs*, Arbeitsrecht (2006), S. 212; *Kreuz*, Der Grundsatz der Verhältnismäßigkeit im Arbeitskampfrecht (1988), S. 24.

System verkörpert der Arbeitskampf dieses Mittel. Er dient dazu, die sonst gegebene Unterlegenheit einer Partei gegenüber der anderen auszugleichen und ihr damit gleiche Chancen zu verschaffen, auf den Tarifkompromiss gestaltend einwirken zu können („Ausgleichsfunktion“).[106] Der *Arbeitskampf fungiert als Paritätsgarant.*[107] Gäbe es diesen nicht, liefe die Tarifautonomie ins Leere, weil das Gestaltungsmittel des Tarifvertrags auf unterschiedlichen Ebenen versagen würde. Es bestünde die Gefahr, dass zwischen den Partnern wegen eines präexistenten Machtgefälles überhaupt nur bei wirtschaftlichen „Schönwetterperioden“ ein Vertragsabschluss zustande käme, ansonsten eine Partei einem „Vertragsdiktat“ der anderen unterläge.[108] Der Tarifvertrag gewährleiste sodann keine Richtigkeit; man wüsste nicht, ob es zu einer Vereinbarung gekommen ist, die die Interessen der sachlich Beteiligten angemessen berücksichtigt hat.[109] So paradox es in Bezug auf eine Vertragsentstehung klingen mag, bedarf es in diesem System des Einsatzes eines gewissen Drucks, damit die Freiheit der Rechtsgestaltung hergestellt und gesichert ist[110]; wobei der Einsatz von Druck wiederum dort seine Grenze finden muss, wo der (Kollektiv-)Vertrag nicht länger Ausdruck privatautonomer Selbstbestimmung, sondern vielmehr das Ergebnis *reiner* Fremdbestimmung ist[111]. Die Chancengleichheit bei Tarifverhandlungen stellt für die Funktionsfähigkeit der Tarifautonomie eine notwendige Voraussetzung dar, die durch die Existenz des Arbeitskampfes verfassungsrechtlich

---

106 *Jacobs*, ZFA 2011, 71 (83); *Kentner*, Arbeitskampfmittel der Arbeitgeber (2010), S. 56; *Rieble*, RdA 2005, 200 (204).

107 *Picker*, ZFA 2010, 499 (521).

108 *Kreuz*, Der Grundsatz der Verhältnismäßigkeit im Arbeitskampfrecht (1988), S. 24; ähnlich *Rosenau*, Die Koalitionsbetätigungsfreiheit im gewandelten Kontext (2013), S. 252; BAGE 33, 140 (150) = NJW 1980, 1642 (1644) („Der Arbeitskampf wird [...] als Institution für die Tarifautonomie vorausgesetzt, weil sonst weder das Zustandekommen noch die inhaltliche Sachgerechtigkeit tariflicher Regelungen gewährleistet wären.“).

109 BAGE 22, 144 (151) („die Vermutung für sich, dass ihre Regelungen den Interessen beider Seiten gerecht werden und keiner Seite ein unzumutbares Übergewicht vermitteln.“); vgl. weiterführend zur Richtigkeitsgewähr von Tarifverträgen etwa *Holler*, Die Ordnungsfunktion des Tarifvertrags (2020), S. 89 ff.; *Krämer*, Die Richtigkeitsgewähr des Tarifvertrags (2015); *Giesen*, Tarifvertragliche Rechtsgestaltung für den Betrieb (2002), S. 202 f.

110 *Brauneisen*, Die tarifvertragsbedingte Friedenspflicht (2019), S. 141; *Picker*, ZFA 2010, 499 (519); *Kentner*, Arbeitskampfmittel der Arbeitgeber (2010), S. 56.

111 So bereits zutreffend hervorgehoben in einem Argumentationsstrang von *Brauneisen*, Die tarifvertragsbedingte Friedenspflicht (2019), S. 140.

sichergestellt wird.[112] Nur auf diese Weise kann die Tarifautonomie die ihr vom Staat zukommende Aufgabe als „privatautonomes Ausgleichssystem für Interessengegensätze am Arbeitsmarkt“[113] erfüllen und die Arbeitsmarktentwicklung unter realen marktwirtschaftlichen Gesichtspunkten erfolgen. Als Instrument zur Regelung eines Vertragskonflikts muss sich der Arbeitskampf freilich auf den dem Vertrag zugrunde liegenden Markt sowie seine dort vorherrschende Ware, die Arbeit, beschränken (siehe zu den Auswirkungen auf die Kampfmittelwahlfreiheit unten Kap. 2 C. III.).[114] Nur so ist der (Kollektiv-)Vertrag dann nämlich auch *tatsächlich* Ausdruck der *beiderseitigen* rechtsgeschäftlichen Selbstbestimmungsfreiheit der jeweiligen Vertragsparteien.[115]

II. Ausgestaltung des Arbeitskampfrechts durch den Richter mangels gesetzlicher Regelung

Obwohl in der Bundesrepublik Deutschland regelmäßig Arbeitskämpfe geführt werden, hat dieses Rechtsinstitut bisher keine gesetzliche Regelung erfahren.[116] Sobald man sich auf die Suche nach Antworten auf arbeitskampfrechtliche Fragen begibt, wird man mit einer Rechtsfindung konfrontiert, die im Rechtsstaat der Bundesrepublik Deutschland wohl einzigartig ist.[117] Aus der Notwendigkeit heraus, über arbeitskampfrechtliche Sachverhalte entscheiden zu müssen, trat das BAG „an die Stelle des untätigen Gesetzgebers“[118]. Die Richter tragen die alleinige Verantwortung für die rechtliche Entwicklung des Arbeitskampfes und

---

112 BVerfGE 84, 212 (229) = NZA 1991, 809 (811); *Jacobs*, ZFA 2011, 71 (83).

113 *Kreuz*, Der Grundsatz der Verhältnismäßigkeit im Arbeitskampfrecht (1988), S. 26.

114 So z. B. auch *Rosenau*, Die Koalitionsbetätigungsfreiheit im gewandelten Kontext (2013), S. 251 ff.

115 Im Ergebnis wohl so auch von *Brauneisen*, Die tarifvertragsbedingte Friedenspflicht (2019), S. 140 festgehalten.

116 Die in der Vergangenheit erstellten Entwürfe für ein Arbeitskampfgesetz von *Birk/Konzen/Löwisch/Raiser/Seiter*, ArbeitskampfG (1988), sowie *Franzen/Thüsing/Waldhoff*, Arbeitskampf in der Daseinsvorsorge (2012), wurden nicht umgesetzt. Darüber, ob dies auf die starken Lobbyisten der Sozialpartner zurückzuführen ist, die womöglich fürchten, durch eine irgendwie geartete gesetzliche Regelung den eigenen Wählerkreis zu vergrämen, lässt sich aufgrund fehlender Belege nur spekulieren. Jedenfalls konnten sich für ein derartiges Gesetzesvorhaben bislang keine politischen Mehrheiten finden lassen.

117 So auch *Kentner*, Arbeitskampfmittel der Arbeitgeber (2010), S. 27.

118 BAGE 23, 292 (319) = BeckRS 9998, 152519 unter III. F.; *Lehmann*, in: FS Buchner (2009), S. 529 (540).

geben den nach Art. 9 Abs. 3 GG ausgearbeiteten Bewertungsmaßstab, an dem die Zulässigkeit einer Arbeitskampfmaßnahme zu messen ist, vor.[119] Dies birgt das grundsätzliche Risiko, einer jederzeitigen Änderung der Rechtsauffassungen in der Zukunft.[120] Das hängt damit zusammen, dass die Gerichte bzw. die Richter entsprechend Art. 20 Abs. 3 GG i. V. m. Art. 97 Abs. 1 GG das Recht so anzuwenden haben, wie es der jeweils zuständige Spruchkörper im konkreten Streitfall für richtig erkennt.[121] Ob das Gericht seine Rechtsprechung beibehält, weiterentwickelt, unbestimmte Rechtsbegriffe neu ausfüllt oder gewichtige Kurskorrekturen vornimmt, kann grundsätzlich kaum jemand vorhersehen.[122] Für die Instanzrechtsprechung gilt dies in der Praxis zugegeben nicht unbedingt. Trotz der fehlenden Bindungspflicht der (Instanz-)Gerichte, richten diese sich in der Regel nach der höchstrichterlichen Rechtsprechung[123], wodurch eine gewisse Vorhersehbarkeit in deren Rechtsfindung sehr wohl gegeben ist[124]. Dies ändert aber nichts an der Tragweite von Wandlungen bezüglich der Maßstäbe zur Beurteilung von Arbeitskämpfen durch das BAG. Erst vor nicht allzu langer Zeit hat das BAG seine Arbeitskampfrechtsdogmatik grundlegend geändert: Noch vor einigen Jahrzehnten hätte sich niemand vorstellen können, dass von der Rechtsprechung Kampfmaßnahmen als zulässig angesehen werden, die etwa ohne Bezug zu eigenen tariflichen Forderungen erfolgen[125] oder die bewusst auf Schädigung von Rechten wie Besitz und Eigentum des Kampfgegners abzielen[126]. Heutzutage wird den Gewerkschaften bei der Erfindung neuer Druckmittel faktisch freie Hand durch das BAG gelassen[127] (worauf später in Kap. 2 B. V. 2. und Kap. 2 B. V. 3. sowie Kap. 2 C. I noch einzugehen sein wird).

Verfassungsrechtliche Bedenken am „status quo“ der arbeitskampfrechtlichen Entscheidungspraxis erkennt das BVerfG nicht. Des Öfteren stellte es

119 ErfK/*Linsenmaier*, Arbeitsrecht (2020), Art. 9 GG Rn. 111; *Dütz/Thüsing*, Arbeitsrecht (2019), S. 357 f.; Däubler/*ders.*, Arbeitskampfrecht (2018), Rn. 9.25; *Preis*, Kollektivarbeitsrecht (2017), S. 273; *Rüthers*, in: Ausgewählte Schriften (2017), S. 68 (71); *Seiter*, NJW 1976, 1369 („das BAG als selbsternannter ‚Ersatzgesetzgeber‘“).

120 *Kissel*, Arbeitskampfrecht (2002), S. 194.

121 BVerwGE 100, 77 = NJW 1996, 867.

122 So auch *Gentz*, NZA 1985, 305 (306).

123 *Löwisch/Rieble*, TVG (2017), Grundlagen Rn. 386; *Hromadka/Maschmann*, Arbeitsrecht, Band 2 (2017), S. 159.

124 *Kissel*, Arbeitskampfrecht (2002), S. 195 f.

125 Vgl. BAGE 123, 134 = NZA 2007, 1055 zum Unterstützungsstreik.

126 Vgl. BAGE 132, 140 = NZA 2009, 1347 zum Flashmob.

127 *Henssler*, in: FS Wank (2014), S. 137 (142).

zwar fest, es sei Sache des Gesetzgebers, die Koalitionsfreiheit näher auszugestalten,[128] doch resultiere aus diesem Befund keine Abwertung der gerichtlichen Entscheidungen von Streitigkeiten zwischen Koalitionen[129]. Insbesondere die vom BVerfG entwickelte *Wesentlichkeitstheorie*, nach welcher der Gesetzgeber in grundlegenden normativen Bereichen alle wesentlichen Entscheidungen selbst treffen muss[130], stehe der Entscheidungspraxis im Arbeitskampfrecht durch die jeweiligen Fachgerichte nicht entgegen, soweit die Streitentscheidung im Verhältnis gleichgeordneter Grundrechtsträger erfolge[131]. Der Anwendungsbereich der Wesentlichkeitstheorie sei auf das Verhältnis Staat und Bürger begrenzt,[132] weshalb sie allenfalls besondere Bedeutung bei Arbeitskämpfen von Beamten erlange[133].[134]

III. Einfluss des internationalen Rechts auf das deutsche Arbeitskampfrecht

Das Arbeitskampfrecht gilt grundsätzlich als Domäne des nationalen Rechts.[135] Unverkennbar beeinflussen zunehmend aber auch inter- bzw. supranationale Regelungen die richterliche Ausgestaltung des deutschen Arbeitskampfrechts.

---

128 BVerfGE 50, 290 (368) = NJW 1979, 699 (709); BVerfGE 57, 220 (246) = NJW 1981, 1829 (1830).

129 BVerfGE 84, 212 (226 f.) = NZA 1991, 809 (810).

130 BVerfGE 49, 89 (126) = NJW 1979, 359 (360).

131 BVerfGE 84, 212 (226) = NZA 1991, 809 (810).

132 BVerfGE 84, 212 (226) = NZA 1991, 809 (810); kritisch *Kentner*, Arbeitskampfmittel der Arbeitgeber (2010), S. 33 ff.; vgl. zur Wesentlichkeitslehre des BVerfG im Arbeitskampfrecht etwa *Fischer*, RdA 2009, 287.

133 BVerfGE 88, 103 (116) = NJW 1993, 1379 (1380); vgl. die jüngsten Entwicklungen zum Beamtenstreik BVerfGE 148, 296 = NJW 2018, 2695; vgl. weiterführend zum Beamtenstreik im Schrifttum etwa: *Nusser*, in: Wandlungen im Öffentlichen Recht (2020), S. 591 ff.; *Laurer*, Das Recht des Beamten zum Streik (2017); *Klein*, Das Kollektivvertrags- und Streikrecht für Beamte in privatisierten Unternehmen (2017); *Jacobs/Payandeh,* JZ 2019, 19 ff.; *Sura*, NJOZ 2019, 1 ff.

134 Für das rechtlich notwendige Einschreiten des Gesetzgebers und die Kodifikation eines Arbeitskampfgesetzes plädieren dagegen etwa: *Kentner*, Arbeitskampfmittel der Arbeitgeber (2010), S. 33 ff.; *Otto*, Arbeitskampf- und Schlichtungsrecht (2006), S. 81 f; *Richardi*, in: FS Zöllner (1998), S. 935; *Henssler,* ZFA 2010, 397 ff.; anklingend bei *Wank*, RdA 2009, 1 (2); *Richardi*, NZA 2008, 1 (2); *Höfling/Engels*, NJW 2007, 3102 f.; *Kloepfer*, NJW 1985, 2497 ff.

135 *Hartmann*, EuZA 2018, 1.

Zu nennen sind hier insbesondere die Regelungen des Europarats und diejenigen der International *Labour Organization* (ILO).[136]

Unter dem Dach des Europarats sind zwei in diesem Zusammenhang relevante Normkomplexe entstanden. Der aus praktischer Sicht wichtigere Komplex ist die *Europäische Menschenrechtskonvention* (EMRK).[137]

Die *EMRK und ihre Zusatzprotokolle* gehören zum Völkervertragsrecht und gelten in der Bundesrepublik Deutschland aufgrund des Transformationsgesetzes (Art. 59 Abs. 2 S. 1 GG) im Rang eines einfachen Bundesgesetzes.[138] Gleichwohl besitzt die EMRK hierzulande verfassungsrechtliche Bedeutung.[139] Nach ständiger Rechtsprechung des BVerfG ist das gesamte deutsche Recht einschließlich des Grundgesetzes möglichst im Einklang mit der EMRK und der zu ihr ergangenen Rechtsprechung des *Europäischen Gerichtshofs für Menschenrechte* (EGMR) auszulegen.[140] Eine solch konventionskonforme Auslegung ist auf die Völkerrechtsfreundlichkeit des Grundgesetzes zurückzuführen und bezweckt, den Garantien der EMRK in der Bundesrepublik Deutschland möglichst umfassend Geltung zu verschaffen.[141] Ihre Heranziehung als Auslegungshilfe zielt allerdings nicht auf eine schematische Parallelisierung beider Rechtssysteme ab.[142] Die Wertungen der EMRK sind im Sinne eines möglichst schonenden Einpassens in das vorhandene nationale Rechtssystem aufzunehmen, soweit es sich im Rahmen des methodisch Vertretbaren hält und sich mit den Vorgaben des

---

136 Der Blick in die AEUV ist unergiebig, da der Europäischen Union keine Rechtsetzungskompetenz auf dem Gebiet des Arbeitskampfes zukommt (Art. 153 Abs. 5 AEUV). Soweit es um die Beurteilung nationaler Arbeitskämpfe ohne unionsrechtlichen Bezug geht, hat Art. 28 GRC keine unmittelbare Bedeutung und wird dementsprechend hier nicht näher behandelt.

137 *Franzen/Thüsing/Waldhoff*, Arbeitskampf in der Daseinsvorsorge (2012), S. 67.

138 BVerfGE 128, 326 (367) = NJW 2011, 1931 (1935); *Richardi/Bayreuther*, Kollektives Arbeitsrecht (2019), S. 12; *Löwisch/Rieble*, TVG (2017), Grundlagen Rn. 315; *Jacobs/Schmidt*, EuZA 2016, 82 (92).

139 BVerfGE 148, 296 (351) = NJW 2018, 2695 (2699).

140 BVerfGE 128, 326 (367, 369) = NJW 2011, 1931 (1935); BVerfGE 111, 307 (324) = NJW 2004, 3407 (3410); *Franzen/Thüsing/Waldhoff*, Arbeitskampf in der Daseinsvorsorge (2012), S. 67 f.; *Thüsing/Stiebert*, ZESAR 2011, 222 (225); *Weiß*, EuZA 2010, 457 (463).

141 BVerfGE 148, 296 (352) = NJW 2018, 2695 (2699).

142 BVerfGE 148, 296 (350, 353) = NJW 2018, 2695 (2699); BVerfGE 128, 326 (366, 370) = NJW 2011, 1931 (1935 f.).

Grundgesetzes vereinbaren lässt.[143] Obwohl die Urteile des EGMR im Grundsatz nur inter-partes und für den Einzelfall mit verbindlicher Wirkung ergehen (Art. 46 EMRK), entfalten sie für die Auslegung des deutschen Rechts auch in den Fällen, in denen die Bundesrepublik Deutschland am konkreten Verfahren vor dem EGMR unbeteiligt bleibt, eine sog. „Orientierungs- und Leitungswirkung" und sind dementsprechend von den deutschen Gerichten zu berücksichtigen.[144] Aufgrund des vorstehend Gesagten ist Art. 11 EMRK die „vermutlich wirkmächtigste internationalrechtliche Garantie der Vereinigungsfreiheit."[145] Die Vorschrift gewährleistet jeder Person das Recht, sich frei und friedlich mit anderen zu versammeln und sich frei mit anderen zusammenzuschließen, wozu auch das Recht gehört, zum Schutz seiner Interessen Gewerkschaften zu gründen und Gewerkschaften beizutreten. Dem Wortlaut von Art. 11 Abs. 1 EMRK lassen sich keine Aussagen zum Arbeitskampf entnehmen. Zwischenzeitlich sieht der EGMR jedoch eigens das Streikrecht vom Schutzbereich des Art. 11 EMRK erfasst.[146] Bei der Bestimmung des Umfangs des Streikrechts orientiert sich der EGMR an anderen völkerrechtlichen Instrumenten; besondere Bedeutung erlangen dabei die *Europäische Sozialcharta* (ESC) sowie die Regelungen der ILO.[147] Vor allem die Spruchpraxis der jeweiligen Kontrollorgane der ESC und ILO prägen die authentische Auslegung der EMRK durch den EGMR.[148] Das Hineinlesen der ESC und der ILO in die EMRK führt dazu, dass sie mittelbar ein erhöhtes Maß an Verbindlichkeit für das deutsche Recht erreichen.[149]

Die *ESC* als „Komplementär"[150] zur EMRK ist ebenfalls ein im Rahmen des Europarats geschlossener völkerrechtlicher Vertrag, der in seinem Teil II Art. 6 Nr. 4 eine Gewährleistung des Streikrechts enthält. Wortwörtlich heißt es im

---

143 BVerfGE 148, 296 (350, 355) = NJW 2018, 2695 (2699 f.); BVerfGE 128, 326 (366 f.) = NJW 2011, 1931 (1935 f.).

144 BVerfGE 148, 296 (351 f.) = NJW 2018, 2695 (2699); *Fütterer*, EuZA 2011, 505 (520); *Schlachter*, RdA 2011, 341 (347).

145 *Franzen/Thüsing/Waldhoff*, Arbeitskampf in der Daseinsvorsorge (2012), S. 68.

146 EGMR NZA 2015, 1268; NJOZ 2015, 1744; NZA 2010, 1423.

147 *Franzen/Thüsing/Waldhoff*, Arbeitskampf in der Daseinsvorsorge (2012), S. 69; *Lörcher*, AuR 2011, 88 (89); *Schlachter*, RdA 2011, 341 (344 f.); *Franzen*, EuZA 2010, 453 (455).

148 *Franzen/Thüsing/Waldhoff*, Arbeitskampf in der Daseinsvorsorge (2012), S. 70.

149 *Green*, Arbeitskämpfe zulasten der Allgemeinheit (2017), S. 373 f.; *Franzen/Thüsing/Waldhoff*, Arbeitskampf in der Daseinsvorsorge (2012), S. 70; *Franzen*, EuZA 2010, 453 (455); *Schlachter*, RdA 2011, 341 (347).

150 *Rieble*, RdA 2005, 200 (203).

vorgenannten Art. 6: „Um die wirksame Ausübung des Rechtes auf Kollektivverhandlungen zu gewährleisten, verpflichten sich die Vertragsparteien: […] und anerkennen: […] das Recht der Arbeitnehmer und der Arbeitgeber auf kollektive Maßnahmen einschließlich des Streikrechts im Falle von Interessenkonflikten, vorbehaltlich etwaiger Verpflichtungen aus geltenden Gesamtarbeitsverträgen." Die Signatarstaaten dürfen das Streikrecht nach Teil V Art. 31 Nr. 1 ESC nur insoweit einschränken, als dies gesetzlich vorgeschrieben und in einer demokratischen Gesellschaft zum Schutz der Rechte und Freiheiten anderer oder zum Schutz der öffentlichen Sicherheit und Ordnung, der Sicherheit des Staats, der Volksgesundheit und der Sittlichkeit notwendig ist. Nach Ansicht des Ausschusses unabhängiger Sachverständiger, der über die Einhaltung der Charta wacht, seien die nach deutschem Recht erfolgenden Beschränkungen des Streikrechts auf tariflich regelbare Ziele sowie auf gewerkschaftlich geführte Streiks nicht mit den Gewährleistungen der ESC vereinbar.[151] Ebendarum empfahl das *Ministerkomitee des Europarats* der Bundesregierung bereits vor längerer Zeit, die hier gezogene Schlussfolgerung des Ausschusses unabhängiger Experten in ihrer Rechtsordnung zu berücksichtigen.[152] Die Umsetzung der *Empfehlung* würde das deutsche Arbeitskampfrecht immens verändern. Ob und inwiefern die ESC innerstaatliche Rechtswirkungen entfaltet, ist im Einzelnen umstritten. Nach bisher überwiegender Auffassung in der Literatur sind die Bestimmungen der ESC nicht unmittelbar innerstaatlich anwendbar, sondern nur als eine völkerrechtliche Verpflichtung für die Vertragsstaaten anzusehen.[153] Das BAG sieht in seiner Rolle als Ersatzgesetzgeber in Arbeitskampfangelegenheiten die ESC als eine von der Bundesrepublik Deutschland eingegangene völkerrechtliche Verpflichtung an, deren Regeln es beachtet, wenn es die im Gesetzesrecht bestehenden Lücken bezüglich der Ordnung des Arbeitskampfes anhand von

---

151 Siehe hierzu in AuR 1998, 154.

152 Siehe so in AuR 1998, 154 (156).

153 So etwa: *Green*, Arbeitskämpfe zulasten der Allgemeinheit (2017), S. 373; *Schansker*, Die Beschränkung des Streikrechts auf tariflich regelbare Ziele (2015), S. 75 ff.; *Buchholtz*, Streiken im europäischen Grundrechtsgefüge (2014), S. 206 ff.; *Weiß*, EuZA 2010, 457 (460); *Otto*, Arbeitskampf- und Schlichtungsrecht (2006), S. 77; *Bepler*, in: FS Wissmann (2005), S. 97 (106); *Rieble*, RdA 2005, 200 (203 f.); *Seiter*, Streikrecht und Aussperrungsrecht (1975), S. 137. Für eine unmittelbare innerstaatliche Wirkung des Teils II Art. 6 Nr. 4 ESC etwa: *Czycholl/Frieling*, ZESAR 2011, 322 (323 ff.); Däubler/*Lörcher*, Arbeitskampfrecht (2018), Rn. 10.22.

Wertentscheidungen der Verfassung ausfüllt.[154] Überdies bleibt es aber Sache des BAG und jedes anderen Gerichts, den Inhalt und die Tragweite der ESC selbst zu ermitteln.[155] Die auf Grundlage des Sachverständigenausschusses ausgesprochenen Empfehlungen des Ministerkomitees sind für die innerstaatlichen Gerichte in Deutschland rechtlich nicht bindend.[156] Es entspräche aber nicht dem Anspruch völkerrechtsfreundlicher Auslegung, die Gremienentscheidungen schlichtweg zu ignorieren, weshalb diese weitestgehend auch vom BAG bei der Auslegung und Lückenschließung innerstaatlichen Rechts berücksichtigt werden.[157] So hat das BAG bereits in einer Entscheidung aus dem Jahr 2002 herausgestellt, dass die generalisierende Aussage, Arbeitskämpfe seien stets nur zur Durchsetzung tarifvertraglich regelbarer Ziele zulässig, im Hinblick auf Teil II Art. 6 Nr. 4 ESC und die Meinung des Sachverständigenausschusses einer Überprüfung bedürfe.[158] In seinem Urteil zum Unterstützungsstreik bezog sich das BAG mehrfach auf die Charta und machte an einer Stelle die auf Grundlage des Sachverständigenausschusses ausgesprochene Empfehlung des Ministerkomitees zum Gegenstand seiner Begründung.[159] Die Zeichen der Rechtsprechung deuten darauf hin, dass sich das deutsche Streikrecht allmählich dem europäischen Umfeld annähert.

Das *ILO-Übereinkommen Nr. 87* über die Vereinigungsfreiheit und den Schutz des Vereinigungsrechts gehört zum einfachen innerstaatlichen Recht.[160] Das Streikrecht ist darin nicht ausdrücklich erwähnt. Das Übereinkommen

---

154 BAGE 123, 134 (142) = NZA 2007, 1055 (1058); BAGE 104, 155 (166) = NZA 2003, 734 (739).

155 ErfK/*Linsenmaier*, Arbeitsrecht (2020), Art. 9 GG Rn. 105; *Franzen*, JbArbR 47 (2010), S. 119 (124).

156 *Franzen*, JbArbR 47 (2010), S. 119 (125); *Kerwer*, EuZA 2008, 335 (351).

157 *Franzen*, JbArbR 47 (2010), S. 119 (125); *Engels*, Verfassung und Arbeitskampfrecht (2008), S. 371.

158 BAGE 104, 155 (169) = NZA 2003, 734 (740).

159 Vgl. BAGE 123, 134 (144 f.) = NZA 2007, 1055 (1059) („Eine generelle Beschränkung von Streiks auf das Tarifgebiet wäre auch mit der Streikgarantie des Teil II Art. 6 Nr. 4 ESC schwerlich vereinbar. Wenn nach der Meinung des Sachverständigenausschusses und des Ministerkomitees des Europarats bereits das Verbot aller nicht auf den Abschluss eines Tarifvertrags gerichteten Streiks Bedenken begegnet […], gälte dies erst recht für Streiks, die der Durchsetzung eines Tarifvertrags in einem anderen Tarifgebiet dienen.“).

160 BAGE 143, 354 (403) = NZA 2013, 448 (466); BVerfGE 58, 233 (255) = NJW 1982, 815 (817); ErfK/*Linsenmaier*, Arbeitsrecht (2020), Art. 9 GG Rn. 107; *Hayen/Ebert*, AuR 2008, 19 (22 f.).

gewährleistet die Koalitionsfreiheit nur sehr allgemein und geht nicht über die Grundsätze hinaus, die sowieso schon aufgrund von Art. 9 Abs. 3 GG verfassungsrechtlich gelten.[161] Es erfährt aber eine nähere Konkretisierung durch die Überwachungsorgane der ILO, den Sachverständigenausschuss und den Ausschuss für die Vereinigungsfreiheit. So folgerten sie aus Art. 3 des ILO-Übereinkommens Nr. 87 eine Arbeitskampfgarantie und entwickelten über die Zeit eine tolerante Spruchpraxis besonders im Hinblick auf mögliche Arbeitskampfformen.[162] Die Interpretation des Abkommens durch die Ausschüsse hat aber für die Mitgliedstaaten keine bindende Wirkung; anderenfalls stünde dies im Widerspruch zu Art. 37 Abs. 1 der ILO-Verfassung, wonach einzig der Internationale Gerichtshof (IGH) zur verbindlichen Auslegung der ILO-Vereinbarungen berufen ist.[163] Angesichts der bereits angesprochenen Rechtsprechung des EGMR zur ganzheitlichen Berücksichtigung aller internationalen Arbeitsnormen dürfte die Spruchpraxis des Sachverständigenausschusses der ILO im Hinblick auf das innerstaatliche Recht in Zukunft keinesfalls obsolet werden.[164]

IV. Fazit

Zusammenfassend lässt sich Folgendes festhalten:

1. Das Arbeitskampfrecht ist in der Verfassung nicht ausdrücklich verankert. Der tarifvertragsbezogene Arbeitskampf ist von Art. 9 Abs. 3 GG nur als „Annexgewährleistung zur Tarifautonomie“[165] geschützt. Er existiert nur,

---

161 BVerfGE 58, 233 (255) = NJW 1982, 815 (817); BAGE 143, 354 (404) = NZA 2013, 448 (466).

162 Vgl. ErfK/*Linsenmaier*, Arbeitsrecht (2020), Art. 9 GG Rn. 107; *Nonnenmühlen*, Atypische Arbeitskampfmittel der Arbeitnehmerseite (2017), S. 30; *Deinert*, in: Rehder/Deinert/Callsen, Arbeitskampfmittelfreiheit und atypische Arbeitskampfformen (2012), S. 45 (82 f.); *Weiss/Seifert*, in: GS Zachert (2010), S. 130 (134 ff.); *Otto*, Arbeitskampf- und Schlichtungsrecht (2006), S. 79.

163 *Otto*, Arbeitskampf- und Schlichtungsrecht (2006), S. 79; vgl. weiterführend hierzu etwa auch ErfK/*Linsenmaier*, Arbeitsrecht (2020), Art. 9 GG Rn. 107; *Ricken*, in: MünchHandbuch-ArbR (2019), Rn. 269.34; *Wisskirchen*, ZFA 2003, 691 (711); *Böhmert*, Das Recht der ILO und sein Einfluss auf das deutsche Arbeitsrecht im Zeichen der europäischen Integration (2002), S. 87; *Kissel*, Arbeitskampfrecht (2002), S. 183.

164 *Green*, Arbeitskämpfe zulasten der Allgemeinheit (2017), S. 379.

165 *Lembke*, Die Arbeitskampfbeteiligung von Außenseitern (2000), S. 55.

um die Funktionsfähigkeit der Tarifautonomie zu sichern. Die Funktionsfähigkeit der Tarifautonomie stellt dementsprechend die Mindestanforderung an das Arbeitskampfrecht dar.

2. Da es seit jeher an gesetzlichen Regelungen für Arbeitskämpfe fehlt, gibt die Judikative als „Ersatzgesetzgeber" die verbindlichen Rahmenbedingungen, gemessen an einem nach Art. 9 Abs. 3 GG entwickelten Bewertungsmaßstab für die Zulässigkeit einer Arbeitskampfmaßnahme, vor. Die mehrdimensionalen Auswirkungen des Arbeitskampfes lassen jedoch ein Tätigwerden des Gesetzgebers (zumindest für den Bereich der Daseinsvorsorge) erforderlich erscheinen.
3. Bei der Auslegung und Lückenschließung innerstaatlichen Rechts gilt es, aufgrund der Völkerrechtsfreundlichkeit des Grundgesetzes, die einschlägigen Gewährleistungen der EMRK, die Entscheidungen des EGMR sowie die Inhalte der ESC zu beachten.

B. Anforderungen der Rechtsprechung an einen rechtmäßigen Arbeitskampf

Für die Beurteilung der Rechtmäßigkeit (potentiell) neuer Arbeitskampfmittel ist es notwendig, sich zunächst die Grundsätze zu vergegenwärtigen, die die Rechtsprechung im Laufe der Zeit entwickelt hat und für die Rechtmäßigkeit von Arbeitskampfmaßnahmen entscheidend sind. Bereits einleitend in Kapitel 2 wurde erwähnt, dass die für das Arbeitskampfrecht wesentlichen richterrechtlichen Grundsätze näher auf ihre Plausibilität hin untersucht werden. Dies findet u. a. seinen Grund darin, dass die Grundsätze vor einiger Zeit einem nicht unerheblichen (Rechtsprechungs-)Wandel unterlagen.

I. Befugnis der Kampfparteien zum Einsatz des Arbeitskampfes

Gemäß der Rechtsprechung[166] und dem Schrifttum[167] sind Arbeitskämpfe nur dann als rechtmäßig anzusehen, wenn sie von einer *tariffähigen Koalition*

---

166 Vgl. BAGE 30, 50 = NJW 1979, 236; BAGE 15, 174 = NJW 1964, 883.

167 ErfK/*Linsenmaier*, Arbeitsrecht (2020), Art. 9 GG Rn. 123; *Junker*, Arbeitsrecht (2020), Rn. 603; *Richardi/Bayreuther*, Kollektives Arbeitsrecht (2019), S. 156; Schaub/*Treber*, Arbeitsrechts-Handbuch (2019), Rn. 192.26; *Löwisch/Caspers/Klumpp*, Arbeitsrecht (2019), S. 341; *Manzanza Lumingu*, Regelung des Streikrechts in Bereichen der Daseinsvorsorge in der Bundesrepublik Deutschland (2017), S. 38; Henssler/Willemsen/Kalb/*Hergenröder*, Arbeitsrecht (2020), Art. 9 GG Rn. 184; *Brox/Rüthers/Henssler*, Arbeitsrecht (2016), S. 269; *Zöllner/Loritz/Hergenröder*, Arbeitsrecht (2015), S. 573;

aktiv geführt werden und sich gegen einen tariffähigen Gegner richten. Dieses Erfordernis lässt sich in erster Linie auf die Funktion des Arbeitskampfes als Hilfsinstrument der Tarifautonomie zurückführen[168] (siehe zur Funktion des Arbeitskampfes oben Kap. 2 A. I.). Die Fähigkeit, Tarifverträge abzuschließen, besitzen Gewerkschaften, einzelne Arbeitgeber und Arbeitgeberverbände (§ 2 Abs. 1 TVG) sowie Spitzenorganisationen, das heißt Zusammenschlüsse von Gewerkschaften und von Arbeitgebervereinigungen (§ 2 Abs. 2 TVG). Zudem müssen die jeweiligen Kampfparteien hinsichtlich des angestrebten Tarifvertragsabschlusses *örtlich* und *fachlich zuständig* sein.[169] Dies muss sich klar und deutlich der Satzung der Koalitionen entnehmen lassen; nur beim Firmentarifvertrag ergibt sich jene Zuständigkeit für die Arbeitgeberseite bereits aus dem Gegenstand des Unternehmens, für das der Tarifvertrag gelten soll.[170]

Für die Arbeitskampfpraxis bedeutet das folglich, dass der Streik, der zu keinem Zeitpunkt von einer Gewerkschaft offiziell übernommen wurde, schon als solcher rechtswidrig ist.[171] Ein Streik kann nur als „gewerkschaftsgetragen" bezeichnet werden, wenn die Gewerkschaft ihn beschlossen und zu einem

---

Kissel, Arbeitskampfrecht (2002), S. 241. Vgl. weiterführend die jüngsten Überlegungen zum nichtgewerkschaftlich getragenen Streik von *Odenthal*, Die Zulässigkeit von Sonderformen des Arbeitskampfs (2020), S. 74 ff.

168 *Hromadka/Maschmann*, Arbeitsrecht, Band 2 (2017), S. 168; Henssler/Willemsen/Kalb/*Hergenröder*, Arbeitsrecht (2020), Art. 9 GG Rn. 184.

169 BAGE 22, 295 = BeckRS 1970, 104448; *Hromadka/Maschmann*, Arbeitsrecht, Band 2 (2017), S. 168; *Manzanza Lumingu*, Regelung des Streikrechts in Bereichen der Daseinsvorsorge in der Bundesrepublik Deutschland (2017), S. 38; Rolfs/Giesen/Kreikebohm/Udsching/*Waas*, Arbeitsrecht (2008), Art. 9 GG Rn. 31; *Otto*, Arbeitskampf- und Schlichtungsrecht (2006), S. 111; siehe weiterführend zur „Tarifzuständigkeit": *Stoppelman*, Tariffähigkeit und Tarifzuständigkeit von Arbeitgeberverbänden (2015); *Ebert*, Die Zuständigkeit der Tarifvertragsparteien zum Abschluß von Verbands- und Firmentarifverträgen (2003); *Graf*, Die Tarifzuständigkeit (2003).

170 BAGE 22, 295 = BeckRS 1970, 104448; *Hromadka/Maschmann*, Arbeitsrecht Band 2 (2017), S. 168; *Kissel*, Arbeitskampfrecht (2002), S. 241.

171 BAGE 15, 174 = NJW 1964, 883; BAGE 30, 50 = NJW 1979, 236; BAGE 58, 343 (349) = AP GG Art. 9 Arbeitskampf Nr. 106 unter A. I. 1; *Löwisch/Caspers/Klumpp*, Arbeitsrecht (2019), S. 341; *Kamanabrou*, Arbeitsrecht (2017), S. 670; *Melot de Beauregard*, Tarif- und Arbeitskampfrecht für die Praxis (2014), S. 144; *Lieb/Jacobs*, Arbeitsrecht (2006), S. 214; *Czerweny v. Arland*, Die Arbeitskampfmittel der Gewerkschaften und der Verhältnismäßigkeitsgrundsatz (1993), S. 35.

solchen explizit aufgerufen hat oder aber diesen zunächst nicht von ihr getragenen Streik im Laufe der Auseinandersetzung übernimmt.[172]

Nicht zu verwechseln ist die Arbeitskampfführungsbefugnis mit der Berechtigung, am Arbeitskampf teilzunehmen. An einem Arbeitskampf können zum einen Arbeitnehmer teilnehmen, welche der streikführenden Gewerkschaft als Mitglieder angehören und hierdurch ihr verfassungsgarantiertes Recht auf spezifisch koalitionsmäßige Betätigung (Art. 9 Abs. 3 GG) ausüben.[173] Und zum anderen können nichtorganisierte oder anders organisierte Arbeitnehmer (sog. „Außenseiter") einem gewerkschaftlichen Streikaufruf folgen und sich entsprechend beteiligen.[174] Die rechtliche Begründung für die mögliche Beteiligung von Außenseitern rührt – skizzenhaft – aus folgender Überlegung her: Mündet ein Arbeitskampf in das Ergebnis eines neuen Tarifvertrags kommt dieser zumindest faktisch auch den „Außenseitern" zugute.[175] Zwar wirkt der im Resultat erkämpfte Tarifvertrag, aufgrund fehlender Tarifbindung, nicht unmittelbar gemäß § 4 TVG zugunsten der „Außenseiter", doch regelmäßig über vorhandene schuldrechtliche Vereinbarungen.[176] Deshalb ist es auch gängige Arbeitskampfpraxis, dass sich Außenseiter-Arbeitnehmer an einem Streik beteiligen. Die aktuelle BAG-Rechtsprechung gesteht ferner Dritten, das heißt Personen, die nicht einmal mittelbar von der angestrebten Verbesserung von Arbeitsbedingungen profitieren, die Beteiligung an Arbeitskämpfen zu.[177] Nach dem BAG kommt es für die Einordnung als Maßnahme des Arbeitskampfes zur

---

172 BAGE 15, 202 (210) = NJW 1964, 887 (888); ErfK/*Linsenmaier*, Arbeitsrecht (2020), Art. 9 GG Rn. 123; Schaub/*Treber*, Arbeitsrechts-Handbuch (2019), Rn. 192.26; *Kamanabrou*, Arbeitsrecht (2017), S. 670; *Czerweny v. Arland*, Die Arbeitskampfmittel der Gewerkschaften und der Verhältnismäßigkeitsgrundsatz (1993), S. 35.

173 *Dütz/Thüsing*, Arbeitsrecht (2019), S. 351; Schaub/*Treber*, Arbeitsrechts-Handbuch (2019), Rn. 192.28; *Kamanabrou*, Arbeitsrecht (2017), S. 670; *Hromadka/Maschmann*, Arbeitsrecht, Band 2 (2017), S. 168; *Otto*, Arbeitskampf- und Schlichtungsrecht (2006), S. 115 f.

174 BAGE 76, 196 (201) = NZA 1994, 1097 (1098); *Dütz/Thüsing*, Arbeitsrecht (2019), S. 351; Schaub/*Treber*, Arbeitsrechts-Handbuch (2019), Rn. 192.29; *Kamanabrou*, Arbeitsrecht (2017), S. 670; *Kissel*, Arbeitskampfrecht (2002), S. 541 ff.; *Gamillscheg*, Kollektives Arbeitsrecht, Band I (1997), S. 994 f.

175 BAGE 76, 196 (202) = NZA 1994, 1097 (1098); *Otto*, Arbeitskampf- und Schlichtungsrecht (2006), S. 115; *Gamillscheg*, Kollektives Arbeitsrecht, Band I (1997), S. 995.

176 *Kamanabrou*, Arbeitsrecht (2017), S. 670; *Kissel*, Arbeitskampfrecht (2002), S. 542.

177 BAGE 132, 140 (150) = NZA 2009, 1347 (1351); *Ricken*, in: MünchHandbuch-ArbR (2019), Rn. 266.11; *Franzen*, JbArbR 47 (2010), S. 119 (135 f.); *Krieger/Günther*, NZA 2010, 20 (22).

Durchsetzung tariflich regelbarer Forderungen nicht auf die individuelle Motivation des einzelnen Teilnehmers an, sondern auf das von der Gewerkschaft verfolgte Ziel.[178]

II. Regelbarkeit der Kampfforderung durch Tarifvertrag

Aus der rechtlichen Qualifizierung des Arbeitskampfes als Hilfsinstrument zur Sicherung der Tarifautonomie folgt zudem, dass die Zulässigkeit der Kampfforderung von ihrer tarifvertraglichen Regelbarkeit abhängt.[179] Mit einem Arbeitskampf können nur zulässige Tarifvertragsinhalte verfolgt werden.[180] Was sich im angestrebten Tarifvertrag regeln lässt, kann jedenfalls § 1 Abs. 1 TVG[181] als verfassungsmäßiger Konkretisierung der Binnenschranke des Art. 9 Abs. 3 GG entnommen werden.[182] Demgemäß können Tarifverträge nur Rechtsnormen enthalten, die den Inhalt, den Abschluss und die Beendigung von Arbeitsverhältnissen sowie betriebliche und betriebsverfassungsrechtliche Fragen ordnen können. Weist das Kampfziel nicht den Abschluss bzw. die Durchsetzung eines Tarifvertrags mit einem so beschaffenen Normenbereich auf, hat dies die Rechtswidrigkeit des Arbeitskampfes zur Folge.[183]

In der Rechtsprechung zeichnen sich jedoch Tendenzen ab, von dieser Rechtmäßigkeitsvoraussetzung abzurücken. So wies das BAG bereits im Jahr 2002

---

178 BAGE 132, 140 (151) = NZA 2009, 1347 (1351).

179 BAGE 122, 134 (156) = NZA 2007, 987 (994); BAGE 104, 155 (169) = NZA 2003, 734 (740); *Löwisch/Caspers/Klumpp*, Arbeitsrecht (2019), S. 338; *Manzanza Lumingu*, Regelung des Streikrechts in Bereichen der Daseinsvorsorge in der Bundesrepublik Deutschland (2017), S. 39; *Preis*, Kollektivarbeitsrecht (2017), S. 296; *Otto*, Arbeitskampf- und Schlichtungsrecht (2006), S. 92; *Lieb/Jacobs*, Arbeitsrecht (2006), S. 214; *Kissel*, Arbeitskampfrecht (2002), S. 217, 219.

180 ErfK/*Linsenmaier*, Arbeitsrecht (2020), Art. 9 GG Rn. 114 f.; *Junker*, Arbeitsrecht (2020), Rn. 605; *Dütz/Thüsing*, Arbeitsrecht (2019), S. 361; *Löwisch/Caspers/Klumpp*, Arbeitsrecht (2019), S. 338; *Kamanabrou*, Arbeitsrecht (2017), S. 665; *Hromadka/Maschmann*, Arbeitsrecht, Band 2 (2017), S. 170; *Brox/Rüthers/Henssler*, Arbeitsrecht (2016), S. 270; *Lieb/Jacobs*, Arbeitsrecht (2006), S. 214.

181 BAGE 122, 134 (156 f.) = NZA 2007, 987 (994).

182 *Dütz/Thüsing*, Arbeitsrecht (2019), S. 361; *Manzanza Lumingu*, Regelung des Streikrechts in Bereichen der Daseinsvorsorge in der Bundesrepublik Deutschland (2017), S. 39; *Melot de Beauregard*, Tarif- und Arbeitskampfrecht für die Praxis (2014), S. 150.

183 So sind beispielsweise die sog. „politischen Streiks" unzulässig, mit denen ein bestimmtes Verhalten der Staatsgewalt erzwungen werden soll, *Odenthal*, Die Zulässigkeit von Sonderformen des Arbeitskampfs (2020), S. 104 ff., 128; *Löwisch/Caspers/Klumpp*, Arbeitsrecht (2019), S. 338; *Kamanabrou*, Arbeitsrecht (2017), S. 665.

darauf hin, es möge „die generalisierende Aussage, Arbeitskämpfe seien stets nur zur Durchsetzung tarifvertraglich regelbarer Ziele zulässig, im Hinblick auf Teil II Art. 6 Nr. 4 ESC einer erneuten Überprüfung bedürfen.“[184] Von diesem Standpunkt rückte es auch in der Folgezeit nicht ab.[185] Die höchstrichterliche Entscheidung zum *Unterstützungsstreik* aus dem Jahr 2007 steht sinnbildlich für das Einläuten eines eher lockeren Umgangs mit der Tarifakzessorietät des Arbeitskampfes.[186] Obwohl mit Unterstützungsstreiks kein eigenes tarifliches Ziel verfolgt wird, sieht das BAG diese nun, anders als in den Jahren zuvor, als zulässig an.[187] Eines zwingenden Bezugs des Arbeitskampfes auf den Abschluss eines eigenen Tarifvertrags bedarf es auch nach dem BVerfG nicht.[188] Für die Zugehörigkeit zum Schutzbereich des Art. 9 Abs. 3 GG sei lediglich entscheidend, dass es sich um eine gewerkschaftlich getragene auf Tarifverhandlungen bezogene Aktion handele.[189] Dem BVerfG zufolge entspricht ein solch umfassendes Verständnis von Art. 9 Abs. 3 GG und das darin zum Ausdruck kommende Bemühen um die Gewährleistung eines möglichst weitreichenden Grundrechtsschutzes einer völkerrechtsfreundlichen Auslegung und enthält zudem die Wertungen des EGMR zu Art. 11 EMRK, wonach auch der Unterstützungsstreik jedenfalls ein ergänzendes Element der Koalitionsfreiheit darstelle.[190]

III. Wahrung der Friedenspflicht

Weiterhin haben die Kampfparteien stets die Friedenspflicht zu achten. Während der Laufzeit von Tarifverträgen ist die kampfweise Durchsetzung weiterer Regelungen, die in einem sachlichen inneren Zusammenhang mit dem

---

184 BAGE 104, 155 (169) = NZA 2003, 734 (740).

185 In der BAGE 122, 134 (156) = NZA 2007, 987 (994) ließ das Gericht es im konkreten Streitfall ausdrücklich offen, ob der Tarifbezug eines Arbeitskampfes als Beschränkung mit den Verpflichtungen der Bundesrepublik Deutschland aus völkerrechtlichen Verträgen zu vereinbaren ist.

186 BAGE 123, 134 = NZA 2007, 1055; die Entscheidung ablehnend *Löwisch/Caspers/Klumpp*, Arbeitsrecht (2019), S. 340; *Brox/Rüthers/Henssler*, Arbeitsrecht (2016), S. 270; *Wank*, RdA 2009, 1 (2 ff.); *Bieder*, NZA 2008, 799; *Kerwer*, EuZA 2008, 335 (342 ff.); *Hohenstatt/Schramm*, NZA 2007, 1034.

187 BAGE 123, 134 = NZA 2007, 1055; früher noch anders gesehen vgl. BAG NZA 1988, 474.

188 BVerfGE 148, 296 (359) = NJW 2018, 2695 (2701).

189 BVerfGE 148, 296 (359) = NJW 2018, 2695 (2701).

190 BVerfGE 148, 296 (359 f.) = NJW 2018, 2695 (2701 f.); siehe zum Einfluss des internationalen Rechts auf das deutsche Arbeitskampfrecht oben Kap. 2 A. III.

befriedeten Bereich stehen, sowie der dazugehörige Aufruf an die Mitglieder verboten.[191] Der Abschluss eines Tarifvertrags erfüllt für diesen Regelungsbereich eine Befriedungsfunktion.[192] Es soll der geltende Tarifvertrag respektiert und nicht dessen vereinbarte Laufzeit durch einen vorzeitigen Arbeitskampf in Frage gestellt werden („pacta sunt servanda").[193] Bei bestehender Friedenspflicht gilt für die Tarifvertragsparteien somit ein Kampfverbot.[194]

Allgemein werden die relative und die absolute Friedenspflicht voneinander unterschieden. Die *relative Friedenspflicht* braucht nicht gesondert vereinbart zu werden. Sie ist dem Tarifvertrag als einer Friedensordnung immanent und erstreckt sich stets zwischen den entsprechenden Tarifvertragsparteien auf die Arbeits- und Wirtschaftsbedingungen, die in den Tarifvertrag aufgenommen worden sind.[195] Durch Auslegung der tariflichen Regelungen ist deren genaue sachliche Reichweite zu ermitteln. Haben die Tarifvertragsparteien eine bestimmte Sachmaterie erkennbar umfassend geregelt, ist davon auszugehen, dass sie diesen Bereich der Friedenspflicht unterwerfen und für die Laufzeit des Tarifvertrags die kampfweise Durchsetzung weiterer Regelungen, die in einem

---

191 BAGE 155, 347 (356) = NZA 2016, 1543 (1546); BAGE 46, 322 (330) = NZA 1984, 393 (394); BAGE 41, 209 (219 f.) = NJW 1983, 1750; *Ricken*, in: MünchHandbuch-ArbR (2019), Rn. 272.44; ErfK/*Franzen*, Arbeitsrecht (2020), § 1 TVG Rn. 81; *Hromadka/Maschmann*, Arbeitsrecht, Band 2 (2017), S. 172; *Pfohl*, Die Friedenspflicht der Tarifvertragsparteien (2011), S. 18; *Kissel*, Arbeitskampfrecht (2002), S. 254, 294; siehe weiterführend zur Friedenspflicht jüngst *Brauneisen*, Die tarifvertragsbedingte Friedenspflicht (2019).

192 *Junker*, Arbeitsrecht (2020), Rn. 500, 608; *Manzanza Lumingu*, Regelung des Streikrechts in Bereichen der Daseinsvorsorge in der Bundesrepublik Deutschland (2017), S. 40; *Brox/Rüthers/Henssler*, Arbeitsrecht (2016), S. 272; *Deinert*, RdA 2011, 12 (18); *Melms/Reinhardt*, NZA 2010, 1033; *Kissel*, Arbeitskampfrecht (2002), S. 254.

193 ErfK/*Linsenmaier*, Arbeitsrecht (2020), Art. 9 GG Rn. 124; *Richardi/Bayreuther*, Kollektives Arbeitsrecht (2019), S. 159 f.; Schaub/*Treber*, Arbeitsrechts-Handbuch (2019), Rn. 192.17; *Kissel*, Arbeitskampfrecht (2002), S. 254.

194 Schaub/*Treber*, Arbeitsrechts-Handbuch (2019), Rn. 192.17; *Kamanabrou*, Arbeitsrecht (2017), S. 675; *Otto*, Arbeitskampf- und Schlichtungsrecht (2006), S. 126.

195 BAGE 155, 347 (356) = NZA 2016, 1543 (1546); BAGE 105, 5 (17) = NZA 2003, 866 (870); BAGE 41, 209 = NJW 1983, 1750; Dornbusch/Fischermeier/Löwisch/*Krebber*, AR-Kommentar (2019), S. 2362; *Richardi/Bayreuther*, Kollektives Arbeitsrecht (2019), S. 160 ff.; *Willemsen/Mehrens*, NZA 2018, 1382 (1383); *Hromadka/Maschmann*, Arbeitsrecht, Band 2 (2017), S. 172; *Melms/Reinhardt*, NZA 2010, 1033; *Otto*, Arbeitskampf- und Schlichtungsrecht (2006), S. 127; *Kissel*, Arbeitskampfrecht (2002), S. 254.

sachlichen inneren Zusammenhang mit dem befriedeten Bereich stehen, unterbinden wollten.[196] Der vollständige Ausschluss der Friedenspflicht ist unzulässig.[197] Die *absolute Friedenspflicht* muss hingegen privatautonom zwischen den Tarifvertragsparteien vereinbart werden.[198] Geschieht dies, ordnet die absolute Friedenspflicht an, dass jegliche Kampfhandlungen während des Bestehens des Tarifvertrags zu unterlassen sind, und zwar selbst dann, wenn die neue Tarifforderung nicht einmal die bestehenden Tarifvertragsinhalte betrifft.[199] In der deutschen Tariflandschaft bedienen sich die Parteien des Instruments der absoluten Friedenspflicht nur spärlich, weshalb deren praktische Relevanz eher gering ist.[200]

IV. Grundsatz der Kampfparität

Unter Kampfparität ist das annähernde Kräftegleichgewicht der Tarifvertragsparteien im Arbeitskampf zu verstehen.[201] Der Arbeitskampf soll eine chancengleiche Verhandlung zwischen den Tarifvertragsparteien ermöglichen. Der Tarifvertrag als ausgehandelter Kompromiss zwischen den Tarifvertragsparteien kann für sich die Vermutung der Angemessenheit und Richtigkeit beanspruchen, wenn beide Seiten annähernd gleich stark in die Tarifverhandlungen gegangen sind und annähernd gleich stark auch noch bei Abschluss des Tarifvertrags waren (vgl. hierzu bereits oben Kap. 2 A. I.).[202] Wenn eine Kampfpartei imstande wäre, das Kampfgeschehen zu beherrschen und die andere Kampfpartei nur auf ein reines Dulden oder Durchstehen des Arbeitskampfes beschränkt wäre, würde das System freier Vereinbarungen, welches Bedingung für das Funktionieren

---

196 BAGE 155, 347 (356) = NZA 2016, 1543 (1546); BAGE 104, 155 (167) = NZA 2003, 734 (739); *Willemsen/Mehrens*, NZA 2018, 1382 (1383); *Kissel*, Arbeitskampfrecht (2002), S. 277.

197 *Hromadka/Maschmann*, Arbeitsrecht, Band 2 (2017), S. 172.

198 BAGE 41, 209 = NJW 1983, 1750; *Junker*, Arbeitsrecht (2020), Rn. 586; Schaub/*Treber*, Arbeitsrechts-Handbuch (2019), Rn. 192.18; *Kissel*, Arbeitskampfrecht (2002), S. 254.

199 Schaub/*Treber*, Arbeitsrechts-Handbuch (2019), Rn. 192.18; *Pfohl*, Die Friedenspflicht der Tarifvertragsparteien (2011), S. 32 f.

200 *Pfohl*, Die Friedenspflicht der Tarifvertragsparteien (2011), S. 33; *Kissel*, Arbeitskampfrecht (2002), S. 254 („die absolute Friedenspflicht ist jedoch ohne praktische Bedeutung.").

201 *Junker*, Arbeitsrecht (2020), Rn. 609; *Brox/Rüthers/Henssler*, Arbeitsrecht (2016), S. 272; *Kissel*, Arbeitskampfrecht (2002), S. 361.

202 *Kissel*, Arbeitskampfrecht (2002), S. 361.

des Tarifvertrags- und Arbeitskampfrechts ist, versagen.[203] Keine Seite dürfe, getragen von der Rechtsordnung, durch zu starke Kampfmittel in die Lage versetzt werden, dem sozialen Gegenspieler von vornherein ihren Willen aufzuzwingen.[204] Nur auf diese Weise lasse es sich auch rechtfertigen, dass die Tarifautonomie unter Ausschluss der staatlichen Zwangsschlichtung erfolge.[205] Die Gewährung gleicher Durchsetzungschancen für die Arbeitskampfparteien bilde das Grundprinzip des Arbeitskampfsystems.[206] Das Paritätsprinzip legt danach den Rahmen für die Tarifauseinandersetzung der Kampfparteien fest und prägt das von beiden Seiten einsetzbare „Arsenal" zulässiger Arbeitskampfmittel.[207]

Für die Beurteilung der Paritätsfrage bedarf es eines Maßstabs, an dem sich das Verhandlungsgleichgewicht der Arbeitskampfparteien messen lässt. Im Laufe der Zeit entstanden hierzu sowohl in der Rechtsprechung als auch in der Literatur unterschiedliche Konzepte:

Ursprünglich bestimmte der Große Senat des BAG im Jahr 1955 die Parität rein *formal*.[208] Er sah den Streik und die lösende Aussperrung als gleichartige Waffen an und war der Überzeugung, dass die Bereitstellung dieser Kampfmittel für die Herstellung paritätischer Verhältnisse im Arbeitskampf genüge.[209] Nach der damaligen Auffassung des Großen Senats war es dem Staat wegen der Anerkennung des Arbeitskampfes, des Prinzips der Neutralität und des Gleichheitsgrundsatzes des Art. 3 GG verboten, die Kampfmittel der beiden Sozialpartner ungleichmäßig zu behandeln.[210] Beide Parteien sollten „in gleicher Lage gleiche Kampfmittel mit gleichen Rechtswirkungen zur Verfügung haben."[211] Nach

203 BAGE 23, 292 = BeckRS 9998, 152519; *Green*, Arbeitskämpfe zulasten der Allgemeinheit (2017), S. 132; *Kamanabrou*, Arbeitsrecht (2017), S. 676.

204 BAGE 46, 322 (353) = NZA 1984, 393 (399); *Zöllner/Loritz/Hergenröder*, Arbeitsrecht (2015), S. 587; *Kissel*, Arbeitskampfrecht (2002), S. 361.

205 BAGE 23, 292 = BeckRS 9998, 152519; BAGE 33, 140 (154) = NJW 1980, 1642 (1644).

206 *Rosenau*, Die Koalitionsbetätigungsfreiheit im gewandelten Kontext (2013), S. 191; *Brox/Rüthers/Henssler*, Arbeitsrecht (2016), S. 272 („Ohne Kampfparität kann es kein funktionsfähiges Tarifsystem geben").

207 *Belling*, NZA 1990, 214 (217).

208 BAGE 1, 291 = NJW 1955, 882.

209 BAGE 1, 291 = NJW 1955, 882; Däubler/*Rödl*, Arbeitskampfrecht (2018), Rn. 21.16; Henssler/Willemsen/Kalb/*Hergenröder*, Arbeitsrecht (2020), Art. 9 GG Rn. 166; *Kleist*, Hat der Grundsatz der Kampfparität noch Bestand? (2015), S. 87.

210 BAGE 1, 291 = NJW 1955, 882; siehe hierzu *Wank*, in: FS Kissel (1994), S. 1225 (1240); *Gisbertz*, Parität im Firmenarbeitskampf (2004), S. 39 f.

211 *Reuss*, JJb. Nr. 4 (1963/1964), S. 163 (167).

der formalen Betrachtung war sicherzustellen, dass nicht einer Partei ein das Arbeitsverhältnis lösendes, der anderen aber in der gleichen Situation nur ein suspendierendes Kampfmittel zur Verfügung steht.[212] Für diese Betrachtungsweise spricht, die Kampfparität auf diese Weise genau und praktikabel inhaltlich bestimmen zu können.[213] Ihr Nachteil besteht jedoch darin, dass sie der Rechtswirklichkeit im Arbeitskampf nicht hinreichend Rechnung trägt.[214] Trotz formaler „Waffengleichheit" kann tatsächlich ein Machtungleichgewicht zwischen den sozialen Gegenspielern bestehen, welches letztendlich einer Seite ermöglicht, den Tarifinhalt zu diktieren.[215]

Aus diesem Grund wurde teilweise im Schrifttum verlangt, bei der Paritätsbestimmung möglichst alle Einflussfaktoren des Wirtschafts- und Verteilungsprozesses detailliert zu untersuchen, festzustellen und zu bewerten (sog. *materiell-konkretes Paritätsverständnis* bzw. „*Gesamtparität*").[216] Zu den zu berücksichtigenden Faktoren sollten u.a. Lieferhilfeabkommen, sozialpsychologische Folgen der Massenarbeitslosigkeit, Möglichkeiten der „Produktion auf Lager" wie auch die Berichterstattung der Presse über den Arbeitskampf zählen.[217] Indessen wurde auch dieser Bestimmungsversuch mit überzeugenden Argumenten in der Rechtsprechung[218] und in Teilen des Schrifttums abgelehnt: So sei eine solch weitreichende Überprüfungsnotwendigkeit erst einmal mit Unsicherheiten hinsichtlich der zuverlässigen Ausarbeitung (im Hinblick auf Art und Zahl der heranzuziehenden Faktoren) und der anschließenden Bewertung sämtlicher Machtfaktoren verbunden.[219] Außerdem verlange man hierbei von der Gesetzgebung und Rechtsprechung schlechthin Unmögliches.[220] Vor

---

212 *Kissel*, Arbeitskampfrecht (2002), S. 363; *Erbguth*, Die Rechtsprechung des Bundesverfassungsgerichts und des Bundesarbeitsgerichts zum Grundsatz der Parität im Arbeitskampfrecht (2001), S. 18; *Seiter*, Streikrecht und Aussperrungsrecht (1975), S. 161; *Wolf*, ZFA 1971, 151 (152).

213 *Wank*, in: FS Kissel (1994), S. 1225 (1240); *Kissel*, Arbeitskampfrecht (2002), S. 364.

214 *Wank*, in: FS Kissel (1994), S. 1225 (1240); *Kissel*, Arbeitskampfrecht (2002), S. 364.

215 *Wank*, in: FS Kissel (1994), S. 1225 (1240).

216 Früher befürwortet etwa von *Wohlgemuth*, BB 1979, 111 (115); *Wolter*, AuR 1979, 193 (197 f.); *Zachert/Metzke/Hamer*, Die Aussperrung (1978), S. 128; *Däubler*, JuS 1972, 642 (645); siehe für weitere Befürworter dieser Betrachtungsweise *Kissel*, Arbeitskampfrecht (2002), S. 364 (in Fn. 36).

217 Vgl. die Darstellung in der BAGE 33, 140 (165) = NJW 1980, 1642 (1647); *Wank*, in: FS Kissel (1994), S. 1225 (1240) m.°w.°N.; *Kissel*, Arbeitskampfrecht (2002), S. 364.

218 BAGE 33, 140 (165 f.) = NJW 1980, 1642 (1647).

219 *Wank*, in: FS Kissel (1994), S. 1225 (1240); *Kissel*, Arbeitskampfrecht (2002), S. 364 f.

220 BAGE 33, 140 (165) = NJW 1980, 1642 (1647).

allem aber verkenne die Lehre von der Gesamtparität die begrenzte Funktion des Arbeitskampfrechts im Hinblick auf die Tarifautonomie.[221] Eine kollektive Kampf- und Ausgleichsordnung sei ihrer Natur nach nicht dazu geeignet, etwaige gesamtpolitische Ungleichheiten zu kompensieren und marktwirtschaftliche Gesetze aufzuheben.[222]

Ein Mittelweg in Gestalt eines *materiell-abstrakten Paritätsverständnisses* hingegen hat im Schrifttum bis heute zahlreiche Anhänger und noch bis vor Kurzem die Rechtsprechung bestimmt. Hiernach ist es ausreichend, dass bei einer längerfristigen und typisierenden Betrachtungsweise ein ungefähres Gleichgewicht zwischen den Tarifparteien bestehe.[223] Es müssten situationsbedingte Vorteile, die sich im konkreten Arbeitskampf sehr stark auswirken mögen, notwendigerweise unberücksichtigt bleiben.[224] Es lasse sich daher mit diesem Paritätsverständnis vereinbaren, wenn sich im Einzelfall die eine Partei als mächtiger erweise als die andere.[225] Dies entspreche der praktischen Machtverteilung zwischen den Kontrahenten, die, je nachdem, wie die aktuelle Ertragslage auf der Unternehmerseite und der Organisationsgrad sowie das Beitragsaufkommen der Gewerkschaftsmitglieder sei, von Tarifkonflikt zu Tarifkonflikt anders ausfallen könne.[226] Letztlich verbuche, wie in jeder Vertragsverhandlung, mal die eine und mal die andere Seite einen gewissen Verhandlungsvorteil auf ihrer Seite. Sobald aber eine Seite strukturell unterlegen und wegen einer generell schlechteren Machtposition stets und von vorherein zum Nachgeben gezwungen sei, bedürfe es zur Gewährleistung gleichwertiger Verhandlungschancen der Bereitstellung neuer Arbeitskampfmittel.[227] Das BVerfG hat den materiell-abstrakten Ansatz damals verfassungsrechtlich nicht beanstandet und sah darin einen Beitrag zur Klarheit und Kalkulierbarkeit des Arbeitskampfrechts.[228] Weil das BAG aber keinen Kriterienkatalog entwickelte, anhand dessen die Parität zu überprüfen wäre, stellten einige Stimmen aus dem Schrifttum die Anwendbarkeit des

---

221 BAGE 33, 140 (165 f.) = NJW 1980, 1642 (1647).

222 BAGE 33, 140 (166) = NJW 1980, 1642 (1647).

223 BVerfGE 84, 212 (230) = NZA 1991, 809 (811); BAGE 33, 140 (164) = NJW 1980, 1642 (1647); *Wank*, in: FS Kissel (1994), S. 1225 (1241).

224 BAGE 122, 134 (154) = NZA 2007, 987 (994); BAGE 33, 140 (164) = NJW 1980, 1642 (1647).

225 *Belling*, NZA 1990, 214 (217).

226 *Belling*, NZA 1990, 214 (217).

227 *Belling*, NZA 1990, 214 (217); *Wank*, in: FS Kissel (1994), S. 1225 (1241).

228 BVerfGE 84, 212 (230) = NZA 1991, 809 (811).

Paritätsgrundsatzes allgemein infrage.[229] Ihnen zufolge gebe es für die typisierende Paritätsbetrachtung kein überzeugendes Bewertungsraster.[230] Es könne niemand sagen, wie man das Verhandlungsgleichgewicht bzw. -ungleichgewicht messe.[231] Die Bewertung der Verhandlungssituation sei von zu vielen Unwägbarkeiten geprägt, wodurch die Paritätsbestimmung nur noch einer „Leerformel" entspreche.[232]

In seiner jüngeren Rechtsprechung hat das BAG eine Abkehr von seinem Verständnis vom Paritätsgrundsatz als oberstem Grundsatz des Arbeitskampfrechts, an dem alle weiteren Grundsätze vormals zu messen waren,[233] vollzogen. Das BAG weist zwar weiter darauf hin, dass die Tarifautonomie nur funktionsfähig sei, solange zwischen den Tarifvertragsparteien ein ungefähres Gleichgewicht (Parität) bestehe.[234] Es zieht daraus allerdings nicht mehr die weiteren notwendigen Schlüsse, sondern setzt an die Stelle einer nachvollziehbaren Paritätsprüfung die in weiten Teilen einer reinen Missbrauchskontrolle ähnelnde Verhältnismäßigkeitsprüfung.[235] Das BAG ist nunmehr der Überzeugung, dass das Paritätsprinzip aufgrund seiner Abstraktionshöhe als Zulässigkeitsmaßstab zur Bewertung einzelner Kampfsituationen regelmäßig nicht geeignet sei.[236] Art. 9 Abs. 3 GG würden sich keine konkreten Maßstäbe entnehmen lassen, um das Kräftegleichgewicht der Tarifvertragsparteien beurteilen zu können. Trotz

---

229 So etwa *Richardi/Bayreuther*, Kollektives Arbeitsrecht (2019), S. 164; Däubler/*ders.*, Arbeitskampfrecht (2018), Rn. 9.36; v. Mangoldt/Klein/Starck/*Kemper*, GG (2018), Art. 9 Rn. 161 f.; *Kissel*, Arbeitskampfrecht (2002), S. 374.

230 *Kissel*, Arbeitskampfrecht (2002), S. 374; ähnlich Däubler/*ders.*, Arbeitskampfrecht (2018), Rn. 9.36.

231 *Richardi/Bayreuther*, Kollektives Arbeitsrecht (2019), S. 164; Däubler/*ders.*, Arbeitskampfrecht (2018), Rn. 9.36; v. Mangoldt/Klein/Starck/*Kemper*, GG (2018), Art. 9 Rn. 161.

232 Däubler/*ders.*, Arbeitskampfrecht (2018), Rn. 9.36.

233 Vgl. BAGE 46, 322 (353) = NZA 1984, 393 (399) („Die Verhandlungsparität ist der oberste Grundsatz des Arbeitskampfrechts, an dem alle weiteren Grundsätze zu messen sind.").

234 BAGE 132, 140 (152) = NZA 2009, 1347 (1352); BAGE 123, 134 (140) = NZA 2007, 1055 (1057).

235 *Henssler*, in: Aktuelle arbeitsrechtliche Herausforderungen in Japan und Deutschland (2014), S. 75 (87); kritisch bezüglich der Entwicklung des Paritätsprinzips etwa *Schwarze*, ZFA 2018, 149 (168); *Thüsing/Waldhoff*, ZFA 2011, 329 (358 ff.); *Rüthers/Höpfner*, JZ 2010, 261 (262); *Hohenstatt/Schramm*, NZA 2007, 1034 (1036).

236 BAGE 132, 140 (152) = NZA 2009, 1347 (1352); BAGE 123, 134 (141) = NZA 2007, 1055 (1058).

allem soll das Paritätsprinzip nach dem BAG eine Grenze bezeichnen, die von der gerichtlichen Ausgestaltung der Koalitionsfreiheit nicht überschritten werden dürfe. Die Gerichte dürften den Paritätsgrundsatz weder ignorieren noch ein vorhandenes Gleichgewicht der Kräfte stören oder ein Ungleichgewicht verstärken.[237]

V. Verhältnismäßigkeitsgrundsatz

1. *Güterabwägung bei Kollision der Koalitionsfreiheit mit Individualgrundrechten*

Spätestens seit dem zweiten arbeitskampfrechtlichen Grundsatzbeschluss des BAG aus dem Jahr 1971[238] stehen Arbeitskämpfe unter dem „obersten Gebot“ der Verhältnismäßigkeit. Bei der Anwendung dieses Gebots differenziert die Rechtsprechung nicht zwischen Mitteln auf Arbeitnehmer- und Arbeitgeberseite. Auf beiden Seiten bedarf es einer Überprüfung, ob der Schutz der Arbeitskampfmaßnahme durch Art. 9 Abs. 3 GG einen Eingriff in die Grundrechte Dritter oder sonstige Rechtsgüter mit Verfassungsrang rechtfertigen kann.[239] Im Falle einer Kollision der Koalitionsfreiheit mit Individualgrundrechten muss im Wege einer Güterabwägung nach dem Grundsatz der praktischen Konkordanz ein schonender Ausgleich herbeigeführt werden.[240] Die Verhältnismäßigkeitsprüfung diene der Klärung der Frage, ob und unter welchen Voraussetzungen ein Kampfmittel im Einzelfall eingesetzt werden dürfe.[241]

Seinen *Ursprung* hat der Verhältnismäßigkeitsgrundsatz *im öffentlichen Recht*. Er wird noch heute im Rahmen der Prüfung von Grundrechtseingriffen berücksichtigt und stellt für staatliche Eingriffe in die subjektiven Rechte von Bürgern eine Grenze dar.[242] Im öffentlichen Recht findet unter dem Sammelbegriff der

---

237 BAGE 123, 134 (141) = NZA 2007, 1055 (1058); siehe weiterführend zum Paritätsgrundsatz etwa *Matthes*, Eine Negativprobe der Arbeitskampfparität (2017); *Kleist*, Hat der Grundsatz der Kampfparität noch Bestand? (2015).

238 BAGE 23, 292 = BeckRS 9998, 152519.

239 *Nonnenmühlen*, Atypische Arbeitskampfmittel der Arbeitnehmerseite (2017), S. 57.

240 Vgl. BVerfGE 93, 1 (21) = NJW 1995, 2477 (2479); BAGE 146, 189 (197) = NZA 2014, 319 (322); BAGE 143, 354 (395) = NZA 2013, 448 (463); *Nonnenmühlen*, Atypische Arbeitskampfmittel der Arbeitnehmerseite (2017), S. 57; *Kissel*, Arbeitskampfrecht (2002), S. 499.

241 BAGE 48, 195 (206) = NZA 1985, 537 (538).

242 Vgl. *Detterbeck*, Allgemeines Verwaltungsrecht (2019), S. 56 ff.; *Degenhart*, Staatsrecht I (2019), S. 153; *Kingreen/Poscher*, Grundrechte (2019), S. 95; *Gamillscheg*, Kollektives Arbeitsrecht, Band I (1997), S. 1130.

Verhältnismäßigkeit eine Prüfung von drei Teilgrundsätzen (Geeignetheit, Erforderlichkeit und Angemessenheit) statt. Ein staatliches Mittel, das zur Verfolgung eines bestimmten Zwecks eingesetzt wird, ist *geeignet*, wenn es den angestrebten legitimen Zweck erreichen oder zumindest fördern kann.[243] Außerdem muss das Mittel *erforderlich* sein, das heißt, es darf kein gleich geeignetes und gleichzeitig die geschützte Rechtsposition weniger beeinträchtigendes Mittel geben.[244] Und schließlich gilt es noch auf letzter Stufe zu überprüfen, ob das eingesetzte Mittel unter Berücksichtigung der von diesem ausgehenden Grundrechtsbeeinträchtigungen für den Betroffenen noch in einem *angemessenen* Verhältnis zu dem dadurch erreichbaren Rechtsgüterschutz steht.[245] Die Abfolge der Verhältnismäßigkeitsprüfung im Arbeitskampfrecht unterscheidet sich nicht von derjenigen des öffentlichen Rechts. Auf begrifflicher Ebene bevorzugt das BAG für den letzten Prüfungsschritt die Bezeichnung „Proportionalität" anstelle von „Angemessenheit".[246] Ein gravierender Unterschied zum öffentlichen Recht liegt hingegen in der inhaltlichen Ausgestaltung des Verhältnismäßigkeitsprinzips. Wie im Folgenden zu sehen sein wird, *modifizierte das BAG einige der Teilgrundsätze* für das Arbeitskampfrecht im Verlaufe seiner Rechtsprechung. Es ist aktuell ein Verhältnismäßigkeitsgrundsatz im weiteren Sinne entscheidend: Ein Kampfmittel müsse zur Erreichung eines rechtmäßigen Kampfziels geeignet und erforderlich sowie angemessen (proportional) sein.[247]

2. *Teilgrundsätze des Verhältnismäßigkeitsgrundsatzes im Einzelnen*

a) *Grundsatz der Geeignetheit*

Das BAG hält eine Kampfmaßnahme für geeignet, wenn durch ihren Einsatz die Durchsetzung des Kampfziels gefördert werden kann.[248] Die Rechtsprechung gesteht der kampfführenden Koalition eine Einschätzungsprärogative zu, die es ihr ermöglicht, selbst zu entscheiden, ob es sich um ein taugliches Mittel handelt, um Druck auf den sozialen Gegenspieler auszuüben.[249] Insoweit räumt die

---

243 Maunz/Dürig/*Grzeszick*, GG (02/2020), Art. 20 VII. Rn. 112.

244 Maunz/Dürig/*Grzeszick*, GG (02/2020), Art. 20 VII. Rn. 113.

245 BVerfGE 90, 145 (185) = NJW 1994, 1577 (1582).

246 BAGE 33, 140 (175) = NJW 1980, 1642 (1650).

247 BAGE 132, 140 (153) = NZA 2009, 1347 (1352); BAGE 123, 134 (142) = NZA 2007, 1055 (1058).

248 BAGE 132, 140 (153) = NZA 2009, 1347 (1352); BAGE 123, 134 (142) = NZA 2007, 1055 (1058).

249 BAGE 132, 140 (153) = NZA 2009, 1347 (1352); BAGE 123, 134 (142) = NZA 2007, 1055 (1058).

Rechtsprechung den Koalitionen einen Vertrauensvorschuss ein, der erst dann aufgebraucht ist, wenn das Kampfmittel zur Erreichung des zulässigen Kampfziels *offensichtlich ungeeignet* ist und infolgedessen die Grenze des Zulässigen überschreitet. Dies wäre gemessen am Maßstab des BAG etwa dann der Fall, wenn die Maßnahme das von der Koalition verfolgte Ziel, wegen bereits eingetretener Erfüllung, nicht (erneut) erreichen kann.[250]

b) Grundsatz der Erforderlichkeit

Ist die Kampfmaßnahme als geeignet anzusehen, muss in einem nächsten Schritt im Rahmen der Verhältnismäßigkeitsprüfung untersucht werden, ob das Arbeitskampfmittel auch erforderlich ist. Bei der Prüfung der Erforderlichkeit gilt es grundsätzlich zwischen den Fragen zu differenzieren, ob erstens ein Arbeitskampfmittel *überhaupt* geboten ist und ob zweitens das Ziel nicht mit einem anderen zur Verfügung stehenden Kampfmittel als dem anvisierten, das die Rechtssphäre derjenigen, die von der Arbeitskampfmaßnahme betroffen sind, *weniger einschneidend beeinträchtigt*, erreicht werden könnte.[251]

Nach allgemeiner Auffassung darf ein Kampfmittel nur nach Ausschöpfung aller zumutbaren Verständigungsmöglichkeiten und dem Scheitern der Verhandlungen mit dem sozialen Gegenspieler als letztes mögliches Mittel („ultima ratio") zur Lösung des Tarifkonflikts eingesetzt werden.[252] Sobald eine Tarifvertragspartei zu dem Ergebnis gelangt, die Verhandlungsmöglichkeiten ohne Ausübung von Druck seien ausgeschöpft, kann sie eine Arbeitskampfmaßnahme einleiten.[253] Nach heutiger Rechtsprechung bedarf das Scheitern der Verhandlungen keiner förmlichen Erklärung gegenüber dem sozialen Gegenspieler.[254] Eine Verletzung des Ultima-ratio-Prinzips ist erst dann anzunehmen, wenn die

---

250 *Preis*, Kollektivarbeitsrecht (2017), S. 321.

251 *Jacobs*, ZFA 2011, 71 (88); *Kissel*, Arbeitskampfrecht (2002), S. 327.

252 BAGE 23, 292 = BeckRS 9998, 152519 unter III. A. 2.; Däubler/*ders.*, Arbeitskampfrecht (2018), Rn. 14.9; *Manzanza Lumingu*, Regelung des Streikrechts in Bereichen der Daseinsvorsorge in der Bundesrepublik Deutschland (2017), S. 43; *Gamillscheg*, Kollektives Arbeitsrecht, Band I (1997), S. 1147.

253 BAGE 58, 364 (382) = NZA 1988, 846 (849); Däubler/*ders.*, Arbeitskampfrecht (2018), Rn. 14.9.

254 Siehe hierzu bereits BAGE 58, 364 (382) = NZA 1988, 846 (849) („In der Einleitung von Arbeitskampfmaßnahmen liegt [...] die freie und nicht nachprüfbare und daher allein maßgebende Erklärung der Tarifvertragspartei, dass sie die Verständigungsmöglichkeiten ohne Ausübung von Druck als ausgeschöpft ansieht."). Kritisch dazu *Otto*, Arbeitskampf- und Schlichtungsrecht (2006), S. 132.

Tarifvertragspartei keinen einzigen Verhandlungsversuch unternommen[255] oder der Gegenseite nicht die Möglichkeit eingeräumt hat, koalitionsgemäß zu reagieren und über die Alternative der Weiterverhandlung zu verfügen[256].

Daneben zielt die Prüfung der Erforderlichkeit auch auf die Schlagkraft des Kampfmittels ab. Wenn mehrere gleich geeignete Kampfmittel zur Verfügung stehen, unter denen die Tarifvertragspartei eine Auswahl zu treffen hat, muss sie dasjenige Mittel wählen, mit welchem das Kampfziel auf weniger belastende Weise ebenso gut erreicht werden kann.[257] Nur das mildere Mittel ist dann erforderlich. Beachtenswert ist dabei, dass das BAG die Auffassung vertritt, auch hinsichtlich der Erforderlichkeit des Kampfmittels sei einer Koalition eine Einschätzungsprärogative einzuräumen.[258] Wörtlich führt das BAG dazu aus: „Auch insoweit umfasst deren Betätigungsfreiheit grundsätzlich die Einschätzung, ob sie zur Erreichung des verfolgten Ziels das gewählte Mittel für erforderlich oder andere Mittel für ausreichend erachtet. Die Grenze bildet auch hier der Rechtsmissbrauch. Ein solcher liegt vor, wenn es des ergriffenen Kampfmittels zur Erreichung des Ziels offensichtlich nicht bedarf."[259] Danach ist die Koalition in die Lage versetzt, selbst darüber zu entscheiden, welches Kampfmittel sie zu welchem Zeitpunkt einsetzen will.[260] Sie braucht sich theoretisch beim Kampfmitteleinsatz nicht an ein „Stufenmodell" zu halten, das vorgibt, erst mit kleineren sowie weniger belastenden Aktionen zu beginnen, um anschließend zu größeren und stärker belastenden Aktionen überzugehen.[261] Wenngleich ein solch abgestuftes Vorgehensmuster der regelmäßigen Arbeitskampfpraxis entspricht, gebietet die höchstrichterliche Vorstellung von der Anwendung des Erforderlichkeitsgrundsatzes dies nicht.[262] Solange die Koalition im begrenzten Kreis gleich geeigneter Mittel das in ihren Augen schonendste Kampfmittel zur Erreichung des angestrebten Ziels wählt und mithin der Einsatz des

---

255 Däubler/*ders.*, Arbeitskampfrecht (2018), Rn. 14.9.

256 *Preis*, Kollektivarbeitsrecht (2017), S. 322.

257 BAGE 132, 140 (153) = NZA 2009, 1347 (1352); BAGE 123, 134 (143) = NZA 2007, 1055 (1058).

258 BAGE 132, 140 (153) = NZA 2009, 1347 (1352); BAGE 123, 134 (143) = NZA 2007, 1055 (1058).

259 BAGE 132, 140 (153) = NZA 2009, 1347 (1352); vgl. ebenso BAGE 123, 134 (143) = NZA 2007, 1055 (1058).

260 Däubler/*ders.*, Arbeitskampfrecht (2018), Rn. 14.7.

261 Däubler/*ders.*, Arbeitskampfrecht (2018), Rn. 14.7; *Kissel*, Arbeitskampfrecht (2002), S. 351.

262 Däubler/*ders.*, Arbeitskampfrecht (2018), Rn. 14.7.

ausgewählten Kampfmittels nicht offensichtlich dem Bedarf widerspricht, ist es dem BAG zufolge als erforderlich anzusehen.

c) Grundsatz der Proportionalität

Auf der letzten Prüfungsebene für die Frage der Verhältnismäßigkeit und damit der Zulässigkeit von Arbeitskampfmaßnahmen steht der Grundsatz der Proportionalität. Anders als auf den vorstehend erläuterten Ebenen in der Verhältnismäßigkeitsprüfung, bei denen das Gericht im Grunde nur prüft, ob sich die Koalition im Rahmen ihrer Einschätzungsprärogative bewegt, nimmt es hier eine eigene Rechtskontrolle in Bezug auf den Einzelfall vor.[263] Nach Maßgabe des BAG ist ein Arbeitskampfmittel proportional, wenn es sich unter hinreichender Würdigung der grundrechtlich gewährleisteten Betätigungsfreiheit *zur Erreichung des angestrebten Kampfziels* unter Berücksichtigung der Rechtspositionen der von der Kampfmaßnahme unmittelbar oder mittelbar Betroffenen als *angemessen* darstellt.[264] Von einer Unverhältnismäßigkeit des Arbeitskampfmittels könne erst dann ausgegangen werden, wenn es sich als unangemessene Beeinträchtigung gegenläufiger, ebenfalls verfassungsrechtlich geschützter Rechtspositionen darstelle.[265]

Abweichend von der Geeignetheits- und Erforderlichkeitsprüfung geht es nach dem BAG nicht um eine tatsächliche Einschätzung, sondern um eine *rechtliche Abwägung*, in deren Rahmen zahlreiche Umstände eine Rolle spielen können.[266] Diese würden sich nicht für sämtliche in Betracht kommende Arbeitskampfmittel in ihrem Gewicht und ihrem Verhältnis zueinander abschließend beschreiben lassen, sondern könnten je nach Art des Kampfmittels unterschiedliche Bedeutung erlangen.[267] Fest steht jedenfalls, dass ein „Übermaß" an wirtschaftlichen Nachteilen für den Kampfgegner oder ein Verstoß gegen die Regeln fairer Kampfführung[268] zur Unangemessenheit der Kampfmaßnahme führt.

---

263 *v. Steinau-Steinrück/Brugger*, NZA-Beil. 3/2010, 127 (133).

264 BAGE 132, 140 (153) = NZA 2009, 1347 (1352); BAGE 123, 134 (143) = NZA 2007, 1055 (1058).

265 BAGE 132, 140 (154) = NZA 2009, 1347 (1352); BAGE 123, 134 (143) = NZA 2007, 1055 (1059).

266 BAGE 132, 140 (153 f.) = NZA 2009, 1347 (1352).

267 BAGE 132, 140 (154) = NZA 2009, 1347 (1352).

268 BAGE 23, 292 (307) = BeckRS 9998, 152519 unter III. A. 2. b) („Das Prinzip der Verhältnismäßigkeit betrifft […] nicht nur Zeitpunkt und Ziel, sondern auch die Art der Durchführung und die Intensität des Arbeitskampfes. Der Arbeitskampf ist deshalb nur dann rechtmäßig, wenn und solange er nach Regeln eines fairen Kampfes geführt wird. "); BAGE 73, 141 (149) = NZA 1993, 809 (811). Das Fairnessgebot geht

Daher darf ein Arbeitskampf gemäß dem BAG auch nicht darauf abzielen, die Existenz des Kampfgegners (Artt. 12 Abs. 1, 14 Abs. 1, 2 Abs. 1 GG) zu vernichten.[269] Bei der Beurteilung von atypischen Arbeitskampfmitteln sei überdies an der Stelle stets darauf zu achten, ob das Kampfmittel mit eigenen Opfern des Angreifers verbunden ist und dem Kampfgegner wirkungsvolle Gegenmittel gegen das Kampfmittel der anderen Seite zur Verfügung stehen.[270] Sollte *beides* nicht zutreffen, spreche dies typischerweise für die Annahme einer „Paritätsgefährdung".[271] Das Paritätsprinzip fließt – trotz der beschriebenen Bedenken (siehe hierzu oben unter Kap. 2 B. IV.) – somit bei der Bewertung einzelner Kampfsituationen (zumindest) im Rahmen der Proportionalitätsprüfung (regelmäßig) noch mit in die Prüfung der Zulässigkeit ein.

3. *Höchstrichterliche Fortentwicklung des Verhältnismäßigkeitsgrundsatzes bei gleichzeitiger Verringerung seiner Konturen im Arbeitskampfrecht*

Im Vergleich zum öffentlich-rechtlichen Maßstab fällt ein Unterschied direkt ins Auge: Die Geeignetheits- und Erforderlichkeitsprüfung im Arbeitskampfrecht entspricht allein einer gerichtlichen Missbrauchskontrolle. Vergegenwärtigt man sich den Zweck des Arbeitskampfes, irritiert es, dass das BAG sich für das Kampfziel als Bezugspunkt in der Verhältnismäßigkeitsprüfung ausspricht. Das war im Arbeitskampfrecht nicht immer so. Zwar ist der Verhältnismäßigkeitsgrundsatz als Prüfungsmaßstab für Arbeitskämpfe seit Langem anerkannt, doch die Ausweitung auf die soeben genannten Modifikationen (siehe oben unter Kap. 2 B. V. 2.) sowie das Heranwachsenlassen des Verhältnismäßigkeitsgrundsatzes zum

---

maßgebend auf die Ausführungen von *Nipperdey* zurück, der damit die Diskussion von der Sittenwidrigkeit des § 826 BGB wegführen und eine allgemeine rechtliche Verhaltensnorm statuieren wollte, vgl. *Hueck/Nipperdey*, Lehrbuch des Arbeitsrechts II (1970), S. 1028 f.; vgl. weiterführend zum Gebot der fairen Kampfführung: ErfK/*Linsenmaier*, Arbeitsrecht (2020), Art. 9 GG Rn. 131; *Junker*, Arbeitsrecht (2020), Rn. 618; *Ricken*, in: MünchHandbuch-ArbR (2019), Rn. 272.59; Däubler/*ders.*, Arbeitskampfrecht (2018), Rn. 14.16; *Preis*, Kollektivarbeitsrecht (2017), S. 329; *Kamanabrou*, Arbeitsrecht (2017), S. 687; *Kissel*, Arbeitskampfrecht (2002), S. 355 ff.

269 BAGE 73, 141 (149) = NZA 1993, 809 (811) („Dazu gehört auch, daß die Art der Kampfführung den Regeln eines fairen Kampfes entspricht, insbesondere nicht auf die Existenzvernichtung des Gegners abzielt. Dieses Gebot der Verhältnismäßigkeit ist eine Konkretisierung des Rechtsmißbrauchsgedankens.").

270 BAGE 132, 140 (154) = NZA 2009, 1347 (1352).

271 BAGE 132, 140 (154) = NZA 2009, 1347 (1352).

„zentralen Bewertungsmaßstab" – bei gleichzeitiger Bedeutungsverringerung des Paritätsgrundsatzes – sind erst vor Kurzem durch das BAG erfolgt. Die Entwicklung hat wenig Beifall gefunden.[272] *Franzen* etwa qualifiziert den aktuellen Prüfungsrahmen des BAG als ein bewegliches System, „bei dem vorher nie wirklich klar ist, was am Ende für rechtmäßig erachtet wird".[273] Im Folgenden wird mithin zu prüfen sein, ob der (veränderte) Bezugspunkt der Verhältnismäßigkeit und das Zugeständnis einer Einschätzungsprärogative bei der Geeignetheits- und Erforderlichkeitsprüfung den vorgebrachten Gegenargumenten aus dem Schrifttum standhält.

a) Bezugspunkt der Verhältnismäßigkeit

Bei Beurteilung der Verhältnismäßigkeit werden der Zweck und das Mittel, um diesen Zweck zu erreichen, in Relation zueinander gesetzt. Selbst wenn die Belastung durch ein Mittel noch so schwerwiegend erscheint, lässt sich nicht ohne Weiteres sagen, ob es unverhältnismäßig ist, da es zum „Eingriffszweck" in Beziehung gesetzt werden muss.[274] Dem Rechtsanwender also ist die Bedeutung des Zwecks zu vermitteln, damit er anschließend beurteilen kann, ob dieser mit dem angestrebten Mittel zu erreichen ist. Übertragen auf das Arbeitskampfrecht bedeutet dies folglich, dass der Zweck des Arbeitskampfes zu bestimmen ist, um daraus den Bezugspunkt der Verhältnismäßigkeitsprüfung zu schlussfolgern. Ausschlaggebend für das Schutzniveau der Verhältnismäßigkeitsprüfung ist die jeweilige Bestimmung des Bezugspunkts[275]; entsprechend heftig wird im Schrifttum darüber gestritten.

---

272 Kritisch z.B. *Konzen*, in: FS Reuter (2010), S. 603 ff.; *Franzen*, JbArbR 47 (2010), S. 119, (127 ff.); *Lembke*, NZA 2014, 471 (472 f.); *Jöris*, NJW-Spezial 2014, 370; *Jacobs*, ZFA 2011, 71 (79 ff.); *Thüsing/Waldhoff*, ZFA 2011, 329; *Rüthers*, NZA 2010, 6 (12 f.); *Löwisch*, NZA 2010, 209; *Krieger/Günther*, NZA 2010, 20; *Brötzmann*, NJW 2010, 638; *Otto*, RdA 2010, 135 (137 ff.); *Säcker*, NJW 2010, 1115; *Manzanza Lumingu*, Regelung des Streikrechts in Bereichen der Daseinsvorsorge in der Bundesrepublik Deutschland (2017), S. 163.

273 *Franzen*, JbArbR 47 (2010), S. 119 (122); *Kersten*, Neues Arbeitskampfrecht (2012), S. 75, fragt sich, ob aktuell überhaupt noch von einer Verhältnismäßigkeitsprüfung die Rede sein könne.

274 *Hensche/Wolter*, in: GS Zachert (2010), S. 544 (548) m.°w.°N.

275 *Jacobs*, ZFA 2011, 71 (80); *Bieder*, NZA 2008, 799 (800); *Fischinger*, RdA 2007, 99 (100) („Die Bedeutung dieser Fragestellung kann kaum unterschätzt werden, weil hier die entscheidenden Weichen für die weitere Prüfung und damit für die rechtliche Bewertung des Streiks als rechtmäßig oder rechtswidrig gestellt werden.").

aa) BAG-Rechtsprechung zum Bezugspunkt der Verhältnismäßigkeit

In seiner Entscheidung vom 12. März 1985 arbeitete das BAG nicht nur die Aufgabe des Verhältnismäßigkeitsgrundsatzes heraus, bei der es darum geht, festzustellen, ob ein Kampfmittel im Einzelfall eingesetzt werden kann.[276] Vielmehr hob dort das Gericht auch die entscheidende Bedeutung der Kampfparität für die Verhältnismäßigkeitsprüfung hervor. Nach Auffassung des Gerichts können Kampfmittel, die die Verhandlungsparität gefährden oder beseitigen weder erforderlich noch proportional sein.[277] Das BAG stellte damit seinerzeit auf den *Grundsatz der Parität* als entscheidenden Bezugspunkt des Verhältnismäßigkeitsgrundsatzes ab.

Hiervon rückte das Gericht im Laufe der Zeit aber mehr und mehr ab.[278] In seinen Entscheidungen zum Unterstützungsstreik[279] sowie zum „Flashmob"[280] bekannte sich das BAG in aller Deutlichkeit zum *Kampfziel* als maßgeblichem Bezugspunkt. In der erstgenannten Entscheidung zum Unterstützungsstreik führte das Gericht wortwörtlich aus: „Das Abwägungspostulat der Verhältnismäßigkeit erfordert stets eine Würdigung, ob ein Kampfmittel zur Erreichung eines rechtmäßigen Kampfziels geeignet und erforderlich und bezogen auf das Kampfziel angemessen (proportional bzw. verhältnismäßig im engeren Sinn) eingesetzt worden ist."[281] Dieses Verständnis vom Bezugspunkt der Verhältnismäßigkeit wiederholte das BAG in seiner Flashmob-Entscheidung vom 22. September 2009.[282] Das Gericht begrenzte den Bezugsrahmen damals nicht auf „die Durchsetzung einer tariflichen Forderung", sondern fasste den Rahmen durch die Formulierung „zur Erreichung eines Kampfziels" wohl bewusst großzügig. Eine Erörterung, geschweige denn eine Erklärung, wie es zu dem veränderten Bezugspunkt kam, bleibt das Gericht jedoch schuldig.

---

276 BAGE 48, 195 (206) = NZA 1985, 537 (538).

277 BAGE 48, 195 (207) = NZA 1985, 537 (538).

278 BAGE 105, 5 (13) = NZA 2003, 866 (869); BAGE 73, 141 (149) = NZA 1993, 809 (810 f.); vgl. hierzu auch die Ausführungen von *Nonnenmühlen*, Atypische Arbeitskampfmittel der Arbeitnehmerseite (2017), S. 64.

279 BAGE 123, 134 (142) = NZA 2007, 1055 (1058).

280 BAGE 132, 140 (153) = NZA 2009, 1347 (1352).

281 BAGE 123, 134 (142) = NZA 2007, 1055 (1058).

282 BAGE 132, 140 (153) = NZA 2009, 1347 (1352).

bb) *Überblick über den bisherigen Meinungsstand im Schrifttum zum Bezugspunkt der Verhältnismäßigkeit*

Im Schrifttum herrscht, wie bereits oben (Kap. 2 B. V. 3. a)) erwähnt, was die Bestimmung des Bezugspunkts der Verhältnismäßigkeitsprüfung angeht, weitgehend Uneinigkeit. Die im Schrifttum vertretenen Auffassungen lassen sich grob in zwei Lager einteilen. Während die deutlich überwiegende Anzahl der Stimmen im Schrifttum auf die Funktionsfähigkeit der Tarifautonomie (bzw. der Kampfparität), also auf ein objektives Kriterium, abstellt, wird dies von anderen grundsätzlich in Abrede gestellt und ein subjektiver Bezugspunkt befürwortet. Im nachfolgenden Überblick werden die verschiedenen Ansätze umschrieben.

Nach einer Ansicht im Schrifttum sind Erforderlichkeit und Proportionalität an der von der kampfführenden Partei *frei gewählten Kampftaktik* zu messen.[283] So seien abhängig von der ergriffenen Kampftaktik ganz unterschiedliche Maßnahmen notwendig.

Ein anderer Teil des Schrifttums sieht den Bezugspunkt der Verhältnismäßigkeitsprüfung in der *Willensbeeinflussung des Kampfgegners.*[284] Der Zweck des Arbeitskampfes bestehe nach dessen Dafürhalten darin, dem Kampfgegner auf der Betriebsebene Schäden zuzufügen, um auf diese Weise den Willen der Tarifvertragspartei im Hinblick auf die geforderte Tarifforderung zu beeinflussen.[285]

Nach einer dritten Ansicht im Schrifttum ist auf das *Kampfziel* als Bezugspunkt der Verhältnismäßigkeit abzustellen. Das Kampfziel besteht ihnen zufolge aber in concreto in der Durchsetzung einer rechtmäßigen Tarifforderung.[286] Die Vertreter dieser Auffassung begründen dies im Wesentlichen mit dem allgemeinen Prinzip des Verhältnismäßigkeitsgrundsatzes, was u. a. besage, dass dessen Teilgrundsätze nur dort anwendbar seien, wo die zu untersuchende Maßnahme überhaupt einem rechtmäßigen Zweck diene.[287] Zu dieser Erkenntnis komme man auch mit Blick auf das öffentliche Recht und Strafrecht. Aufgrund dessen, dass Arbeitskämpfe nur dann rechtmäßig seien, wenn sie eine tarifvertragliche

283 *Löwisch*, ZFA 1971, 319 (329 ff.).

284 *Czerweny v. Arland*, Die Arbeitskampfmittel der Gewerkschaften und der Verhältnismäßigkeitsgrundsatz (1993). S. 58 f.; v. *Hoyningen-Huene*, JuS 1987, 505 (507).

285 *Czerweny v. Arland*, Die Arbeitskampfmittel der Gewerkschaften und der Verhältnismäßigkeitsgrundsatz (1993), S. 59.

286 Z.B. *Fischinger*, RdA 2007, 99 (101); *Auktor*, Der Wellenstreik im System des Arbeitskampfrechts (2002), S. 34; *Kreuz*, Der Grundsatz der Verhältnismäßigkeit im Arbeitskampfrecht (1988), S. 117; *Wank*, in: FS Kissel (1994), S. 1225 (1236).

287 *Fischinger*, RdA 2007, 99 (101).

Regelung bezwecken, könne auch nur dieser (rechtmäßige) Zweck bei der Verhältnismäßigkeitsprüfung von Arbeitskampfmaßnahmen als Bezugspunkt zugrunde gelegt werden.[288]

Viele Stimmen im Schrifttum befürworten hingegen die *Herstellung gleichgewichtiger Verhandlungschancen der Tarifpartner (Kampfparität)* als maßgeblichen Bezugspunkt.[289] *Seiter* nimmt an, der allgemeine Bezugspunkt sei zunächst der in Art. 9 Abs. 3 GG genannte Koalitionszweck, sprich die Wahrung und Förderung der Arbeits- und Wirtschaftsbedingungen.[290] In einem zweiten konkretisierenden Schritt müsse „nach dem Paritätsgebot den sozialen Gegenspielern gleichgewichtige Verhandlungs- und Kampfchancen bei der Vereinbarung der Arbeits- und Wirtschaftsbedingungen eingeräumt werden“[291]. Danach stelle das Arbeitskampfrecht nur solche Kampfmittel zur Verfügung, welche auch erforderlich seien, um eine gleichgewichtige Auseinandersetzung und Einigung zwischen den sozialen Gegenspielern zu ermöglichen.[292] Nach *Seiter* ist die Verhältnismäßigkeitsprüfung von Kampfmitteln letztendlich daran zu messen, „ob sie den Willen der gegnerischen Vertragspartei so beeinflusst, dass die Interessen prinzipiell gleichgewichtig zum Ausgleich kommen.“[293] Dem folgt wohl auch *Lieb,* wenn er infrage stellt, dass Arbeitskampftaktiken, die von vornherein bewusst auf eine Paritätsstörung angelegt sind, überhaupt verhältnismäßig sein können.[294] Gemäß *Preis* spricht für die Richtigkeit dieser Auffassung, dass den Tarifvertragsparteien die Möglichkeit des Arbeitskampfes zur Realisierung ihrer Koalitionsfreiheit aus Art. 9 Abs. 3 GG eingeräumt wurde.[295] Der Grund für die Zulassung von Arbeitskämpfen bestehe in erster Linie darin, ein Gleichgewicht

---

288 *Kreuz*, Der Grundsatz der Verhältnismäßigkeit im Arbeitskampfrecht (1988), S. 117; *Fischinger*, RdA 2007, 99 (101).

289 Vgl. etwa *Jacobs*, ZFA 2011, 71 (88 f.); *Greiner*, NJW 2010, 2977 (2981); *Säcker/Mohr*, JZ 2010, 440 (447); *Bieder*, NZA 2008, 799 (800 f.); *Buchner*, BB 2003, 2121 (2126); *Kamanabrou*, Arbeitsrecht (2017), S. 683; *Dumke*, Streikrecht i. S. des Art. 6 Nr. 4 ESC und deutsches Arbeitskampfrecht (2013), S. 213; *Czycholl*, Rechtmäßigkeit von Arbeitskämpfen in kirchlichen Einrichtungen (2013), S. 57; *Otto*, Arbeitskampf- und Schlichtungsrecht (2006), S. 145; *Peters*, Das Scheitern der Tarifverhandlungen als Rechtmäßigkeitsvoraussetzung für Arbeitskampfmaßnahmen (1997), S. 48.

290 *Seiter*, Streikrecht und Aussperrungsrecht (1975), S. 172.

291 *Seiter*, Streikrecht und Aussperrungsrecht (1975), S. 172.

292 *Seiter*, Streikrecht und Aussperrungsrecht (1975), S. 172.

293 *Seiter*, RdA 1981, 65 (76).

294 *Lieb*, DB 1980, 2188 (2195).

295 *Preis*, Kollektivarbeitsrecht (2017), S. 320.

am Verhandlungstisch zu schaffen und eben nicht in der Durchsetzung bestimmter Taktiken oder einer gewissen Willenslenkung der Gegenseite.[296] *Greiner* befürchtet einen Bedeutungsverlust der Prüfung von Geeignetheit und Erforderlichkeit, wenn sich der Kontrollmaßstab nicht am Maßstab der Verhandlungsparität ausrichte und man zugleich eine Einschätzungsprärogative der kampfführenden Partei anerkenne.[297] Dies sieht er darin begründet, dass die kampfführende Partei in keinem Fall ein Mittel zur Erreichung des von ihr selbst gesetzten Kampfziels wähle, welches offensichtlich ungeeignet oder nicht erforderlich sei.[298] Aus der These, der Arbeitskampf diene als Hilfsinstrument für die Erhaltung der Tarifautonomie, folgert wiederum *Ricken*, das legitime Ziel des Arbeitskampfes könne nur die Tarifautonomie selbst sein.[299] Dies bedeutet nach seiner Auffassung, der Kampfmitteleinsatz der Arbeitnehmer müsse zur Überwindung einer strukturellen Unterlegenheit der Arbeitnehmer geeignet, erforderlich und angemessen sein.[300]

cc) Kritik

Würde man davon ausgehen, dass sich die Erforderlichkeit und Proportionalität und somit letztlich die gesamte Rechtmäßigkeitsprüfung der Kampfmaßnahme an der von den Kampfparteien frei gewählten Kampftaktik zu orientieren habe, gliche dies einer Legitimierung neuer Kampfmittel durch die kampfführende Partei selbst.[301] Die schärfsten Kampfmittel könnten so unter dem Deckmantel der von der Partei bevorzugten Kampftaktik ihre Rechtfertigung erlangen.[302] Selbst wenn es zu einer gerichtlichen Überprüfung des Kampfmittels käme, könnte die kampfführende Partei behaupten, sie hätte die Kampfmaßnahme

296 *Preis*, Kollektivarbeitsrecht (2017), S. 320.

297 *Greiner*, Anm. zu BAG, Urteil v. 22.9.2009 – 1 AZR 972/08, EzA Art. 9 GG Arbeitskampf Nr. 143 unter IV. 3. a).

298 *Greiner*, Anm. zu BAG, Urteil v. 22.9.2009 – 1 AZR 972/08, EzA Art. 9 GG Arbeitskampf Nr. 143 unter IV. 3. a).

299 *Ricken*, in: MünchHandbuch-ArbR (2019), Rn. 272.78; ähnlich *Kersten*, in: Verfassungsfragen des Arbeitskampfes (2014), S. 15 (26), der sich für die Funktionsfähigkeit der Tarifautonomie als Anknüpfungspunkt für die Verhältnismäßigkeitsprüfung ausspricht.

300 *Ricken*, in: MünchHandbuch-ArbR (2019), Rn. 272.78.

301 *Kreuz*, Der Grundsatz der Verhältnismäßigkeit im Arbeitskampfrecht (1988), S. 108.

302 *Weber*, Die Verhältnismäßigkeit der Arbeitskämpfe von Spartengewerkschaften (2011), S. 22; *Kreuz*, Der Grundsatz der Verhältnismäßigkeit im Arbeitskampfrecht (1988), S. 108.

zur Verfolgung einer insgesamt rechtfertigenden Kampftaktik gewählt.[303] Ohne Zweifel lädt dies zum Rechtsmissbrauch ein.[304] Zudem ist *Kreuz* in dem Kritikpunkt beizupflichten, diese Auffassung vom Bezugspunkt lasse die Interessen der Allgemeinheit und der unbeteiligten Dritten außer Acht.[305] Der Kritik aus dem Schrifttum an der Kampftaktik als Bezugspunkt ist aufgrund der überzeugenden Argumentation beizupflichten.

Gegen Bestrebungen, den Bezugspunkt der Verhältnismäßigkeit in der *Willensbeeinflussung des Kampfgegners* zu sehen, spricht vor allem, dass diese kein Selbstzweck ist, sondern einen notwendigen Zwischenschritt bei einer Tarifauseinandersetzung darstellt, um dadurch die Kompromissbereitschaft des Kampfgegners zu erhöhen und zu einer fairen Kompromisslösung als einer von beiden Seiten selbstbestimmten Regelung zu gelangen.[306] Zudem stünde die Praxis sicherlich vor dem kaum zu überwindenden Problem, dieses subjektive Kriterium zuverlässig nachzuweisen.[307] Der Kritik aus dem Schrifttum ist daher beizupflichten. Dieser ausgewählte Bezugspunkt kann ebenso wenig überzeugen.

Bliebe es den Koalitionen selbst überlassen, verbindlich den Zweck ihrer Handlungen festzulegen, würde sich dies erheblich auf die mit der Verhältnismäßigkeitskontrolle verfolgte Steuerungswirkung und somit zugleich auch auf deren Schutzniveau auswirken.[308] Infolge der Festlegung eines subjektiv determinierten Kriteriums wie das des frei wählbaren *Kampfziels* als Bezugspunkt wäre die Koalition in der Lage, ihr Kampfziel in der Weise zu formulieren, dass zur Erreichung dessen nur ein einziges taugliches Mittel verbliebe und ein zur Kontrolle berufenes Arbeitsgericht die kampfführende Partei nicht auf

---

303 *Kreuz*, Der Grundsatz der Verhältnismäßigkeit im Arbeitskampfrecht (1988), S. 108.

304 So zu Recht *Fischinger*, RdA 2007, 99 (100); *Auktor*, Der Wellenstreik im System des Arbeitskampfrechts (2002), S. 34; *Kornbichler*, Die Stillegung des Betriebs im Arbeitskampf (1999), S. 311 f.; *Wank*, in: FS Kissel (1994), S. 1225 (1233); *Czerweny v. Arland*, Die Arbeitskampfmittel der Gewerkschaften und der Verhältnismäßigkeitsgrundsatz (1993), S. 54 f.; *Kreuz*, Der Grundsatz der Verhältnismäßigkeit im Arbeitskampfrecht (1988), S. 108.

305 *Kreuz*, Der Grundsatz der Verhältnismäßigkeit im Arbeitskampfrecht (1988), S. 109.

306 Ähnlich *Weber*, Die Verhältnismäßigkeit der Arbeitskämpfe von Spartengewerkschaften (2011), S. 22; *Fischinger*, RdA 2007, 99 (100 f.); *Auktor*, Der Wellenstreik im System des Arbeitskampfrechts (2002), S. 34; *Wank*, in: FS Kissel (1994), S. 1225 (1234).

307 *Weber*, Die Verhältnismäßigkeit der Arbeitskämpfe von Spartengewerkschaften (2011), S. 22.

308 *Bieder*, NZA 2008, 799 (800 f.).

eine mildere Maßnahme verweisen könnte.[309] Wählt die Koalition etwa eine enge Zweckvorgabe, kann dies die Anzahl der möglichen einsetzbaren Mittel für die Koalition reduzieren und nicht von ihr bevorzugte Kampfmittelalternativen in der Verhältnismäßigkeitsprüfung gezielt ausnehmen.[310] Das Anführen eines hochgesteckten Kampfziels kann die Verhältnismäßigkeitsprüfung wiederum in der Weise prägen, dass der Einsatz von hochwirksamen Zwangsmitteln gerechtfertigt erscheint.[311] Mit der Aufstellung des Kampfziels kann somit die Verschärfung des Kampfarsenals für die Koalition einhergehen.[312] Das bringt aber auch das Risiko mit sich, den Arbeitskampf als „Mittel zur Etablierung von gerechten Austauschbeziehungen"[313] zu einem Instrument „unkontrollierter zwangsweiser Interessenverfolgung"[314] verkommen zu lassen. Überdies tut sich bei der gerichtlichen Kontrolle der Verhältnismäßigkeit eine kaum überwindbare Hürde auf. Ist das Kampfziel der Bezugspunkt der Verhältnismäßigkeitsprüfung und erkennt man dieses in der *Durchsetzung einer zulässigen tariflichen Regelung*, müsste es auch der legitime Zweck des Grundrechtseingriffs sein. In der Folge hieße dies, dass bei der praktischen Prüfung der Verhältnismäßigkeit eine inhaltliche Auseinandersetzung mit der Tarifforderung erfolgen müsste.[315] Dies würde aber zu einer (mittelbaren) Kontrolle des angestrebten Tarifvertragsinhalts führen und somit zu einer Tarifzensur, die nicht mit der Tarifautonomie vereinbar und verboten wäre.[316] Der Gefahr einer Tarifzensur könnte zwar durch die Beschränkung der inhaltlichen Kontrolle der angestrebten Tarifziele auf eine Exzesskontrolle begegnet werden.[317] Doch ändert dies nichts daran, dass rein

---

309 *Rosenau*, Die Koalitionsbetätigungsfreiheit im gewandelten Kontext (2013), S. 202 f.; *Bieder*, NZA 2008, 799 (800 f.).

310 *Bieder*, NZA 2008, 799 (800 f.).

311 So schlussfolgernd *Rosenau*, Die Koalitionsbetätigungsfreiheit im gewandelten Kontext (2013), S. 202 f.

312 *Rosenau*, Die Koalitionsbetätigungsfreiheit im gewandelten Kontext (2013), S. 203.

313 *Rosenau*, Die Koalitionsbetätigungsfreiheit im gewandelten Kontext (2013), S. 203.

314 *Picker*, ZFA 2010, 499 (522).

315 *Rosenau*, Die Koalitionsbetätigungsfreiheit im gewandelten Kontext (2013), S. 263; *Claaßen*, in: Noerr Academy (2011), S. 123 (158); *Czerweny v. Arland*, Die Arbeitskampfmittel der Gewerkschaften und der Verhältnismäßigkeitsgrundsatz (1993), S. 52 f.

316 *Claaßen*, in: Noerr Academy (2011), S. 123 (158); a.A. *Fischinger*, RdA 2007, 99 (101); *Wank*, in: FS Kissel (1994), S. 1225 (1235); *Kreuz*, Der Grundsatz der Verhältnismäßigkeit im Arbeitskampfrecht (1988), S. 117.

317 *Fischinger*, RdA 2007, 99 (101); *Wank*, in: FS Kissel (1994), S. 1225 (1235).

tatsächlich eine Kontrolle der Tarifziele erfolgen würde. Der berechtigten Kritik aus dem Schrifttum ist beizupflichten. Auch dieser Bezugspunkt kann mithin nicht überzeugen.

Gegen die Ausrichtung der Verhältnismäßigkeitsprüfung auf die *Herstellung gleichgewichtiger Verhandlungschancen der Tarifpartner (Kampfparität)* als Bezugspunkt spricht für einige die Unbestimmtheit des Paritätsgrundsatzes sowie die strikte Trennung von Paritäts- und Verhältnismäßigkeitsprinzip[318]. Nach *Auktor* muss es ein funktionierendes Tarifsystem ermöglichen, einen Arbeitskampf zu gewinnen; dies sei allerdings unmöglich, wenn der Kampfmitteleinsatz von vornherein auf die Herstellung der Parität im Einzelfall begrenzt sei.[319] Der Zweck des Paritätsgrundsatzes bestehe darin, durch die Zulassung von Arbeitskampfmaßnahmen beiden Parteien generell gleiche Erfolgschancen einzuräumen; das Verhältnismäßigkeitsprinzip solle hingegen übermäßige Eingriffe in die Rechte des Arbeitskampfgegners oder Dritter im Einzelfall verhindern.[320] Die unterschiedlichen Funktionen des Paritäts- und Verhältnismäßigkeitsprinzips stießen einander ab.[321]

Zum Argument der *Unbestimmtheit des Paritätsgrundsatzes* ist zu sagen, dass ein *unbestimmter Rechtsbegriff* in der deutschen Rechtsordnung keineswegs untypisch ist und nicht per se zu dessen Unzulässigkeit führt.[322] Wie bereits von anderen zutreffend hervorgehoben, lässt sich dem abstrakt-typisierenden Paritätsgrundsatz als Mindestgehalt entnehmen, dass beiden Parteien jeweils ein Mittel zur Verfügung stehen muss, um die andere Seite hinsichtlich ihrer Forderung zum Einlenken bewegen und damit auch einen (in etwa) chancengleichen Einfluss auf den (Tarif-)Vertragsinhalt erhalten zu können.[323] In einer Vertragsbeziehung steht den Vertragsparteien mit der Zurückhaltung der eigenen Leistung (durch den Streik auf der Arbeitnehmerseite und die Aussperrung auf der Arbeitgeberseite) ein solches Mittel zur Verfügung, das beide Seiten auch

---

318 *Auktor*, Der Wellenstreik im System des Arbeitskampfrechts (2002), S. 33; *Czerweny v. Arland*, Die Arbeitskampfmittel der Gewerkschaften und der Verhältnismäßigkeitsgrundsatz (1993), S. 56.

319 *Auktor*, Der Wellenstreik im System des Arbeitskampfrechts (2002), S. 33.

320 *Auktor*, Der Wellenstreik im System des Arbeitskampfrechts (2002), S. 33.

321 *Auktor*, Der Wellenstreik im System des Arbeitskampfrechts (2002), S. 33; ähnlich *Czerweny v. Arland*, Die Arbeitskampfmittel der Gewerkschaften und der Verhältnismäßigkeitsgrundsatz (1993), S. 56.

322 *Engels*, Verfassung und Arbeitskampfrecht (2008), S. 236 f.

323 *Ricken*, in: MünchHandbuch-ArbR (2019), Rn. 272.58; *Rosenau*, Die Koalitionsbetätigungsfreiheit im gewandelten Kontext (2013), S. 267.

gleichermaßen einen finanziellen Verlust erleiden lässt.[324] Sofern sich durch besondere Gegebenheiten nicht die strukturelle Unterlegenheit einer Seite ergibt, ist es nicht erforderlich, von der Zurückhaltung eigener Leistung als passivem Akt und mildem Mittel abzuweichen und zu einem aktiven Arbeitskampfmittel und schärferen Mitteln, welche sich im Rahmen des konzeptionell Möglichen bewegen, überzugehen.[325] Zwar das Grundkonzept des Arbeitskampfes, soweit es die Ausformung betrifft, etwas außer Acht lassend, jedoch hinsichtlich des Paritätsgedankens in eine ähnliche Richtung gehen auch die Ausführungen des BAG in seinem Urteil vom 8. November 1988[326], wovon es sich später nicht ausdrücklich wieder distanzierte[327]. Dem BAG zufolge könnten sich zukünftig auch *Betriebsblockaden* als zulässiges Arbeitskampfmittel herausstellen, wenn aufgrund neuer technologischer Entwicklungen das Arbeitskampfmittel des Streiks leerliefe.[328] Wenngleich es dies nicht im Rahmen der Verhältnismäßigkeitsprüfung ansprach, ist hier der Zusammenhang mit der Erforderlichkeitsprüfung zur Herstellung von Parität bzw. eine „bedingte Evolutionsleiter" der Kampfmittel durchaus herauszulesen.[329]

Was den zweitgenannten Gesichtspunkt der „*Inkompatibilität von Paritäts- und Verhältnismäßigkeitsprinzip*" angeht, so bereitet es Unbehagen, dem Tarifsystem als Funktionsbedingung die Möglichkeit des „Arbeitskampfgewinns" abzuverlangen. Genährt wird dieses Unbehagen durch die hier vertretene Auffassung, dass der Arbeitskampf lediglich in seiner vertragsrechtlichen Funktion als Garant der Chancengleichheit der im Arbeitsverhältnis verbundenen Parteien geschützt ist[330] (siehe hierzu schon Kap. 2 A. I.). Dieser erhöht im vertragsrechtlichen Zusammenhang das Druckpotential auf die Gegenseite im Sinne einer Vertragsverbesserung. Der Arbeitskampf führt jedoch nicht zu einem Gewinner im herkömmlichen Sinne, sondern schafft einzig die Voraussetzung für ebenbürtige Vertragsverhandlungen und verhilft dadurch der Tarifautonomie zur Funktionsfähigkeit. Hiervon ausgehend erscheint es nicht widersprüchlich, den Paritätsgrundsatz als materiellen Inhalt in der Verhältnismäßigkeitsprüfung festzumachen. Dies schmälert nicht die genuine Aufgabe der

---

324 *Rosenau*, Die Koalitionsbetätigungsfreiheit im gewandelten Kontext (2013), S. 267 f.

325 So *Jacobs*, ZFA 2011, 71 (89).

326 BAGE 60, 101 (115) = NZA 1989, 475 (478).

327 So zutreffend von *Franzen*, JbArbR 47 (2010), S. 119 (136) m. w. N. betont.

328 BAGE 60, 101 (115) = NZA 1989, 475 (478).

329 *Rosenau*, Die Koalitionsbetätigungsfreiheit im gewandelten Kontext (2013), S. 268.

330 Vgl. *Rosenau*, Die Koalitionsbetätigungsfreiheit im gewandelten Kontext (2013), S. 252.

Verhältnismäßigkeitsprüfung, sondern bewahrt diese vielmehr vor deren Leerlaufen.[331] Alles in allem kann mithin im Hinblick auf eine funktionale Auslegung des grundrechtlichen Schutzbereichs die Funktionsfähigkeit der Tarifautonomie, welche wiederum vom Bestehen einer abstrakt-materiellen Parität zwischen den sich gegenüberstehenden Kampfparteien abhängig ist, als Anknüpfungspunkt bei der Prüfung der Verhältnismäßigkeit überzeugen.

b) Die „Erfindung" der Einschätzungsprärogative für Kampfparteien

Nachdem die Rechtsprechung den Gewerkschaften bereits im letzten Warnstreikurteil des BAG aus dem Jahr 1988[332] eine nicht überprüfbare Einschätzungsprärogative hinsichtlich Streikbeginns eingeräumt und somit die Entscheidung über das „Ultima-ratio Prinzip" in die Hände der kampfführenden Gewerkschaft gelegt hatte, hat der Erste Senat des BAG deren Autonomie in seinem Urteil zum Unterstützungsstreik erstmals auf die Prüfungsstufen der Geeignetheit und Erforderlichkeit ausgedehnt[333]. Nun muss die Kampfmaßnahme entweder *offensichtlich* ungeeignet oder *offensichtlich* nicht erforderlich sein, um als rechtswidrig zu gelten.

Dass den Kampfparteien seitens des BAG eine solche Einschätzungsprärogative gewährt worden ist, hat eine heftige Reaktion im Schrifttum ausgelöst.[334] Es kritisiert, mit der höchstrichterlichen „Erfindung" einer Einschätzungsprärogative gehe offenkundig die Entwertung des Verhältnismäßigkeitsgrundsatzes als Kontrollmaßstab zu Lasten der Arbeitgeberseite einher.[335] Obliege es den Gewerkschaften, darüber zu entscheiden, ob ein Kampfmittel geeignet und erforderlich ist, schaffe dies ein Prüfungsmodell, das vorsieht, „die Kontrolle in die Hände der Kontrollierten"[336] zu legen.[337] Die Rechtskontrolle von Arbeitskampfmaßnahmen erfolge dann einzig noch anhand des Merkmals der Angemessenheit, welches einzelfallorientiert und kaum berechenbar sei.[338]

---

331 *Rosenau*, Die Koalitionsbetätigungsfreiheit im gewandelten Kontext (2013), S. 263.

332 BAGE 58, 364 = NZA 1988, 846.

333 BAGE 123, 134 (143) = NZA 2007, 1055 (1058).

334 *Jacobs*, ZFA 2011, 71 (90); *Konzen*, in: FS Reuter (2010), S. 603 (615); *Rüthers/Höpfner*, JZ 2010, 261 (263); *Reinartz/Olbertz*, DB 2008, 814 (817 f.); *Hohenstatt/Schramm*, NZA 2007, 1034 (1035); *Claaßen*, in: Noerr Academy (2011), S. 123 (165 ff.).

335 *Jacobs*, ZFA 2011, 71 (90).

336 *Picker*, ZFA 2010, 499 (555).

337 Ähnlich *Rüthers/Höpfner*, JZ 2010, 261 (263), nach deren Auffassung das BAG den „*Bock zum Gärtner*" mache.

338 *Jacobs*, ZFA 2011, 71 (90); *Konzen*, in: FS Reuter (2010), S. 603 (615), mag in der noch akzeptierten Angemessenheitsprüfung „keine nennenswerte Grenzen" zu entdecken.

Von Rechtssicherheit und einer prognostizierbaren Prüfungsdichte im Arbeitskampfrecht könne nicht mehr ausgegangen werden.[339] Entgegen der Ansicht des BAG gehe es bei den ersten beiden Elementen der Verhältnismäßigkeit nicht nur um eine rein tatsächliche Einschätzung, wofür die Koalitionen eine Einschätzungsprärogative erhalten. Geeignetheit, Erforderlichkeit und Angemessenheit von Arbeitskämpfen seien vielmehr Aspekte, die einer objektiven Rechtsprüfung unterlägen.[340] Das Gericht dürfe nicht seine Entscheidungskompetenz über Rechtsfragen in Arbeitssachen gemäß Art. 20 Abs. 2 S. 2 GG auf die Gewerkschaften übertragen und von deren Belieben abhängig machen.[341] Soweit der Erste Senat sich durch das Urteil des BVerfG vom 10. September 2004[342] sowie die Kampfmittelfreiheit zu diesem Dogma berechtigt fühle, verkenne er in erster Linie, dass diese BVerfG-Entscheidung sich (begründungslos) nur für eine Einschätzungsprärogative auf der Ebene der Geeignetheit aussprach, nicht auf der der Erforderlichkeit.[343] Außerdem vermöge die dogmatische Herleitung der Einschätzungsprärogative aus der Kampfmittelfreiheit nicht zu überzeugen, da der Erste Senat des BAG deren Reichweite unzutreffend beurteile.[344]

Die Befürworter der BAG-Rechtsprechung führen an, dass es einer sachgerechten Modifizierung und Konkretisierung der klassischen Verhältnismäßigkeitsprüfung im Arbeitskampfrecht bedürfe. Einerseits müsse die Rechtmäßigkeit eines Arbeitskampfes aufgrund des erheblichen Aufwands und der weitreichenden Folgen vorhersehbar sein, andererseits gelinge es aber kaum, die vielfältigen und schwer vorhersehbaren Konfliktsituationen an einem formalisierten rechtlichen Maßstab zu messen. Zur Lösung dieses rechtlichen Spagats bedürfe es ebendarum Änderungen, wie u.a. einer Einschätzungsprärogative bei der Frage der Geeignetheit und Erforderlichkeit.[345] Die durch die

---

339 So i.E. *Konzen*, SAE 2008, 1 (6); *Olbertz/Reinartz*, ArbRB 2008, 310 (313) („Verlässliche und klare Grundsätze für die rechtliche Bewertung […] gibt es somit nicht mehr.").

340 *Kersten*, Neues Arbeitskampfrecht (2012), S. 77; *ders.*, in: Neues Arbeitskampfrecht? (2010), S. 61 (72).

341 *Rüthers/Höpfner*, JZ 2010, 261 (263).

342 BVerfG NZA 2004, 1338 (1340).

343 *Franzen*, JbArbR 47 (2010), S. 119 (130); dies ebenso betonend *Kersten*, in: Verfassungsfragen des Arbeitskampfes (2014), S. 15 (26) (in Fn. 53) sowie *Reinartz/Olbertz*, DB 2008, 814 (817).

344 *Jacobs*, ZFA 2011, 71 (90); ähnlich *Henssler*, in: FS Wank (2014), S. 137 (147) („[Es] bleibt unklar, woher das BAG diese Einschränkung zulasten der Unternehmerfreiheit nimmt. Unmittelbar aus der Verfassung ist eine solche Einschränkung jedenfalls nicht ableitbar.").

345 ErfK/*Linsenmaier*, Arbeitsrecht (2020), Art. 9 GG Rn. 130 f.

Einführung einer Einschätzungsprärogative eintretende Beschränkung der Rechtskontrolle auf eine Missbrauchskontrolle sei gerechtfertigt, da das Streikrecht inhärenten Grenzen unterliege.[346] Der Bezug auf die Kampfmittelfreiheit könne ebenfalls überzeugen, da diese eine Verbindung mit der den Koalitionen verfassungsrechtlich eingeräumten Befugnis zur autonomen Regelung der Arbeits- und Wirtschaftsbedingungen herstelle, die für ihr Funktionieren vor allem auf Arbeitnehmerseite eine weitgehende Rücknahme einschränkender Regelungen des Streiks erfordere.[347] Zudem könne durch die Gewährung einer Einschätzungsprärogative das Risiko im Arbeitskampf für die Arbeitnehmer, die zur Verbesserung ihrer Arbeits- und Wirtschaftsbedingungen öfter zur Kampfmaßnahme greifen, reduziert werden.[348] Selbst von Seiten einiger Kritiker der BAG-Rechtsprechung gibt es das Zugeständnis, die Einschätzungsprärogative zumindest auf Ebene der Geeignetheit zuzulassen. Sie sehen dies darin begründet, dass die Parteien anderenfalls in ihren taktischen Überlegungen beschränkt werden.[349]

Die Zubilligung einer Einschätzungsprärogative (gerade auf Ebene der Geeignetheit) zugunsten der Gewerkschaften mag durchaus Gründe für sich haben. Dennoch kann eine solche insgesamt nicht überzeugen: Bei der Frage der Eignung und Erforderlichkeit handelt es sich um eine *rechtliche* Beurteilung, die nicht den Kampfparteien überlassen bleiben sollte, sondern in die Hände der dafür zuständigen Gerichte gehört. Die den Gewerkschaften gewährte Einschätzungsprärogative lässt in Verbindung mit einem Verständnis von einer weiten Kampfmittelwahlfreiheit ein unnötiges Missbrauchsrisiko zu. Die Gewerkschaften könnten unter dem Deckmantel der Einschätzungsprärogative zu Kampfmaßnahmen greifen, welche die Erforderlichkeitsgrenze weit überschreiten und dabei den sozialen Gegenspieler in seinen Rechten verletzen, obwohl dazu in diesem Umfang keine Veranlassung besteht. Da dem Streik ein Selbstschädigungselement immanent ist, setzt dies zumindest den Anreiz, ein Kampfmittel nur zurückhaltend bzw. maßvoll einzusetzen.[350] Anders sieht es jedoch bei kosten- und risikolosen Kampfmitteln aus, bei denen nicht die Vermutung

---

346 *Fütterer*, Die Reichweite des Solidaritätsstreikrechts (2013), S. 152.

347 *Fütterer*, Die Reichweite des Solidaritätsstreikrechts (2013), S. 152.

348 *Claaßen*, in: Noerr Academy (2011), S. 123 (166).

349 So etwa *Reinartz/Olbertz*, DB 2008, 814 (817), die daneben aber noch klarstellen, dass die Beurteilung der Erforderlichkeit von Kampfmaßnahmen „ureigenes Terrain der Gerichte als neutralem Mittler zwischen den Kampfgegnern“ sei. Dem sich wohl anschließend *Claaßen*, in: Noerr Academy (2011), S. 123 (166).

350 So auch *Franzen*, JbArbR 47 (2010), S. 119 (130).

bestehen kann, die hierzu berechtigte Kampfpartei setze diese maßvoll ein.[351] Eine Einschätzungsprärogative schmälert die Prüfungsdichte des Verhältnismäßigkeitsmaßstabs und ist zugleich potentiell imstande, zu einer Radikalisierung des Arbeitskampfes beizutragen.[352] Die Grenzen des „unerwünschten"[353] Arbeitskampfes wären schließlich aufgeweicht, da diese nur noch aus einem „abgespeckten"[354] Bewertungsmaßstab bestünden. Die Rechtmäßigkeit eines Arbeitskampfes nur anhand der Angemessenheit zu überprüfen, kann gemessen an den möglichen tiefgreifenden wirtschaftlichen und sozialen Folgen nicht ausreichen, erst recht nicht, wenn sich der Erste Senat (mit Blick auf die Flashmob-Entscheidung[355]) bei der Angemessenheitsprüfung anscheinend nur mit der schlichten Frage begnügt, ob der Gegenseite eine Reaktionsmöglichkeit bei der vorliegenden Arbeitskampfmaßnahme verbleibt und somit nicht im Sinne einer regulären Angemessenheitsprüfung für einen konkordanten Ausgleich zwischen zwei Rechtspositionen und deren Wechselwirkungen sorgt.[356] Auch wenn die Gewerkschaften das Risiko für die gerichtliche Bewertung ihrer eingesetzten Arbeitskampfmaßnahmen tragen, rechtfertigt dies nicht, der Arbeitskampfpartei eine weitgehende Einschätzungsprärogative zuzugestehen. Zugegebenermaßen kann es für die kampfführende Partei aufgrund der Komplexität der konkreten Kampfsituation schwierig sein, ein weniger einschneidendes Mittel zu erkennen. Solange aber die Erforderlichkeitsprüfung nicht zu streng gehandhabt wird, sehen sich die Gewerkschaften keinem völlig unvorhersehbar großen Risiko ausgesetzt,[357] zumindest nicht einem solchen, das die „Erfindung" einer Einschätzungsprärogative erfordert. Ferner sind empirische Anhaltspunkte dafür, dass die Tarifautonomie ohne eine Einschätzungsprärogative leerliefe, nicht erkennbar.[358] Der kontinuierliche Rückgang des Organisationsgrades beim DGB kommt zwar sicherlich der arbeitnehmerseitigen Kampfstärke nicht

---

351 So etwa *Franzen*, JbArbR 47 (2010), S. 119 (130).

352 So zu Recht *Claaßen*, in: Noerr Academy (2011), S. 123 (167).

353 BAGE 1, 291 (300) = NJW 1955, 882 (883) („Arbeitskämpfe [...] sind im allgemeinen unerwünscht, da sie volkswirtschaftliche Schäden mit sich bringen und den im Interesse der Gesamtheit liegenden sozialen Frieden beeinträchtigen").

354 *Willemsen/Mehrens*, Anm. zu BAG, Urteil v. 22.9.2009 – 1 AZR 972/08, AP GG Art. 9 Arbeitskampf Nr. 174 unter III.

355 BAGE 132, 140 (154) = NZA 2009, 1347 (1352).

356 Dies nachvollziehbar kritisierend *Kersten*, in: Neues Arbeitskampfrecht? (2010), S. 61 (70 f.).

357 *Claaßen*, in: Noerr Academy (2011), S. 123 (167 f.).

358 *Henssler*, in: FS Wank (2014), S. 137 (147).

zugute, kann aber nicht rechtfertigen, die Überprüfung der Geeignetheit und Erforderlichkeit von Kampfmaßnahmen den Gewerkschaften kraft eigner Vernunftbegabung zu überlassen. Es obliegt den Gewerkschaften, die Arbeitnehmer in den Betrieben für ihre Ziele einzunehmen und von einer Mitgliedschaft zu überzeugen.

4. *Gemeinwohl als Zulässigkeitsbeschränkung von Arbeitskampfmaßnahmen?*

In Zeiten, in denen die Privatisierung von Bereichen in der Daseinsvorsorge voranschreitet und sog. „Spezialistenstreiks", also Streiks von Arbeitnehmern in Schlüsselpositionen (z.B. Piloten und Flugbegleiter bei Fluggesellschaften oder Lokführer bei Bahnunternehmen),[359] zunehmend vorkommen, hat die Diskussion um die Wahrung des Gemeinwohls als zu beachtende Grenze bei der Ausübung von Arbeitskampfmaßnahmen an Dynamik gewonnen. Für gewöhnlich ist der Unmut in der Bevölkerung groß, wenn Arbeitskämpfe in Bereichen der Daseinsvorsorge über lange Strecken erfolgen und auch sie, die unbeteiligten Dritten bzw. die Allgemeinheit, massiv die negativen Streikauswirkungen zu spüren bekommen. Schon *Badura* stellte fest, dass „[d]ie Frage nach einer Gemeinwohlverpflichtung der Tarifvertragsparteien [...] eine Kernfrage der Industriegesellschaft und ihres demokratischen Staates"[360] sei.

Nach der Rechtsprechung und Teilen des Schrifttums ist die Wahrung des Gemeinwohls ein allgemein anerkannter Grundsatz, gegen den eine Arbeitskampfmaßnahme nicht verstoßen darf.[361] Das BAG fasste im Beschluss vom 21. April 1971 wie folgt zusammen: „In unserer verflochtenen und wechselseitig abhängigen Gesellschaft berühren aber Streik wie Aussperrung nicht nur die am Arbeitskampf unmittelbar Beteiligten, sondern auch Nichtstreikende und sonstige Dritte sowie die Allgemeinheit vielfach nachhaltig. Arbeitskämpfe müssen

---

359 Vgl. weiterführend zu diesem Thema: *Ozimek*, Streiks von Sparten- und Spezialistengewerkschaften (2012); *Pflüger*, RdA 2008, 185 ff.; *Greiner*, NZA 2007, 1023 ff.; *Rolfs/Clemens*, NZA 2004, 410 (413).

360 *Badura*, AöR 104 (1979), 246 (247 f.).

361 BAGE 23, 292 = BeckRS 9998, 152519; vgl. z. B.: *Rudkowski*, Der Streik in der Daseinsvorsorge (2010), S. 19, 55; *Hanau/Thüsing*, in: Tarifautonomie im Wandel (2003), S. 35 (60 ff.); *Thüsing*, in: 50 Jahre Bundesarbeitsgericht (2004), S. 889 (899); *Gamillscheg*, Kollektives Arbeitsrecht, Band I (1997), S. 1173 ff.; *Scholz*, in: FS Buchner (2009), S. 827 (833); im Grunde wohl auch *Rüfner*, RdA 1985, 193 (196 f.); *Henssler*, ZFA 2010, 397 (417 ff.); *Seiwerth*, RdA 2017, 373 (378).

deshalb unter dem obersten Gebot der Verhältnismäßigkeit stehen. Dabei sind die wirtschaftlichen Gegebenheiten zu berücksichtigen, und das Gemeinwohl darf nicht offensichtlich verletzt werden."[362] Über die Herkunft, die genaue begriffliche Ausgestaltung des Gemeinwohls sowie dessen verfassungsrechtliche Legitimation hüllt sich das BAG bis heute in Schweigen. Gemeinhin anerkannt vom BAG sind jedenfalls aber die aus dem Gemeinwohlgedanken resultierenden Erhaltungs- und Notstandsarbeiten, die erforderlich sind, um zu verhindern, dass die sächlichen Betriebsmittel unbrauchbar werden, und die Versorgung der Bevölkerung mit lebensnotwendigen Diensten und Gütern während eines Arbeitskampfes sicherzustellen.[363] Nicht weniger zurückhaltend formulierte das BVerfG zur Berücksichtigung des Gemeinwohls bei Kampfmaßnahmen und führte wörtlich in seinem Beschluss vom 18. Dezember 1974 aus: „Selbstverständlich müssen auch die Gewerkschaften angesichts der Bedeutung ihrer Tätigkeit für die gesamte Wirtschaft und ihres (auch geistigen) Einflusses auf weite Bereiche des öffentlichen Lebens bei allen ihren Aktivitäten das gemeine Wohl berücksichtigen."[364] Verfassungsrechtlich legitimierte Belange des Gemeinwohls könnten einen Eingriff in die in Art. 9 Abs. 3 GG garantierte Koalitionsfreiheit und somit auch Tarifautonomie rechtfertigen.[365]

Befürworter im Schrifttum führen außerdem an, es spreche die historische Entwicklung des Arbeitskampfes für eine Gemeinwohlbindung, dies demonstrierten bereits die Gesetzgebungsmaterialien zu Art. 9 Abs. 3 GG.[366] Die Gemeinwohlbindung ist ihnen zufolge ferner ein nicht nur dem Eigentum (Art. 14 Abs. 2 GG), sondern ebenso ein der Koalitionsfreiheit anhaftendes Phänomen.[367] Zudem gebe es in der Rechtsordnung zahlreiche Belege dafür, dass die Verfolgung von Interessen des Einzelnen zurücktreten müsse, sofern diese unangemessene Nachteile für die Allgemeinheit mit sich bringe.[368] Dies zeige etwa der Straftatbestand der unterlassenen Hilfeleistung (§ 323c StGB), gemäß

---

362 BAGE 23, 292 (306) = BeckRS 9998, 152519 unter III. A. 1.

363 BAGE 79, 152 (155) = NZA 1995, 958 (959 f.).

364 BVerfGE 38, 281 (307) = NJW 1975, 1265 (1267).

365 Siehe etwa BVerfG NZA 2005, 153 (154).

366 *Hanau/Thüsing*, in: Tarifautonomie im Wandel (2003), S. 35 (61) führen hierzu den Vorschlag des Allgemeinen Redaktionsausschusses des Parlamentarischen Rats zu Art. 9 Abs. 3 GG an: „Beschränkungen sind nur im Interesse des Allgemeinwohls und nur durch förmliche Gesetze möglich."

367 *Thüsing*, in: 50 Jahre Bundesarbeitsgericht (2004), S. 889 (899); ebenso ArbG Chemnitz BeckRS 2007, 145261 unter C.°I.°1.°f).

368 *Hanau/Thüsing*, in: Tarifautonomie im Wandel (2003), S. 35 (61).

welchem bekanntlich jeder verpflichtet ist, in Unglücksfällen zu helfen, sowie der zivilrechtliche Verteidigungsnotstand (§ 228 BGB), wonach sich jeder den Eingriff in sein Eigentum gefallen lassen muss, wenn dies zur Abwendung einer Gefahr erforderlich ist.[369] Die Befürworter einer Gemeinwohlbindung ignorieren dabei nicht, dass die Allgemeinheit allerdings ein gewisses Maß an Beeinträchtigung ihrer Interessen durch einen Arbeitskampf zu erdulden habe.[370]

Wann genau aber diese Grenze überschritten ist und Arbeitskämpfe im Hinblick auf das Gemeinwohl und Aspekte der Daseinsvorsorge unverhältnismäßig sind, ist höchstrichterlich bisher nicht entschieden worden.[371] Zu entscheiden, wo diese Grenze zu ziehen ist, fällt gerade angesichts der Unschärfe des Gemeinwohlbegriffs schwer. In einer Entscheidung des BGH[372], in welcher dieser die „Go-Sick"-Aktion der Fluglotsen wegen Verstoßes gegen das Verhältnismäßigkeitsprinzip für rechtswidrig erklärte, ließ das Gericht nur schemenhaft die Ausdeutung des Gemeinwohlbegriffs erkennen. Als ausschlaggebend für die Entscheidung berücksichtigte der BGH „das ungewöhnliche, weit über das mit Streiks sonst verbundene Maß von Nachteilen und Belastungen für, Unbeteiligte' [...], die keinerlei Einfluß auf diese Vorgänge nehmen konnten."[373]

Eben diese mit der Unbestimmtheit des Gemeinwohlbegriffs zusammenhängende praktische Ungewissheit führen indes Kritiker der Gemeinwohlbindung[374] gegen diese ins Feld.[375] Außerdem verliere das Schrankensystem des Grundgesetzes als Folge einer allgemeinen Gemeinwohlbindung an Bedeutung. Es sei eben die Aufgabe des Gesetzgebers, entsprechende Einschränkungen zur Wahrung des Allgemeininteresses vorzunehmen.[376] Bei der Annahme einer

369 *Hanau/Thüsing*, in: Tarifautonomie im Wandel (2003), S. 35 (61).

370 *Rudkowski*, Der Streik in der Daseinsvorsorge (2010), S. 21.

371 Vgl. LAG Sachsen NZA 2008, 59 (68); wohl a.A. *Seiwerth*, RdA 2017, 373 (378).

372 BGHZ 70, 277 = NJW 1978, 816.

373 BGHZ 70, 277 (282) = NJW 1978, 816 (817).

374 Vgl. grundsätzlich zur Kritik an der Gemeinwohlbindung weiterführend etwa: *Hänsle*, Streik und Daseinsvorsorge (2016), S. 608, 660; Däubler/*Hensche*, Arbeitskampfrecht (2018), Rn. 18.5 ff.; BPSU, Tarifvertragsgesetz und Arbeitskampfrecht (2010), S. 606; *Mösch*, Gilt der Grundsatz der Verhältnismäßigkeit im Arbeitskampfrecht? (1991), S. 14 ff.; *Sunnus*, AuR 2008, 1 (8 f.); *Kalb*, RdA 1994, 385 (390).

375 Vgl. hierzu *Green*, Arbeitskämpfe zulasten der Allgemeinheit (2017), S. 86 ff.; *Mösch*, Gilt der Grundsatz der Verhältnismäßigkeit im Arbeitskampfrecht? (1991), S. 16 ff.; ErfK/*Linsenmaier*, Arbeitsrecht (2020), Art. 9 GG Rn. 126; BPSU, Tarifvertragsgesetz und Arbeitskampfrecht (2010), S. 606.

376 Däubler/ders., Arbeitskampfrecht (2018), Rn. 14.19.

Gemeinwohlbindung sei der Rechtsanwender ferner vergeblich gehalten, selbst eine verlässliche Antwort auf die Frage zu finden, welche Folgen ein Verstoß hiergegen nach sich ziehen würde. Durchaus vorstellbar sei sowohl die vollständige Rechtswidrigkeit des Arbeitskampfes als auch eine eingeschränkte Durchführung des Arbeitskampfes unter Wahrung der Gemeinwohlgrenze.[377]

Die genannten Punkte lassen erkennen, dass wesentliche Folgefragen für die Rechtsanwendung, die an die Gemeinwohlbindung des Arbeitskampfes anknüpfen, weithin höchstrichterlich ungeklärt und im Schrifttum hoch umstritten sind. Es verwundert daher nicht, dass die Instanzrechtsprechung offensichtlich mit der Gemeinwohlgrenze bislang wohl auch noch nicht rechtssicher umzugehen weiß.[378] Angesichts dieser Unklarheiten erscheint die Grenze deshalb zur Lösung von Arbeitskampfkonflikten bedenklich und ohne nähere Konkretisierungen (jedenfalls noch) schwer handhabbar.

VI. Fazit

Zusammenfassend ist Folgendes festzuhalten:

1. Nach der aktuellen Rechtsprechung des BAG darf eine Arbeitskampfmaßnahme nur von einer tariffähigen Koalition aktiv geführt, dürfen mit ihr nur zulässige Tarifvertragsinhalte verfolgt und darf nicht gegen eine bestehende Friedenspflicht zwischen den Parteien verstoßen werden.
2. Es zeichnen sich Tendenzen ab, wonach die Rechtsprechung von der Tarifakzessorietät des Arbeitskampfes abrückt. Nach dem BAG ist ein zwingender Bezug des Arbeitskampfes auf den Abschluss eines eigenen Tarifvertrags nicht mehr notwendig.
3. In der höchstrichterlichen Rechtsprechung stellt das Prinzip der Kampfparität nur noch eine allgemeine Grenze dar, die von der gerichtlichen Ausgestaltung der Koalitionsfreiheit nicht überschritten werden darf. Demgemäß bildet der Paritätsgrundsatz nicht mehr den obersten Grundsatz des Arbeitskampfrechts, an dem alle weiteren Grundsätze zu messen sind.
4. Dem BAG zufolge muss ein Kampfmittel zur Erreichung eines rechtmäßigen Kampfziels verhältnismäßig, also nicht offensichtlich ungeeignet, nicht offensichtlich nicht erforderlich und proportional sein.

---

377 *Kissel*, Arbeitskampfrecht (2002), S. 300 ff.

378 Vgl. LAG Sachsen NZA 2008, 59; ArbG Chemnitz BeckRS 2007, 145261; ArbG Nürnberg BeckRS 2007, 45850.

5. In seiner jüngsten Rechtsprechung deutet der Erste Senat des BAG den Verhältnismäßigkeitsgrundsatz als Prüfungsmaßstab für Arbeitskämpfe anders als bisher und zieht diesen als „zentralen Bewertungsmaßstab“ heran. In aller Deutlichkeit bekennt er sich nun zum frei wählbaren Kampfziel als Bezugspunkt der Verhältnismäßigkeitsprüfung. Indem der Erste Senat den Gewerkschaften bei der Geeignetheit und der Erforderlichkeit eine Einschätzungsprärogative zugesteht, findet insoweit eine auf die Missbrauchskontrolle beschränkte, im Übrigen eine Rechtsprüfung nur noch auf Ebene der Proportionalität durch das Gericht statt.
6. Die jüngst vorgenommenen Modifizierungen können indes nicht überzeugen, da sie zu einer Entwertung des Verhältnismäßigkeitsgrundsatzes führen. Besonders ist es nicht haltbar, den Bezugspunkt der Verhältnismäßigkeitskontrolle im Kampfziel und nicht in der Herstellung von Parität zu erkennen. Zudem ist es an sich nicht konsequent, den Verhältnismäßigkeitsmaßstab zum zentralen Bewertungsmaßstab zu erheben und im gleichen Zuge die der Verhältnismäßigkeit immanenten Elemente der gerichtlichen Überprüfung zu entziehen. Der Kritik aus dem Schrifttum ist daher größtenteils zu folgen. Eine Einschätzungsprärogative der Gewerkschaften gibt es nicht.
7. Das Gemeinwohl ist bei der richterlichen Bewertung eines Arbeitskampfes ein durchaus zu berücksichtigender und anerkannter Faktor, mit dem die Instanzrechtsprechung jedoch bislang offensichtlich noch nicht völlig rechtssicher umzugehen weiß. Ohne nähere Konkretisierungen ist die Gemeinwohlgrenze mit erheblichen Wertungsunsicherheiten bei der Lösung von Konflikten für die Rechtspraxis verbunden.

C. Kampfmittelfreiheit der Kampfparteien

Von grundlegender Bedeutung für das Arbeitskampfrecht ist zudem die Interpretation der Koalitionsfreiheit im Hinblick auf die Kampfmittelfreiheit, dies vor allem deshalb, weil davon auch die Anerkennung neuer Arbeitskampfmittel abhängt. Innerhalb des Schrifttums besteht weitgehend Uneinigkeit über die Reichweite jener Kampfmittelfreiheit. In der Auseinandersetzung stehen sich im Wesentlichen zwei Grundpositionen gegenüber. Einerseits werden den Arbeitskampfparteien nur die althergebrachten Arbeitskampfmittel zugestanden, andererseits die Möglichkeit, daneben außerdem neue Arbeitskampfmittel zu kreieren. Der jüngste Standpunkt des BAG[379] hat die Diskussion zu diesem

379 BAGE 132, 140 = NZA 2009, 1347.

Punkt befeuert und zeigt in aller Deutlichkeit auf, inwieweit der Weg für jedwede Kreativität in Sachen Arbeitskampfmittel geebnet ist. Da das Augenmerk der vorliegenden Untersuchung auf der Beurteilung der Zulässigkeit des Kalten Streiks liegt und ebendieser im Folgenden nicht nur an den eigenen, sondern auch an den vom BAG aufgestellten Maßstäben gemessen werden soll, ist auch der vorliegende Abschnitt für die allgemein rechtliche Möglichkeit dieses (potentiell) neuen Arbeitskampfmittels von wesentlicher Bedeutung.

Zunächst werden in einem Überblick die Entwicklungen in der Rechtsprechung im Bereich der Kampfmittelfreiheit (I.) sowie die Auffassungen im Schrifttum (II.) dargestellt, bevor abschließend eine tragfähig erscheinende Auffassung herausgearbeitet wird (III.).

I. Rechtsprechungsentwicklung

Den Grundsatz der Freiheit der Wahl der Kampfmittel hat bereits der Große Senat des BAG in seiner ersten arbeitskampfrechtlichen Entscheidung vom 28. Januar 1955 formuliert und sich dabei auf die Grundsätze des freiheitlichen sozialen Rechtsstaats gestützt.[380] Dem BAG zufolge sollte jede Gruppe in den Grenzen des legitimen Kampfes das ihr gemäße, historisch überkommene, der Natur der Sache entsprechende Kampfmittel wählen dürfen.[381] Mit dieser Aussage grenzte das Gericht seinerzeit die arbeitsverfassungsrechtliche Position des Arbeitskampfrechts richtunggebend ein[382] und gab hierdurch zu verstehen, dass „die Koalitionen nur auf die bislang anerkannten Kampfmittel zurückgreifen können und lediglich entscheiden können welches dieser Mittel sie mit welcher Taktik wie anwenden."[383] In späterer Zeit löste sich der Erste Senat in seiner Rechtsprechung von der selbst gesteckten Grenze, und es erfolgte in diesem Punkt eine gewisse Bedeutungsverschiebung.[384] Hierfür waren Entscheidungen des BVerfG ursächlich.

---

380 BAGE 1, 291 (308 f.) = NJW 1955, 882 (884 f.).

381 BAGE 1, 291 (309) = NJW 1955, 882 (885).

382 So zutreffend *Scholz/Konzen*, Die Aussperrung im System von Arbeitsverfassung und kollektivem Arbeitsrecht (1980), S. 70.

383 *Rosenau*, Die Koalitionsbetätigungsfreiheit im gewandelten Kontext (2013), S. 192; ähnlich *Gamillscheg*, Kollektives Arbeitsrecht, Band I (1997), S. 984.

384 Erste Tendenzen zeichneten sich bereits in BAGE 28, 225 (232) = NJW 1977, 318 (319) zum Boykottaufruf sowie in BAGE 60, 101 (115) = NZA 1989, 475 (478) zur Betriebsblockade ab, ohne dass das Gericht sich dort genauer mit der Kampfmittelfreiheit auseinandersetzte.

Das BVerfG betonte bereits früh die freie Wahl der Kampfmittel.[385] Prägend war und ist bis heute die vom Gericht getroffene Feststellung, dass es grundsätzlich den Tarifvertragsparteien selbst überlassen sei, ihre Kampfmittel den sich wandelnden Umständen anzupassen, um dem Gegner gewachsen zu bleiben und ausgewogene Tarifabschlüsse zu erzielen.[386] Das Gericht hat wiederholt betont, den Schutz des Art. 9 Abs. 3 GG nicht als auf die traditionell anerkannten Formen Streik und Aussperrung beschränkt anzusehen, denn es gebe „keinen Anhaltspunkt dafür, dass allein diese Arbeitskampfmittel in ihrer historischen Ausprägung vom Verfassungsgeber als Ausdruck eines prästabilen Gleichgewichts angesehen worden wären.“[387] Das BVerfG scheint ein dynamisches und weites Verständnis vom verfassungsrechtlichen Schutzbereich zu vertreten.[388] Dieser Eindruck verstärkt sich mit Blick auf die im Zuge der „Aufgabe“ (bzw. der „Klarstellung“) seiner Kernbereichslehre getroffenen und im weiteren Rechtsprechungsverlauf stets wiederholten Aussage, der Grundrechtsschutz des Art. 9 Abs. 3 GG erstrecke sich auf alle Verhaltensweisen, die koalitionsspezifisch sind.[389]

Der neueren Rechtsprechung des BAG liegen die letztgenannten Feststellungen des BVerfG maßgebend zugrunde. Es billigt den Koalitionen heutzutage das Recht zu, völlig neue Druckmittel zu erfinden. Allein der Umstand, dass die Koalition mit einer Maßnahme ein koalitionsspezifisches (vor allem tarifliches) Ziel verfolgt, lässt es dem BAG zufolge genügen, diese unter den Schutz der Koalitionsfreiheit zu stellen bzw. als „koalitionsspezifische Verhaltensweise“ einzuordnen.[390] Die Art des zur Zielverfolgung eingesetzten Mittels spiele keine Rolle, da dies ansonsten der Bedeutung des Grundrechts nicht hinreichend Rechnung trage und sich „die verfassungsrechtlich geschützte koalitionsspezifische Betätigung einer Koalition nicht zuverlässig und sachgerecht von deren sonstiger, nicht von Art. 9 III GG erfasster Betätigung abgrenzen [lasse].“[391] Das BAG weist in diesem Zusammenhang jedoch einschränkend darauf hin, dass von der Entscheidung, ein Kampfmittel unter den Schutzbereich von Art. 9 Abs. 3 GG

385 BVerfGE 18, 18 (32) = NJW 1964, 1267 (1269).
386 BVerfGE 92, 365 (394) = NZA 1995, 754 (756).
387 BVerfG NZA 2014, 493 (494); BVerfGE 84, 212 (229 f.) = NZA 1991, 809 (811).
388 So auch *Kamanabrou*, Arbeitsrecht (2017), S. 660.
389 BVerfGE 93, 352 (358) = NZA 1996, 381 (382).
390 BAGE 132, 140 (150) = NZA 2009, 1347 (1351).
391 BAGE 132, 140 (150) = NZA 2009, 1347 (1351).

zu fassen, indes nicht gleichzeitig auf dessen Zulässigkeit im konkreten Einzelfall geschlossen werden könne.[392]

II. Überblick über den bisherigen Meinungsstand im Schrifttum

Einige Vertreter der Literatur sprechen sich, teilweise in Anlehnung an die aktuelle Rechtsprechung von BAG und BVerfG, für eine *weitgehende* Kampfmittelfreiheit aus.[393] Der Schutzbereich des Art. 9 Abs. 3 GG beschränke sich danach nicht auf den historisch gewachsenen Bestand („numerus clausus") an Kampfmitteln. Den Koalitionen stehe es vielmehr offen, frei über den Einsatz bestehender Kampfmittel zu entscheiden sowie neue Kampfmittel zu erfinden.[394] Dies entspreche nicht nur der „grundrechtlichen Normalität"[395], sondern auch dem Bedürfnis nach der Fortentwicklung von Kampfmitteln im Falle einer Veränderung der gesellschaftlichen und wirtschaftlichen Verhältnisse[396]. Ein bislang wirksames Kampfmittel könne nämlich durch den Eintritt ebensolcher neuer Gegebenheiten unbrauchbar werden und die Entwicklung neuer Kampfformen erforderlich machen.[397] Besonders die Gewerkschaften, die sich typischerweise in der Position der Fordernden befinden, könnten andernfalls, das heißt bei einer Beschränkung der einsetzbaren Druckmittel auf eine „Standardform", vor dem Dilemma stehen, die Arbeitgeberseite durch Androhung oder Ausübung

392 BAGE 132, 140 (151) = NZA 2009, 1347 (1351).

393 ErfK/*Linsenmaier*, Arbeitsrecht (2020), Art. 9 GG Rn. 271; Däubler/*ders.*, Arbeitskampfrecht (2018), Rn. 9.43; *Nonnenmühlen*, Atypische Arbeitskampfmittel der Arbeitnehmerseite (2017), S. 96 ff.; *Chiu*, Die Zulässigkeit atypischer Arbeitskampfformen und die Kampfmittelfreiheit (2016), S. 225; *Georges*, Der Grundsatz der Verhältnismäßigkeit (2015), S. 113 f.; *Agbalaka*, Flashmob-Aktionen im Arbeitskampf (2014), S. 53; *Deinert*, in: Rehder/Deinert/Callsen, Arbeitskampfmittelfreiheit und atypische Arbeitskampfformen (2012), S. 87; BPSU, Tarifvertragsgesetz und Arbeitskampfrecht (2010), S. 50 f.; *Engels*, Verfassung und Arbeitskampfrecht (2008), S. 255; *Kissel*, Arbeitskampfrecht (2002), S. 147; *Treber*, Aktiv produktionsbehindernde Maßnahmen (1996), S. 394; *Wank*, RdA 1989, 263 (269); *Seiter*, Streikrecht und Aussperrungsrecht (1975), S. 142 f.

394 BPSU, Tarifvertragsgesetz und Arbeitskampfrecht (2010), S. 50.

395 Däubler/*ders.*, Arbeitskampfrecht (2018), Rn. 9.43.

396 *Seiter*, Streikrecht und Aussperrungsrecht (1975), S. 142 f.

397 *Seiter*, Streikrecht und Aussperrungsrecht (1975), S. 142 f.; nach *Treber*, Aktiv produktionsbehindernde Maßnahmen (1996), S. 395 f. sowie dem folgend *Agbalaka*, Flashmob-Aktionen im Arbeitskampf (2014), S. 53, es sei ein Maß an Unvorhersehbarkeit bei der Kampfmittelwahl erforderlich, um eine Ritualisierung des Kampfgeschehens zu verhindern.

gewerkschaftlichen Drucks nicht mehr zu Verhandlungen über die Gewerkschaftsforderung bewegen, geschweige denn zum Nachgeben zwingen zu können.[398] Existiere die Entwicklungsoffenheit nicht, seien die Koalitionen im schlimmsten Fall sogar verpflichtet, „taten- und hilflos den eigenen Untergang infolge veränderter Rahmenbedingungen hinzunehmen."[399] An den supranationalen Vorgaben könne darüber hinaus abgelesen werden, dass eine Beschränkung auf bestimmte Kampfformen *de lege lata* schon nicht bestehe.[400] Dies zeige sich besonders deutlich in Teil II Art. 6 Nr. 4 ESC. In dieser Vorschrift wird das Recht der Arbeitnehmer und der Arbeitgeber auf „kollektive Maßnahmen" anerkannt und das Streikrecht nur als besonders wichtiges Kampfmittel hervorgehoben.[401] Daraus, dass „kollektive Maßnahmen" und „Streiks" nicht wie Synonyme verwendet werden, lasse sich schließen, dass nach Teil II Art. 6 Nr. 4 ESC auch weitere Arbeitskampfmittel erlaubt seien.[402] Gleichwohl kennen auch Befürworter der weiten Kampfmittelfreiheit eine Grenze bei der Erfindungsfreiheit von Kampfformen und finden diese in der bestehenden Rechtsordnung. Eine strafbare Handlung sei jedenfalls nicht aus dem Gesichtspunkt der Kampfmittelerfindungsfreiheit gerechtfertigt.[403]

Wie bereits eingangs in Kap. 2 C. erwähnt, finden sich im Schrifttum nicht wenige Stimmen, die eine gegenteilige Auffassung vertreten und die Kampfmittelfreiheit höchstens in sehr *engen Grenzen* zulassen oder völlig anders interpretieren wollen.[404] Allen voran beschränken

---

398 Däubler/*Wroblewski*, Arbeitskampfrecht (2018), Rn. 17.3.

399 *Deinert*, in: Rehder/Deinert/Callsen, Arbeitskampfmittelfreiheit und atypische Arbeitskampfformen (2012), S. 87.

400 *Seiter*, Streikrecht und Aussperrungsrecht (1975), S. 142.

401 *Seiter*, Streikrecht und Aussperrungsrecht (1975), S. 142; siehe zur innerstaatlichen Wirkung der ESC oben in Kap. 2 A. III.

402 S. hierzu etwa *Nonnenmühlen*, Atypische Arbeitskampfmittel der Arbeitnehmerseite (2017), S. 95.

403 So etwa *Seiter*, Streikrecht und Aussperrungsrecht (1975), S. 143; vgl. weiterführend zu der Bedeutung des Strafrechts für Arbeitskampfmaßnahmen jüngst *Blume*, Strafbefreiende Wirkung der „neuen" Arbeitskampffreiheit? (2019).

404 Vgl. dazu die jüngsten Ausführungen von *Brauneisen*, Die tarifvertragsbedingte Friedenspflicht (2019), S. 138 ff., 165 („Bei der historischen Ermittlung des Umfangs der verfassungsrechtlich verbürgten Arbeitskampffreiheit darf die von der Rechtsordnung rezipierte, fortwährend gültige Entscheidung der historisch bestimmenden Kräfte für den marktmäßig-rechtsgeschäftlichen Umsatz der Ware Arbeit nicht außen vor bleiben. Diese begrenzt den Kanon potentiell zulässiger spezifischer Arbeitskampfmittel bereits abstrakt auf zur Sicherung der materialen Vertragsfreiheit geeignete

Picker[405] und *Jacobs*[406] die Kampfmittel auf die Zurückbehaltung der geschuldeten Leistung, wenngleich sie sich auch in ihrer dogmatischen Konzeption voneinander unterscheiden. Nach *Picker* weist sich das Arbeitskampfrecht rechtsdogmatisch als ein Eingriffs- und konkret als ein Zurückbehaltungsrecht des Privatrechts aus, das allein die marktmäßige Verfolgung besserer Vertragskonditionen erlaube und dem von vornherein, weil eben system- und funktionsbedingt, eine Entgrenzung von Zweck und Mitteln verwehrt bleibe.[407] Dieser Ansicht liegt der Gedanke zugrunde, dass die kampfrechtliche Zurückbehaltungsbefugnis lediglich das Recht zur (Änderungs-)Kündigung ersetze[408], das bei völliger Ausgeglichenheit von Angebot und Nachfrage der Ware „Arbeit" uneingeschränkt, aber auch alleine zur Verfügung stände, um eine Verbesserung der Vertragsbedingungen zu verfolgen. Die Zurückbehaltungsbefugnis trete damit nur an die Stelle der Gestaltungsbefugnis, die unter der gegebenen Rechtswirklichkeit eines auf lange Sicht unausgeglichenen Markts für Arbeit versagen würde. Die Ausübung des Kündigungsrechts würde indes für den Arbeitnehmer zum Verlust der Lebensgrundlage führen, was ihm bei einem (noch) unausgeglichenen Markt nicht als Marktverhalten abverlangt werden könne. Daher habe das Zurückbehaltungsrecht an die Stelle jenes Rechts zu treten.[409] *Jacobs* stützt seine Auffassung auf eine rein vertragsrechtliche Deutung des Arbeitskampfes.[410] Ihr liegt der Gedanke zugrunde, dass der Arbeitskampf ein erforderliches Rädchen im Getriebe der Tarifautonomie und entsprechend funktional eng mit den ihn umgebenden Strukturen verknüpft sei. Wenn

---

Instrumente, die nicht materiell in die dem sozialen Gegenspieler zugewiesenen privatnützigen Rechtspositionen eingreifen und sich funktional auf die Arbeitsvertragsfreiheitssicherung beschränken."), 207 f.; *Bayreuther*, in: Arbeitskampf, Verhandlung und Schlichtung (2018), S. 15 (26); *Reuter*, Das Arbeitsrecht in der deutschen Rechts- und Wirtschaftsordnung (2013), S. 518; *Jacobs*, ZFA 2011, 71 (83 ff.); *Picker*, ZFA 2011, 443 (469); *Säcker*, NJW 2010, 1115 (1117); *Rieble*, BB 2008, 1506 (1512); v. Mangoldt/Klein/Starck/*Kemper*, GG (2018), Art. 9 Rn. 166; *Thüsing/Waldhoff*, ZFA 2011, 329 (337) sowie *Wiese*, in: FS Hubmann (1985), S. 481 (495) betont, dass die freie Wahl nur unter zulässigen Kampfmitteln gewollt sei. Das Arbeitskampfmittel werde aber nicht zulässig durch die freie Wahl.

405 *Picker*, ZFA 2011, 443 (469 ff.).

406 *Jacobs*, ZFA 2011, 71 (83 ff.).

407 *Picker*, ZFA 2011, 443 (470).

408 *Picker*, ZFA 2010, 499 (518) („Sein Streikrecht ersetzt also nur sein als solches unbezweifelbares Kündigungsrecht.").

409 *Picker*, ZFA 2011, 443 (496).

410 *Jacobs*, ZFA 2011, 71 (83 ff.); ähnlich *Rieble*, BB 2008, 1506 (1512).

nämlich die Tarifautonomie nach modernem Verständnis „kollektiv ausgeübte Privatautonomie“ und der Tarifvertrag eine Art „kollektiver Arbeitsvertrag“ sei, dann müsse der Arbeitskampf als „privatautonomes Konfliktlösungsmittel“ gesehen und entsprechend auch vertragsrechtlich gedeutet werden.[411] Nach *Jacobs* dürfen erstens Arbeitskämpfe nur zwischen (tariffähigen) Parteien und nur um normativ geltende Tarifverträge geführt werden.[412] Ein Kampfmittel müsse zweitens arbeitsvertragsbezogen sein, also an den Arbeitsvertrag anknüpfen, um in den Schutzbereich der Koalitionsfreiheit zu fallen; es sei mithin nur die passive Zurückhaltung der eigenen Hauptleistung gegenüber dem Arbeitsvertragspartner zulässig.[413] Die Kampfmittelfreiheit gelte drittens nicht unbegrenzt, sondern es gebe ein Wahlrecht nur hinsichtlich der Frage, in welcher Art und Weise sowie in welcher Intensität die arbeitsvertraglich geschuldeten Hauptleistungen vorenthalten werden können.[414] In summa können hiernach also keine neuen Arbeitskampfmittel, die nicht an eine Zurückhaltung der arbeitsvertraglich geschuldeten Hauptleistung anknüpfen, mit dem Grundsatz der Kampfmittelfreiheit begründet werden; für diesen Befund spreche ihm zufolge, dass Streik und Aussperrung komplementäre Kampfmittel seien; der Einsatz des einen Kampfmittels könne durch den des anderen beantwortet werden.[415] Zudem seien beide Kampfmittel durch das Element der Selbstschädigung gekennzeichnet, sodass die daraus erwachsene ökonomische Betroffenheit bei der Ausübung des Kampfmittels zugleich das Druckpotential begrenze, die Parität sichere und damit den Arbeitskampf effektiv reguliere.[416] Anhand des vertragsrechtlichen Ansatzes könne außerdem schlüssig erklärt werden, dass betriebsfremde Dritte nicht dem Schutzbereich des Arbeitgeber- und Arbeitnehmergrundrechts der Koalitionsfreiheit unterfallen.[417]

Darüber hinaus ist das insbesondere vom BAG vertretene weite Kampfrechtkonzept von Stimmen aus dem Schrifttum stark kritisiert worden.[418] Das

---

411 *Jacobs*, ZFA 2011, 71 (83); *Rieble*, BB 2008, 1506 (1512); *ders.*, ZFA 2000, 5 (23 f.).

412 *Jacobs*, ZFA 2011, 71 (84).

413 *Jacobs*, ZFA 2011, 71 (84).

414 *Jacobs*, ZFA 2011, 71 (85 f.).

415 *Jacobs*, ZFA 2011, 71 (84).

416 *Jacobs*, ZFA 2011, 71 (85).

417 So *Jacobs*, ZFA 2011, 71 (85).

418 Vgl. etwa die Ausführungen von *Junker*, ZFA 2016, 81 (94); *Löwisch/Rieble*, TVG (2017), Grundlagen Rn. 533; *Kersten*, Neues Arbeitskampfrecht (2012), S. 70 ff.; *Jacobs*, ZFA 2011, 71 (82); *Picker*, ZFA 2010, 499 (527 ff., 535 ff.); *Säcker/Mohr*, JZ 2010, 440

Konzept führe zu einer nahezu völligen Entgrenzung des Schutzbereichs und rege zudem an, immer neue und immer empfindlichere Formen der Störung der Arbeits- und Wirtschaftsprozesse zu konzipieren und in die Tat umzusetzen.[419] Vor allem die höchstrichterliche Ermittlungsmethode für koalitionsspezifische Verhaltensweisen (siehe hierzu oben Kap. 2 C. I.) vermöge nicht zu überzeugen; ebenso wenig wie den Grundrechtsträgern bei anderen Grundrechten, stehe es den Koalitionen hier frei, autonom zu bestimmen, welches Handeln koalitionsspezifisch und damit grundsätzlich verfassungsrechtlich geschützt sei.[420] Es komme einem Zirkelschluss gleich, wenn der Geschützte selbst über die Reichweite des Schutzbereichs sowie, im Hinblick auf die vom BAG gewährte umfangreiche Einschätzungsprärogative, faktisch selbst über die Rechtmäßigkeit des neuen Arbeitskampfmittels entscheiden könne[421] (zur Einschätzungsprärogative der Koalitionen siehe bereits oben Kap. 2 B. V. 3.b)). Der Schutzbereich der Koalitionsfreiheit als Prüfungskriterium wäre so jedenfalls bedeutungslos.[422]

III. Eigener Standpunkt

Hält man sich die genuine Aufgabe des Arbeitskampfes, nämlich die Sicherung der Tarifautonomie durch Chancenausgleich, vor Augen, steht zumindest nach der hier vertretenen Auffassung fest, dass ein gänzlich statischer Umgang mit dem Arbeitskampf dieser Aufgabe nicht gerecht werden kann.

Die Ausgleichsfunktion des Arbeitskampfrechts gebietet die Möglichkeit zur Evolution, da bei einer Evolution der Arbeitswelt ansonsten die Gefahr besteht, die Ausgleichsfunktion mit den bereits existenten klassischen Ausformungen des Arbeitskampfes nicht gewährleisten zu können.[423] Der Arbeitskampf muss ein probates Mittel sein und sich entsprechend der Evolution der Arbeitswelt weiterentwickeln, um dies auch zu bleiben. Nur so kann er eine relativ ausgewogene

(443); *Rieth*, SAE 2010, 37 (40 f.); *Greiner*, Anm. zu BAG, Urteil v. 22.9.2009 - 1 AZR 972/08, EzA Art. 9 GG Arbeitskampf Nr. 143 unter III.

419 *Picker*, ZFA 2010, 499 (539 f.); *Rieth*, SAE 2010, 37 (41) spricht von der Freigabe einer „nach oben offene(n) Eskalationsspirale."

420 *Jacobs*, ZFA 2011, 71 (82).

421 *Henssler*, in: FS Wank (2014), S. 137 (142).

422 *Jacobs*, ZFA 2011, 71 (82).

423 So auch *Rosenau*, Die Koalitionsbetätigungsfreiheit im gewandelten Kontext (2013), S. 256; *Henssler*, in: FS Wank (2014), S. 137 (142), hebt ebenso die Evolutionsfähigkeit des Arbeitskampfes hervor: „Sicherlich haben die Gewerkschaften das verfassungsrechtlich verbürgte Recht, ihre Kampfmittel an den Wandel in der Arbeitswelt stetig anzupassen."

Machtstellung zwischen den Parteien und damit Chancengleichheit in den Tarifverhandlungen gewährleisten.

Aber das Arbeitskampfrecht evolutionsoffen zu verstehen, heißt nicht zugleich, es gänzlich „formfrei" zu verstehen. Die historisch gewachsene Funktion des Arbeitskampfes bildet vielmehr den Rahmen, innerhalb dessen die Entwicklung der Kampfformen erfolgen kann. Der Arbeitskampf ist ein vertragsrechtliches Regelungsinstrument. Es ist bereits an anderer Stelle (siehe oben Kap. 2 A. I.) hervorgehoben worden, dass er als Druckmittel die Möglichkeit der Verbesserung von Arbeitsbedingungen in einem fortbestehenden Arbeitsverhältnis gewährleistet und damit zugleich die Arbeitsmarktentwicklung unter realen marktwirtschaftlichen Gesichtspunkten garantiert. Wenn dem so ist, muss die Höhe der „Evolutionsleiter" von Kampfformen aber durch die prägenden Kennzeichen des *Vertragsbezugs* sowie des *Marktbezugs* gedeckelt sein.

Die Koalitionen können nur durch systematische Ausübung von Druck seitens ihrer Mitglieder (und begünstigter Außenseiter-Arbeitnehmer [siehe hierzu oben Kap. 2 B. I.]) eine Verbesserung des Vertrags herbeiführen.[424] Die Einbeziehung Dritter (siehe hierzu oben Kap. 2 B. I.) in den Arbeitskampf würde nicht nur den hier geforderten Bezug zum Vertrag vermissen lassen, sondern letztlich auch den Tarifvertrag seiner Richtigkeitsgewähr berauben, da der Verdacht bestünde, dass das Verhandlungsergebnis sich nicht aus einem vertragsrechtlichen Gleichgewicht, sondern vielmehr aus der Sorge vor gezieltem drittschädigenden Verhalten ergeben hat.[425] Streben diejenigen, die den Druck ausüben, von vornherein nicht den Abschluss eines (Kollektiv-)Vertrags mit dem Druckadressaten an, liefe dies ebenfalls dem Konzept des Arbeitskampfes abstrakt zuwider und wäre daher nicht schützenswert.

Außerdem muss stets eine Kopplung zwischen Arbeitskampf und der Ware des Arbeitsmarkts vorliegen, das heißt, es kann sich der Arbeitskampf nur auf die dem Vertrag zugrunde liegende Ware des Arbeitsmarkts beziehen, und zwar deshalb, weil sich infolge der Einbeziehung einer aus einem anderen Marktumfeld herrührenden Ware nicht mehr der Marktwert der Arbeit im erzielten Tarifabschluss widerspiegeln würde.[426] Mit den Mitteln des Arbeitskampfes zeigt die

---

424 So ebenfalls *Rosenau*, Die Koalitionsbetätigungsfreiheit im gewandelten Kontext (2013), S. 255.

425 So wohl auch *Rosenau*, Die Koalitionsbetätigungsfreiheit im gewandelten Kontext, (2013), S. 255 f.

426 So ebenfalls *Greiner*, Anm. zu BAG, Urteil v. 22.9.2009 – 1 AZR 972/08, EzA Art. 9 GG Arbeitskampf Nr. 143 unter III. 2.

eine Seite der anderen auf, welche Bedeutung die Ware Arbeitskraft hat, und dass diese es wert ist, der Forderung nach einer Vertragsverbesserung nach- bzw. entgegenzukommen.[427] Die Gewerkschaften können daher nicht einfach aus ihrer Rolle als Arbeitsmarktpartei heraustreten und gezielt einen anderen Warenmarkt behindern. Bei Aktionen, welche planmäßig darauf angelegt sind, etwa den Absatz der Produkte des Arbeitgebers (den Gütermarkt) zu beeinflussen, würde sich die spezifische Marktmacht in völlig verzerrter Weise zugunsten der Gewerkschaft erhöhen. Der betroffene Arbeitgeber würde mit dem Einlenken in den Verhandlungen einen Preis für die Rückgewinnung einer Ware zahlen, die in keinem unmittelbaren Zusammenhang mit der Vertragsbeziehung zum Arbeitnehmer steht. Ein marktkonträres Machtinstrument würde nicht die strukturelle Unterlegenheit der Arbeitnehmer bezüglich der Aushandlung ihrer Arbeitsbedingungen kompensieren, ohne dabei den vertragsrechtlichen Mechanismus des Arbeitskampfes zu unterwandern.[428] Eine zuverlässige privatrechtliche Marktpreisbildung wäre auf diese Weise nicht mehr gewährleistet, obwohl genau dies das Tarifvertragssystem beabsichtigt.[429] In der Konsequenz sind bereits – völlig losgelöst von den mit ihrem Einsatz verfolgten Zielen – die dem BAG zur Beurteilung vorgelegte Flashmob-Aktion, die Betriebsblockade sowie der Boykott (vgl. im Einzelnen hierzu schon oben unter Kap. 1 B. III. 1.) abstrakt unzulässig.

Die Reichweite der „Kampfmittelerfindungsfreiheit" wird zwar durch die Merkmale Vertrags- und Marktbezug deutlich reduziert, von einer Entwicklungsunfähigkeit kann jedoch keine Rede sein. Den Koalitionen bleibt die Möglichkeit, im vorgezeichneten Rahmen neue Arbeitskampfmittel zu erfinden. Welche das sein könnten, bleibt deren Kreativität überlassen. Folglich dürfte dieser Ansatz von Kampfmittelfreiheit auch nicht im Widerspruch zu Teil II Art. 6 Nr. 4 ESC stehen. Sofern die Ware des Arbeitsmarkts von vertragsbegünstigten

---

427 *Lobinger*, in: FS Krüger (2017), S. 249 (258) („Der Wert der infrage stehenden Leistung wird, wie im Kern auch auf allen sonstigen privaten Märkten, nicht anhand heteronom vorgegebener, von der Illusion eines iustum pretium geleiteter Kriterien bestimmt, sondern in einem Verfahren, das ‚Richtigkeit' durch ein in der Situation mögliches Maximum beiderseitiger Bedürfnisbefriedigung verspricht, weil der Abschluss nur dann zustande kommt, wenn beiden Parteien der Erhalt der gewünschten Leistung zu den vereinbarten Konditionen angesichts ihres – ggf. durch Streik und Aussperrung noch einmal handfest spürbar gemachten – Bedarfs mehr wert ist als der Verzicht auf ebendiese Leistung.").

428 So im Ganzen bereits zutreffend von *Rosenau*, Die Koalitionsbetätigungsfreiheit im gewandelten Kontext (2013), S. 254 formuliert.

429 *Lobinger*, in: FS Krüger (2017), S. 249 (258).

Koalitionsmitgliedern und Außenseitern als Kerngedanke im Mittelpunkt stehen bleibt, fällt auch ein neues Arbeitskampfmittel erst einmal unter den Schutzbereich des Art. 9 Abs. 3 GG. Eine weitere Prüfung der neuen Maßnahme schließt sich dann unter den bekannten Gesichtspunkten, wozu insbesondere auch die Kampfparität zählt, an und entscheidet letztlich über ihre Zulässigkeit im Einzelfall. Insoweit weicht die hier als tragfähig anzuerkennende vertragsrechtliche Auffassung im Ergebnis nur in einem wesentlichen Punkt entscheidend von dem ab, was *Jacobs*[430] formuliert hat: Die passive Zurückhaltung der eigenen Hauptleistung muss nicht zwingend Bestandteil des Arbeitskampfes sein, obwohl es typischerweise eine der effektivsten Möglichkeiten im vertragsrechtlichen Zusammenhang darstellt, um mit Blick auf die andere Seite ein erhebliches Druckpotential aufzubauen.

IV. Fazit

Es kann also festgehalten werden:

1. Den höchsten deutschen Gerichten zufolge steht es den Koalitionen verfassungsrechtlich zu, völlig neue Druckmittel zu erfinden. Solange die Maßnahme ein koalitionsspezifisches Ziel verfolgt, fällt diese unter den Schutzbereich von Art. 9 Abs. 3 GG.
2. Im Schrifttum ist das Meinungsbild zur Kampfmittelfreiheit geteilt. Es reicht von einer weiten bis hin zu einer sehr engen Auslegung der Kampfmittelfreiheit der Kampfparteien.
3. Nach der hier vertretenen Auffassung setzt die aus der Historie erwachsene Funktion des Arbeitskampfes einen Rahmen, innerhalb dessen die Entwicklung neuer Kampfformen erfolgen kann. Sofern die die Ware des Arbeitsmarkts von vertragsbegünstigten Koalitionsmitgliedern und Außenseitern als Kerngedanke im Mittelpunkt steht, können neue Erfindungen von Arbeitskampfmitteln grundsätzlich in den Schutzbereich des Art. 9 Abs. 3 GG fallen. Hieraus kann indes nicht gleichzeitig auf deren Zulässigkeit im konkreten Einzelfall geschlossen werden.

430 Vgl. *Jacobs*, ZFA 2011, 71 (84).

Kapitel 3: Die rechtliche Bewertung des Kalten Streiks

Nach Klärung der notwendigen Vorfragen und der Vermittlung der Grundlagen des Arbeitskampfrechts in den Kapiteln 1 und 2 steht nun in Kapitel 3 die rechtliche Bewertung des Kalten Streiks an. Den Ausgangspunkt bildet die rechtliche Einordnung der Streikankündigung als selbständige Kampfmaßnahme (A.). Im Anschluss daran wird der Kalte Streik an den allgemeinen vom BAG entwickelten Grundsätzen des Arbeitskampfes gemessen, mithin dessen Rechtmäßigkeit geprüft (B.).

A. Rechtliche Einordnung der Streikankündigung als Arbeitskampfmittel

Nach dem subjektiven Ansatz in der BAG-Rechtsprechung ist für die Qualifikation einer Verhaltensweise als eigenständige Arbeitskampfmaßnahme allein das Ziel maßgeblich, das die Gewerkschaft mit ihr verfolgt (siehe oben Kap. 2 C. I.). Dient die (zurückgenommene) Streikankündigung selbst der Durchsetzung eines koalitionsspezifischen Ziels, so unterfällt sie dieser vom BAG herausgearbeiteten Qualifikationsregel.

Legt man dagegen die Argumentation der als tragfähig erwiesenen vertragsrechtlichen Auffassung zugrunde und überträgt diese auf die Frage, ob der Kalte Streik als ein im Grundsatz unter den Schutzbereich von Art. 9 Abs. 3 GG zu fassendes Kampfmittel zu qualifizieren ist, so lässt sich wie folgt argumentieren: Der Kalte Streik ist auf eine von der vertraglichen Beziehung losgelöste Schädigungswirkung ausgerichtet und daher bereits abstrakt unzulässig. Im Mittelpunkt des Kalten Streiks steht die Behinderung des Gütemarkts die infolge des hervorgerufenen Bilds von einer *befürchteten* Verknappung von Arbeitsleistung in einem Betrieb entstanden ist. Die geschaffene Differenz zwischen Erwartung und Realität will einzig den Absatz der Produkte und Dienstleistungen des Arbeitgebers beeinträchtigen (vgl. hierzu oben unter Kap. 1 B. III. 2.). Der Kalte Streik demonstriert insoweit gerade nicht, welche Bedeutung die Ware Arbeit in der vertraglichen Beziehung zwischen den Parteien besitzt. Schließlich ist sie sogar imstande, diese Bedeutung zu schmälern. Denn der betroffene Arbeitgeber sieht sich unter Umständen einem Überangebot von Arbeitskraft ausgesetzt. Nicht verfangen kann daher das mögliche Gegenargument, der Kalte Streik *stelle* doch ein zukünftiges Szenario *in Aussicht*, in welchem die Ware Arbeit im

Mittelpunkt stehe. Dies würde allerdings nur darüber hinwegtäuschen wollen, dass die Preisbildung einzig und allein auf einem marktkonträren Ergebnis für die Nicht-Beeinträchtigung des Absatzes von Waren und Dienstleistungen fuße.

Geht man wie vorliegend davon aus, dass der Kalte Streik bereits abstrakt unzulässig ist, so erübrigt sich eine Rechtmäßigkeitsprüfung im nächsten Schritt. Ist man allerdings anderer Auffassung und geht davon aus, dass eine abstrakte Unzulässigkeit zu verneinen ist, so ist eine Rechtmäßigkeitsprüfung im Weiteren erforderlich, die möglicherweise selbst unter Zugrundelegung der BAG-Rechtsprechung ergeben wird, dass auch auf dieser Prüfungsebene der Kalte Streik kein probates Mittel im Arbeitskampf ist.

I. Abgrenzung des Kalten Streiks von der unselbständigen Streikankündigung

Typischerweise markiert die Streikankündigung den Übergang von der (reinen) Verhandlungsphase in die Phase des Arbeitskampfes (siehe oben Kap. 1 A. I. und II.). Sie ist insoweit nicht als selbständiges Arbeitskampfmittel einzuordnen, da sie hier nur den Zweck als notwendiger Verfahrensbestandteil erfüllt. Zwar bewirkt die Streikankündigung, die darauf abzielt, Druck auf die Arbeitgeberseite auszuüben, stets an sich schon einen gewissen Handlungsdruck. Solange der angekündigte Streik aber gemäß der Ankündigung stattfindet, leitet sich das Druckpotential der Ankündigung unmittelbar vom beabsichtigten Streik ab.[431] Der Gewerkschaft mangelt es hierbei ersichtlich an der Absicht, die Ankündigung selbst als Mittel zur Durchsetzung ihres koalitionsspezifischen Ziels einzusetzen.[432]

Lässt die Gewerkschaft der Streikankündigung keinen Streik folgen, so kann ihr daraus nicht schon pauschal der Vorwurf gemacht werden, die Streikankündigung als (selbständiges) Arbeitskampfmittel eingesetzt zu haben. Es bedarf insoweit einer differenzierten Betrachtung. Für das Ausbleiben des angekündigten Streiks können unterschiedliche Ursachen in Betracht kommen. Entweder ist die Gewerkschaft infolge nachträglich eingetretener und nachvollziehbarer

---

431 *Henssler*, in: FS Wank (2014), S. 137 (152).

432 *Höpfner*, in: Neue Arbeitswelt (2014), S. 115 (141) weist zudem auf den möglichen Einsatz einer „überschießenden Streikankündigung“ hin: „Hierher gehört auch eine Untervariante, bei der die Ankündigung gezielt über tatsächlich geplante und durchgeführte Kampfmaßnahmen hinausgeht. Dann muss die ‚überschießende‘ Wirkung, die von der Koalition strategisch eingeplant wurde, in die Paritäts- und Verhältnismäßigkeitsprüfung des späteren Arbeitskampfes mit einbezogen werden.“

Umstände an dessen Umsetzung gehindert oder desinteressiert oder aber sie hat die Umsetzung (von Anfang an oder aufgrund einer späteren Entscheidung) nicht ernsthaft beabsichtigt. Den beiden ersten Fällen könnte etwa der Erlass einer einstweiligen Verfügung zugrunde liegen[433], oder die Arbeitgeberseite könnte der Gewerkschaft unerwartet beachtliche Zugeständnisse in den Tarifverhandlungen gemacht haben[434]. Die Abweichung vom typischen Geschehensablauf, nämlich die Nichtumsetzung der Streikankündigung, wurde also von außen veranlasst. In diesen Fällen entspricht es jedenfalls zu keinem ersichtlichen Zeitpunkt dem inneren Willen der Gewerkschaft, die Streikankündigung zweckentfremdet als Kampfmittel zu nutzen. Anders lässt sich jedoch die Situation im dritten Fall einordnen. Beruht die Rücknahme der Streikankündigung einzig auf einem von der Gewerkschaft gefassten Plan, unabhängig von äußeren Umständen, so setzt sie ihre Streikankündigung absichtlich in arbeitskampfstrategischer Weise ein, um damit Verhandlungsdruck auf die Arbeitgeberseite aufzubauen, die bereits durch die bloße Ankündigung erhebliche Vermögenseinbußen erleidet.[435] Nur folgerichtig ist es in diesem Fall, die Streikankündigung als eigenständiges Arbeitskampfmittel („Kalter Streik") zu qualifizieren, weil die Gewerkschaft allein diese, unabhängig von der Einbindung in ein übliches Arbeitskampfgeschehen, hier willentlich als Mittel zur Durchsetzung eines koalitionsspezifischen Ziels nutzt.[436]

II. Anscheinsbeweis zur Bestimmung des Kalten Streiks im arbeitsgerichtlichen Verfahren

Kommt es zwischen Gewerkschaft und Arbeitgeberseite wegen den durch die zurückgenommene Streikankündigung eingetretenen Schäden zum Streit, wird die Frage klärungsbedürftig, ob sich das Vorgehen der Gewerkschaft als Kalter Streik in der Praxis entlarven lässt. Im Arbeitsgerichtsprozess dürfte es jedoch

433 Vgl. exemplarisch https://www.tagesschau.de/wirtschaft/lufthansa-streik-201.html (zuletzt abgerufen am 17.8.2020).

434 Vgl. exemplarisch https://www.handelsblatt.com/unternehmen/handel-konsumguete r/ tarifkonflikt-ufo-sagt-ausstand-bei-lufthansa-ab-und-streikt-dafuer-bundesweit-bei-tochter-airlines/25131076.html?ticket=ST-5431828-QvNf92dVyLX6pzmEjonw-ap3 (zuletzt abgerufen am 17.8.2020).

435 *Henssler*, in: FS Wank (2014), S. 137 (152); *Höpfner*, in: Neue Arbeitswelt (2014), S. 115 (141).

436 *Henssler*, in: FS Wank (2014), S. 137 (152); *Höpfner*, in: Neue Arbeitswelt (2014), S. 115 (141).

der Arbeitgeberseite nicht ohne Weiteres gelingen, den Nachweis für die Qualifikation der Streikankündigung als Arbeitskampfmittel („Kalter Streik") zu erbringen, da die *objektive Überprüfung von Absichten und Motiven* bekanntlich bei einer Beweisaufnahme mindestens schwierig und im Regelfall überhaupt nicht möglich ist. Theoretisch kommt zwar ein Zeugenbeweis über Motive, Absichten oder Kenntnisse eines anderen in Betracht, sofern der Zeuge diese jeweils plausibel macht[437]. Der Arbeitgeberseite wird die Beweisführung allerdings in der Rechtspraxis schon deswegen kaum gelingen, weil die in Frage kommenden Zeugen ausschließlich dem Lager der Gewerkschaft angehören dürften. Mit einer Aussage zugunsten der Arbeitgeberseite ist deswegen nicht zu rechnen. Daher empfiehlt sich, auf das von der Rechtsprechung entwickelte Institut des Anscheinsbeweises (sog. „prima-facie-Beweis") zurückzugreifen.[438] Es räumt dem Beweispflichtigen im Unterschied zur normalen Beweisführung die Möglichkeit ein, zunächst nur einen Sachverhalt nachweisen zu müssen, der es dem Richter ermöglicht, von einem nach der Lebenserfahrung typischen Geschehensablauf Schlüsse auf das Vorliegen streitiger Tatsachenbehauptungen zu ziehen.[439] Ausschlaggebend für die Annahme des Anscheinsbeweises ist insofern die sich regelmäßig wiederholende Gleichförmigkeit eines Vorgangs, welche darauf schließen lässt, dass in der Regel ein bestimmtes Ereignis auf ein vorausgehendes folgt, also ein Ablauf nach „Muster".[440] Nimmt das Gericht diese Typizität des Geschehensablaufs an[441], so bleibt es dem Beweisgegner unbenommen, einen Gegenbeweis zu erbringen, indem er die Überzeugung des Richters wiederum dadurch erschüttert, dass er Tatsachen nachweist, aus denen sich die ernsthafte Möglichkeit eines abweichenden Geschehensablaufs im konkreten Fall ergibt.[442]

---

437 Vgl. zu diesem Thema weiterführend BGH NJW 1992, 2489; *Schellhammer*, Zivilprozess (2016), S. 258.

438 So bereits richtungsweisend konstatiert von *Henssler*, in: FS Wank (2014), S. 137 (152) sowie *Höpfner*, in: Neue Arbeitswelt (2014), S. 115 (141).

439 BGH NJW 2019, 661 (664); NJW 2010, 1072; Musielak/Voit/*Foerste*, ZPO (2020), § 286 Rn. 23.

440 BGH NJW 2019, 661 (664); NJW 1991, 230 (231); OLG Schleswig NJW-RR 2011, 692 (693).

441 BGH NJW 2019, 661 (664) („Als typisch kann ein Geschehensablauf nur angesehen werden, wenn er so häufig vorkommt, dass die Wahrscheinlichkeit, einen solchen Fall vor sich zu haben, sehr groß ist."); NJW-RR 2014, 1115 (1116); NJW 2010, 1072 (1073).

442 BGHZ 208, 331 (346) = NJW 2016, 2024 (2028); Musielak/Voit/*Foerste*, ZPO (2020), § 286 Rn. 23.

Bei einer Streikankündigung existiert ein *typischer Geschehensablauf*. Es entspricht dem allgemeinen Erfahrungssatz, dass in der großen Mehrzahl aller Fälle auf die Ankündigung auch der Streik tatsächlich folgt.[443] Eng damit verbunden ist schließlich der Zweck, die Gegenseite mittels Streikankündigung über den Streikentschluss zu informieren (zum Zweck der Streikankündigung siehe bereits oben Kap. 1 A.). Die Streikankündigung ist dabei nicht zu verwechseln mit einer Streikdrohung, also der lediglich vagen Mitteilung über die mögliche Durchführung eines Streiks (siehe dazu oben Kap. 1 A. III. 1.), vielmehr stellt sie den Empfänger vor (nahezu) vollendete Tatsachen. Die Variante der grundlosen Rücknahme einer Streikankündigung, in der es der Gewerkschaft gerade nicht gelingt, sich des entstandenen Anscheins dadurch zu entledigen, dass sie Tatsachen nachweist, die den Nichteintritt des Streiks (die Abweichung vom typischen Geschehensablauf) erklären, lässt den Rückschluss auf die Annahme eines zweckentfremdeten Instruments der Gewerkschaft zur Durchsetzung ihres koalitionsspezifischen Ziels („Kalter Streik") zu.[444] Das der Streikankündigung innewohnende Druckpotential steht separat für sich und leitet sich nun nicht mehr vom ursprünglich vermeintlich beabsichtigten Streik ab. Dass es der Gewerkschaft verfassungsrechtlich vorbehalten ist, von ihrem Vorhaben jederzeit abzusehen (siehe dazu oben Kap. 1 B. II.), beeinflusst nicht den Anschein, den sie durch ihr Verhalten vermittelt.

Zugegebenermaßen bereitet der Rückgriff auf den Anscheinsbeweis und damit einer möglichen Einordnung der Streikankündigung als Kalter Streik in diesem Zusammenhang in der Praxis allerdings dann Schwierigkeiten, wenn die oben genannten Fallvarianten miteinander kollidieren. Gemeint ist damit z. B. die Konstellation, in der die Arbeitgeberseite eine einstweilige Verfügung gegen den geplanten Streik erwirkt, obwohl die Gewerkschaft insgeheim gar nicht die Absicht hegte, ihrer Ankündigung einen Streik folgen zu lassen. Die Motivlage der Gewerkschaft lässt sich unter dem Deckmantel der nachträglich eingetretenen äußeren Umstände verbergen. Trotz des gerichtlich untersagten Streiks kann die Gewerkschaft das erreicht haben, was sie von vornherein auch beabsichtigt hatte, und zwar, allein mit der Streikankündigung Druck auf die Gegenseite auszuüben sowie gerade auch potentiell leistungsbeziehende Dritte zu verunsichern.

---

443 Ebenso *Henssler*, in: FS Wank (2014), S. 137 (152); *Höpfner*, in: Neue Arbeitswelt (2014), S. 115 (141).

444 So bereits zutreffend von *Henssler*, in: FS Wank (2014), S. 137 (152) sowie *Höpfner*, in: Neue Arbeitswelt (2014), S. 115 (141) angenommen.

B. Rechtmäßigkeit des Kalten Streiks?

I. Ausblick auf die Folgen von Rechtmäßigkeit bzw. Rechtswidrigkeit des Kalten Streiks

Ist die (zurückgenommene) Streikankündigung als selbständiges Arbeitskampfmittel einzuordnen, muss auch sie isoliert an dem von der arbeitsgerichtlichen Rechtsprechung, das heißt, dem vom BAG entwickelten Katalog von Rechtmäßigkeitsbedingungen für Arbeitskampfmittel gemessen werden. Die Antwort auf die Rechtmäßigkeitsfrage gibt zugleich Aufschluss darüber, inwieweit die Gewerkschaft für ihr Handeln haftet. Der Kalte Streik kann theoretisch, genauso wie ein „heißer" Streik, auf die grundrechtlich geschützten Rechtsgüter der Arbeitgeberseite aus z. B. Artt. 12 Abs. 1, 14 Abs. 1 GG einwirken (siehe dazu später noch Kap. 4. A. I. 2.). Ist der Kalte Streik rechtmäßig, trifft die Gewerkschaft keine Ersatzpflicht für die durch seinen Einsatz angerichteten Schäden auf Arbeitgeberseite. Der Schaden, der ggf. bei Dritten entsteht, wäre nur (unvermeidbare) Folge der Garantie aus Art. 9 Abs. 3 GG, die das Tun der Gewerkschaft rechtfertigt. Bei Rechtswidrigkeit des Kalten Streiks scheidet dagegen eine verfassungsrechtliche Rechtfertigung regelmäßig aus, und in Betracht kommende zivilrechtliche Ansprüche (siehe dazu unten Kap. 4 A.) haben eine Durchsetzungswahrscheinlichkeit.

Zentraler Maßstab für die Beurteilung der Rechtmäßigkeit bzw. Rechtswidrigkeit ist der *Grundsatz der Verhältnismäßigkeit* im weiteren Sinn (siehe dazu ausführlich oben Kap. 2 B. V.). Gemäß der BAG-Rechtsprechung ist geeignet und erforderlich, was die Gewerkschaft dafür hält (siehe oben Kap. 2 B. V. 2. und Kap. 2 B. V. 3.). Erst auf der Stufe der Angemessenheit setzt nach der Auffassung des BAG eine genuine Rechtskontrolle ein. Die dort typischerweise (gerade bei atypischen Arbeitskampfmitteln) zu berücksichtigenden Aspekte sollen in der nachfolgenden Bewertung im Mittelpunkt stehen. Mitentscheidendes Kriterium für die Angemessenheit ist der vom BAG in die Verhältnismäßigkeitsprüfung verlagerte *Gedanke der Kampfparität* (siehe oben Kap. 2 B. V. 2. c)).

II. Ist die Parität durch den Einsatz des Kalten Streiks gefährdet?

Die Zulässigkeit des Kalten Streiks steht und fällt mit der Beurteilung, ob dieser mit eigenen Opfern der Gewerkschaft verbunden ist und ob sich die Arbeitgeberseite gegen diesen effektiv zur Wehr setzen kann.[445] Ein Arbeitskampfmittel,

---

445 BAGE 163, 219 (228) = NZA 2019, 100 (104); BAGE 132, 140 (154) = NZA 2009, 1347 (1352).

das frei von eigenen Risiken eingesetzt werden kann *und zugleich* dem Gegner keine Verteidigungsmöglichkeiten lässt, gefährdet typischerweise die Verhandlungsparität. Führen Arbeitskämpfe zu einem Ungleichgewicht, wird die Funktionsfähigkeit der Tarifautonomie beeinträchtigt (siehe dazu oben Kap. 2 A. I.). Die paritätische Ausgestaltung des Arbeitskampfrechts ist damit nicht nur „Möglichkeit", sondern im Hinblick auf die (Tarif-)Vertragsfreiheit vielmehr „Verpflichtung".[446]

1. Inexistenz eines Selbstschädigungselements?

Wird ein Kampfmittel nur unter Inkaufnahme gewisser eigener Einbußen eingesetzt, ist schon dadurch sichergestellt, dass mit diesem (eigen-)verantwortlich umgegangen wird.[447] Vom Angreifer werden Nutzen und Kosten des Arbeitskampfes im Vorhinein gegeneinander abgewogen. Die Konfrontation wird nicht leichtfertig erfolgen. Bereits im eigenen Interesse des Angreifers wird der Dialog und die einvernehmliche Regelung mit der Gegenseite gesucht.

Dem Kalten Streik ist ein solches Selbstschädigungselement nicht immanent.[448] Die gezielt eingesetzte Streikankündigung erlaubt eine Druckausübung ohne Eigenbelastung der Gewerkschaft. Da der geplante Streik nicht stattfindet, bleibt der Entgeltanspruch der Arbeitnehmer und zugleich damit auch die Streikkasse der Gewerkschaft unangetastet. Die Arbeitnehmer, die am angekündigten Streik partizipiert hätten, bieten stattdessen dem Arbeitgeber ihre Arbeitskraft wie vertraglich vorgesehen an. Wenngleich der Arbeitgeber für dieses Arbeitsangebot aufgrund von Umplanungen, die er im Glauben an das Stattfinden des angekündigten Streiks vorgenommen hat, keinen Bedarf sehen sollte, muss er allen Arbeitnehmern nach den Regeln des Bürgerlichen Gesetzbuchs dennoch das Arbeitsentgelt entrichten.[449] An der fehlenden „Selbstschädigung"

---

446 *Thüsing/Waldhoff*, ZFA 2011, 329 (357).

447 BAGE 132, 140 (156) = NZA 2009, 1347 (1353).

448 So i. E. auch *Meyer*, Koalitions- Tarifvertrags- und Arbeitskampfrecht (2019), S. 122 f. („die Gewerkschaft [trifft] nicht einmal eine eigene finanzielle Belastung"); *Henssler*, in: FS Wank (2014), S. 137 (153), *Höpfner*, in: Neue Arbeitswelt (2014), S. 115 (142 f.) und *Hromadka*, Editorial NJW 32/2010 („Sie üben Druck aus, und es kostet sie nichts.").

449 *Henssler*, in: FS Wank (2014), S. 137 (153); *Höpfner*, in: Neue Arbeitswelt (2014), S. 115 (142 f.); *Meyer*, SAE 2012, 35 (38) („Hierdurch erspart sich die Gewerkschaft schließlich auch die Zahlung einer Streikunterstützung, obwohl die gleichen Effekte wie bei einem ‚heißen Streik' erzielt werden können."); *Hromadka*, Editorial NJW 32/2010.

ändert sich auch dann nichts, wenn beim Einsatz eines Kalten Streiks *in Aussicht* steht, dass den nicht benötigten Mitarbeitern getreu der *Arbeitskampfrisikolehre* der Entgeltanspruch versagt wird. Bei der Arbeitskampfrisikolehre handelt es sich um einen aus dem Zivilrecht entwickelten Leistungsstörungstatbestand.[450] Berücksichtigung findet sie typischerweise auf Rechtsfolgenseite eines rechtmäßig[451] geführten Streiks. Der Rückgriff auf die Arbeitskampfrisikolehre leitet sich von der Notwendigkeit ab, das Kräfteverhältnis zugunsten der Arbeitgeberseite in dem Fall zu korrigieren, dass ihr die Beschäftigung arbeitswilliger Arbeitnehmer wegen eines Arbeitskampfes technisch unmöglich oder wirtschaftlich unzumutbar ist.[452]

Zwar ließe sich in Bezug auf den Kalten Streik anführen, dass die Gewerkschaft in Kenntnis des möglichen (durch die Arbeitskampfrisikolehre bedingten) Verlusts des Vergütungsanspruchs auf Seiten der nicht benötigten Mitarbeiter des Betriebs sowie des damit möglicherweise einhergehenden Verlusts ihrer wohlwollenden Stellung in der Belegschaft von sich aus den Nutzen sowie die Kosten ihres Handelns abwägt, und nicht leichtfertig mit einem Kalten Streik die Konfrontation sucht. Allerdings darf man hierbei zweierlei nicht übersehen:

Eine Voraussetzung der Arbeitskampfrisikolehre ist ein Arbeitsausfall, der auf einem *rechtmäßigen Arbeitskampf* beruht. Im Umkehrschluss daraus ergibt sich, dass die Arbeitskampfrisikolehre nicht zugleich für die Erfüllung ihrer eigenen Anwendbarkeitsvoraussetzungen sorgen kann. Die Katze beißt sich anderenfalls in den Schwanz.

Darüber hinaus ist die vermeintlich mit der Arbeitskampfrisikolehre einhergehende „Selbstschädigung" mit der Unwägbarkeit verknüpft, auf die Nichtbeschäftigung von Arbeitnehmern im Betrieb *wegen* des Kalten Streiks zu hoffen. Gelingt es der Arbeitgeberseite, die Arbeitskraft ihrer Arbeitnehmer anzunehmen, bleibt die Arbeitskampfrisikolehre auf der Rechtsfolgenseite unangewendet. Jedenfalls nicht immer und *branchenunabhängig* lässt sich eine gleichförmige Arbeitgeberreaktion auf den Kalten Streik unterstellen (siehe zu den potentiellen

---

450 *Junker*, Arbeitsrecht (2020), Rn. 293; *Rieger*, Die arbeitskampfbedingte Betriebsstilllegung (2005), S. 131, 144; *Holthusen*, RdA 2019, 216 (217); vgl. allgemein zur Arbeitskampfrisikolehre: *Henssler*, in: MünchKomm-BGB (2020), § 615 Rn. 110; Schaub/*Treber*, Arbeitsrechts-Handbuch (2019), Rn. 194.20 ff.; Däubler/*Dette*/*Kloppenburg*/*Öğüt*, Arbeitskampfrecht (2018), Rn. 19.75 ff.; *Hromadka*/*Maschmann*, Arbeitsrecht, Band 2 (2017), S. 199 ff.

451 Däubler/*Öğüt*, Arbeitskampfrecht (2018), Rn. 22.84; *Kissel*, Arbeitskampfrecht (2002), S. 983; a. A. *Henssler*, in: MünchKomm-BGB (2020), § 615 Rn. 118.

452 Schaub/*Treber*, Arbeitsrechts-Handbuch (2019), Rn. 194.25.

Auswirkungen des Kalten Streiks in unterschiedlichen Branchen bereits oben Kap. 1 B. III. 2.). Ein nur potentielles Risiko ist nicht imstande, über das fehlende Element der Selbstschädigung hinwegzutäuschen. Ebenso wenig kann ein Schadensersatzrisiko als taugliches Opfer der Gewerkschaft in dem hier verstandenen Zusammenhang angesehen werden.

2. *Inexistenz eines zum Kalten Streik komplementären Gegenmittels?*

Gleichwohl führt das Fehlen des Selbstschädigungselements gemäß der aktuellen Rechtsprechung des BAG nicht unmittelbar zur Rechtswidrigkeit des Kalten Streiks, solange die Arbeitgeberseite diesem nicht wehrlos ausgeliefert ist.[453] Wehrlos ausgeliefert ist sie diesem dann nicht, wenn ihr wirksame Verteidigungsmöglichkeiten zur Verfügung stehen.

a) Vorüberlegung

Um dem Gegner überhaupt eigene Reaktionen zu ermöglichen, bedarf es in der Regel der *Erkennbarkeit* einer Kampfmaßnahme als solcher. Dies entspricht dem arbeitskampfrechtlichen Gebot der fairen Kampfführung. Danach muss der Angegriffene wissen, von welcher Maßnahme er betroffen ist, um sich in seinem eigenen Verhalten darauf einstellen zu können.[454]

Der Kalte Streik wird für den Betroffenen erst erkennbar, wenn auf die Ankündigung grundlos (das heißt, ohne dass etwa eine einstweilige Verfügung erlassen[455] oder der Gewerkschaft von Arbeitgeberseite unerwartet beachtliche Zugeständnisse in den Tarifverhandlungen gemacht worden wären[456]) kein Streik folgt. Der zugegangenen Streikankündigung lässt sich jedenfalls zunächst nicht entnehmen, ob sich dahinter eine hauptsächlich ihrem Zweck nach zuwiderlaufende Arbeitskampfstrategie der Gewerkschaft verbirgt. Auf Grundlage des Kenntnisstands kann der Arbeitgeber in dieser Situation nur

---

453 BAGE 132, 140 (154) = NZA 2009, 1347 (1352) („zugleich dem Gegner keine Verteidigungsmöglichkeiten lässt").

454 BAGE 132, 140 (156) = NZA 2009, 1347 (1353); BAGE 81, 213 (218, 220) = NZA 1996, 389 (390).

455 Vgl. exemplarisch https://www.tagesschau.de/wirtschaft/lufthansa-streik-201.html (zuletzt abgerufen am 17.8.2020).

456 Vgl. exemplarisch https://www.handelsblatt.com/unternehmen/handel-konsumgueter/tarifkonflikt-ufo-sagt-ausstand-bei-lufthansa-ab-und-streikt-dafuer-bundesweit-bei-tochter-airlines/25131076.html?ticket=ST-5431828-QvNf92dVyLX6pzmEjonw-ap3 (zuletzt abgerufen am 17.8.2020).

mit der Arbeitsniederlegung der Arbeitnehmer rechnen. Es wäre daher verfehlt, die Arbeitgeberseite schon unmittelbar nach Erhalt der Streikankündigung auf Gegenmittel gegen den Kalten Streik selbst zu verweisen. Mag man den Kalten Streik, weil er als solcher nicht erkennbar ist, daher nicht bereits als unfair bezeichnen, muss dem sozialen Gegenspieler eine Verteidigungsmöglichkeit noch unmittelbar nach Rücknahme der Streikankündigung effektiv zur Verfügung stehen.

Hierauf ließe sich insoweit aber nur abstellen, wenn die Kampfmaßnahme zu diesem Zeitpunkt nicht zugleich auch beendet wäre. Ohne noch bestehenden Angriff gelingt schließlich keine hierauf gerichtete Verteidigung. Es erscheint naheliegend, den Beendigungszeitpunkt unmittelbar in der Rücknahme der Streikankündigung zu erkennen, und zwar deshalb, weil *erstens* die Gewerkschaft hiermit deutlich zum Ausdruck bringt, keinen irgendwie gearteten Arbeitskampf mehr führen zu wollen, und *zweitens* der Kalte Streik infolgedessen in einem klar definierten Rahmen stattfindet. Außerdem fügt sich der hier als zutreffend erachtete Beendigungszeitpunkt auch in die Mechanik anderer Arbeitskampfmittel (z. B. Streik, Aussperrung, Betriebsblockade, Flashmob) ein, die ihre Beendigung zuvörderst durch Erklärung oder Ablassen vom jeweiligen Tun erfahren. Würde man dagegen etwa auf den Zeitpunkt seiner Wirkungsbeseitigung abstellen, so wäre das Ende des Kalten Streiks situativ bedingt und in der Praxis nur schwer handhabbar. Das Streitpotential wird nicht geringer, wenn erst feststehen muss, *welche* Wirkungen hierunter genau fallen (z. B. Nichtbeschäftigungsmöglichkeit des Personals, Störungen in der Lieferkette oder Ausbleiben von Kundenbestellungen) und *wann* diese als beseitigt gelten. Ferner sind Konstellationen vorstellbar, in denen (Nach-)Wirkungen durch den Kalten Streik nicht umgehend auffallen und erst später zum Tragen kommen.

Aber selbst wenn man die „Verteidigungsfähigkeit" dem Grunde nach nicht schon in Abrede stellt, bleiben der Arbeitgeberseite keine effektiven Verteidigungsmöglichkeiten gegen den Kalten Streik in den *einsatzrelevanten* Bereichen (zu besagten einsatzrelevanten Bereichen siehe auch bereits oben Kap. 1. B. III. 2.), wie im Folgenden gezeigt werden soll.

b) Praktische Ineffizienz von Aussperrung und suspendierender Betriebsstilllegung

Die *Aussperrung* führt zum Ruhen des Lohnanspruchs und zum Ruhen der Verpflichtung zur Arbeitsleistung. Diese ist bei Anerkennung des (unterstellt: noch nicht beendeten) Kalten Streiks als Abwehr- und nicht Angriffsaussperrung einzuordnen, so dass es auf den Meinungsstand um die Zulässigkeit der letzteren nicht ankommt.[457] Der Arbeitgeberseite ist mit der Aussperrung jedoch nicht geholfen. Ihr gelingt es hierdurch nicht, die durch den Kalten Streik erzeugte Paritätsverschiebung im Ganzen auszugleichen.[458] Dies ist nicht zuletzt schon deshalb so, weil sich auf Grundlage einer zurückgenommenen Streikankündigung keine verlässliche Aussperrungsquote[459] mehr bilden lässt.

Überdies lässt sich mit der Aussperrung zum einen nicht die in Reaktion auf die Streikankündigung gestreute Verunsicherung bei Dritten beantworten. Wird eine Streikankündigung öffentlich verbreitet, kann schon dies einen nicht unbeachtlichen Schaden zur Folge haben. Da (potentielle) Kunden meist von dem Risiko absehen, Waren- oder Dienstleistungen von einem voraussichtlich bestreikt werdenden Unternehmen zu beziehen, entstehen dort ab Veröffentlichung der Streikankündigung entsprechende Umsatzeinbußen. Hiergegen kann sich ein betroffenes Unternehmen nicht bei Erhalt und erst recht nicht nach der Rücknahme der Streikankündigung ex tunc wehren. Bei Rücknahme der Streikankündigung ist der Schaden schon längst entstanden. Zum anderen ist die Aussperrung nicht geeignet, die Folgen der vom Unternehmen im Vertrauen auf die Streikankündigung getroffenen nicht reversiblen Vermögensdispositionen (zumindest) abzumildern.

Die *Betriebsstilllegung* ist bereits deswegen als taugliches Gegenmittel unattraktiv, weil die Arbeitgeberseite damit nur das tun würde, was sich die Gewerkschaft insgeheim von dem Kalten Streik erhofft, nämlich den Betrieb gravierend stören, ohne dass eine kompensatorische (Rück-)Verschiebung der Kampfgewichte damit verbunden wäre. Abgesehen davon erweist sich die Betriebsstilllegung für die Arbeitgeberseite auch aus rechtlichen und tatsächlichen Gründen nicht als effektives Gegenmittel gegen den Kalten Streik. Das Stilllegungsrecht des Arbeitgebers existiert gemäß der BAG-Rechtsprechung nur im Rahmen des gewerkschaftlichen Streikbeschlusses und ist letztlich von diesem abhängig, so dass es erst gar nicht dazu kommen kann, die Betriebsstilllegung über diese

---

457 Vgl. zur Angriffsaussperrung: BAGE 33, 185 = AP GG Art. 9 Arbeitskampf Nr. 65; BAGE 1, 291 (310) = NJW 1955, 882 (885): „bei der (praktisch seltenen) legitimen Aggressivaussperrung"; ErfK/*Linsenmaier*, Arbeitsrecht (2020), Art. 9 GG Rn. 246 ff.; NK-ArbR/*Hanau*, Gesamtes Arbeitsrecht (2016), Art. 9 GG Rn. 219 f.

458 Davon ist auch *Höpfner*, in: Neue Arbeitswelt (2014), S. 115 (142) überzeugt. Hierzu tendierend wohl auch *Meyer*, SAE 2012, 35 (38) („weil der eintretende Umsatzausfall nicht einmal durch Kürzungen des Entgelts kompensiert werden kann").

459 Vgl. zur Aussperrungsquote etwa BAGE 33, 140 = NJW 1980, 1642; ErfK/*Linsenmaier*, Arbeitsrecht (2020), Art. 9 GG Rn. 241; *Hromadka*/*Maschmann*, Arbeitsrecht, Band 2 (2017), S. 189 f.

räumlichen und zeitlichen Festsetzungen hinweg einzusetzen.[460] Aufgrund einer arbeitskampfbedingten (*suspendierenden*) Betriebsstilllegung verlieren normalerweise alle (auch die arbeitswilligen, nicht in den Arbeitskampf einbezogenen) Arbeitnehmer ihren Lohnanspruch.[461] In Reaktion auf einen Kalten Streik gelingt es der Arbeitgeberseite jedoch nicht, ihr Stilllegungsrecht auszuüben. Es mangelt ihr eben bereits an den räumlichen sowie zeitlichen Festsetzungen, an denen sie sich zu orientieren hat.

In Branchen, in denen auf eine Streikankündigung sensibel reagiert wird, kann die fehlende Möglichkeit von Aussperrung und Betriebsstilllegung dazu führen, dass dem betroffenen Unternehmen nichts anderes übrig bleibt, als die Wirkung der gewerkschaftlichen Arbeitskampfmaßnahme einfach hinnehmen zu müssen, wie der folgende Beispielsfall plastisch verdeutlicht:

> *Die X-AG ist Automobilhersteller und bezieht ihre zur Produktion notwendigen Materialien von unterschiedlichen Zulieferern, die in der unmittelbaren Umgebung sowie im Ausland ansässig sind. Um am Markt bestehen zu können, produziert die X-AG in ihren Werken „just in time“. Eine Materiallieferung erfolgt immer nur dann, wenn die X-AG das Material für ihre Produktfertigung benötigt. Auf eine Lagerung von Materialien wird verzichtet. Die X-AG ist Mitglied des Arbeitgeberverbands der Metallindustrie, der – nach Ablauf des bisherigen Tarifvertrags – mit der Gewerkschaft G über den Abschluss eines neuen Tarifvertrags verhandelt. Die Gewerkschaft G erklärt die Verhandlungen als gescheitert und gibt gegenüber dem Arbeitgeberverband der X-AG sowie der Öffentlichkeit ordnungsgemäß bekannt, dass sie (auch) die Beschäftigten der X-AG in ihrem baden-württembergischen Werk zu einem dreitägigen Warnstreik von Dienstag ab 7:00 Uhr bis Donnerstag um 12:00 Uhr aufruft. Aufgrund fehlender eigener Lagermöglichkeit sieht sich die X-AG hieraufhin veranlasst, deutlich weniger Material bei ihrem Zulieferer für den angekündigten Zeitraum zu bestellen. Die Gewerkschaft G sagt nur wenige Stunden vor dem angekündigten Beginn ihren Streik gegenüber allen Beteiligten grundlos ab. Es kommt im besagten Zeitraum im Werk der X-AG aufgrund von Materialmangel zu nicht mehr vermeidbaren Produktionsausfällen. Das Unternehmen erleidet hierdurch nicht unerhebliche Umsatzeinbußen.*

Der Kalte Streik verursacht bei der X-AG einen dem („heißen“) Streik vergleichbaren Schaden, ohne dass ihr hiergegen eine (auch losgelöst von Aussperrung

460 Vgl. BAGE 132, 140 (159) = NZA 2009, 1347 (1354) („Der Arbeitgeber kann […] den bestreikten Betrieb im zeitlichen und räumlichen Rahmen des Streiks stilllegen.“); BAGE 80, 213 (220) = NZA 1996, 212 (214); *Ricken*, in: MünchHandbuch-ArbR (2019), Rn. 265.15.

461 BAGE 132, 140 (159) = NZA 2009, 1347 (1354); ErfK/*Linsenmaier*, Arbeitsrecht (2020), Art. 9 GG Rn. 217; kritisch Däubler/*Rödl*, Arbeitskampfrecht (2018), Rn. 21.123 ff.

und Betriebsstilllegung) effektive Verteidigungsmöglichkeit bleibt. Eine sachgerechte Verteilung des Arbeitskampfrisikos kann infolgedessen nicht konstatiert werden. Der Kalte Streik ist in diesem Fall mithin auf Rechtfertigungsebene wegen Verstoßes gegen die Kampfparität und/oder den Verhältnismäßigkeitsgrundsatz als rechtswidrig einzustufen.

c) Einzelfallabhängige Effizienz von „Öffentlichkeitsarbeit"

Wie an anderer Stelle bereits dargelegt (siehe oben Kap. 1 B. III. 2.), erzeugt der strategische Einsatz der Streikankündigung nicht in jeder Branche einen nennenswerten Druck auf den Kampfgegner. In diesen Fällen genügt es aus Sicht des Arbeitgebers oftmals schon, öffentlich zu verbreiten, dass der angekündigte Streik (und erst recht seine Absage) keine spürbaren Einschränkungen auf den Betriebsablauf hinterlässt. Dies wird am folgenden Beispielsfall deutlich:

> *Die K-GmbH betreibt ein Luxuswarenhaus in Berlin. Die Gewerkschaft V befindet sich mit der K-GmbH in Tarifverhandlungen. Sie fordert für die im Verkauf beschäftigten Mitarbeiter eine Erhöhung der Gehälter. Die Gewerkschaft V sieht die Verhandlungsmöglichkeiten ohne Ausübung von Druck als ausgeschöpft an und erklärt die Verhandlungen als gescheitert. Anschließend beschließt ihr Vorstand entsprechend den geltenden Öffnungszeiten die Durchführung von Warnstreiks im Betrieb der K-GmbH für Freitag und Samstag, jeweils von 10:00 Uhr bis 20:00 Uhr. Die K-GmbH erhält die Streikankündigung von der Gewerkschaft V per E-Mail, welche alle notwendigen Informationen enthält. Darüber hinaus macht die zuständige Streikleitung den Streikbeschluss medienwirksam bekannt und ruft ihre Mitglieder zur Teilnahme am Streik auf. Als Reaktion auf die Streikankündigung setzt die K-GmbH lediglich auf die Freiwilligkeit ihrer Beschäftigten, sich dem Streik nicht anzuschließen sowie auf den Einsatz von Führungskräften. Das Luxuswarenhaus der K-GmbH soll regulär geöffnet bleiben, worüber sie in den Medien berichten lässt. Weniger als 24 Stunden vor dem ankündigungsgemäßen Beginn sagt die Gewerkschaft V – wie von vornherein insgeheim geplant – ihren Streik ab. Trotz der vermeintlich kurzfristigen Änderung des Streikvorhabens kann die K-GmbH alle ihre Beschäftigten gemäß dem typischen Personalplan einsetzen. Auf Geheiß der Arbeitgeberseite informieren die Medien über die Absage des Streiks im Luxuswarenhaus.*

Allein die Streikankündigung führt bei der K-GmbH nicht zu Umsatzeinbußen. Die K-GmbH ist in der Lage, ihr Personal nach Streikabsage umgehend einzusetzen sowie die Öffentlichkeit (medienwirksam und/oder durch einen Aushang am Eingang des Luxuswarenhauses) über den weiterhin reibungslosen stationären Betriebsablauf zu informieren. Hieran zeigt sich, dass es Unternehmen aus manchen Branchen, die nicht von der Buchung und Inanspruchnahme einer zeitlich nicht nachholbaren Leistung (wie etwa im vorhergehenden Beispiel in Kap. 3 B. II. 2. b)) die X-AG) wirtschaftlich abhängig sind und lediglich reversible Maßnahmen auf eine Streikankündigung treffen, gelingen kann, einen

Kalten Streik unbeschadet abzuwehren. Die K-GmbH ist unter den beschriebenen Umständen dem Kalten Streik nicht völlig wehrlos ausgeliefert. Die Kampfmaßnahme dürfte sodann nicht – zumindest nicht wegen eines Verstoßes gegen die Kampfparität – als rechtswidrig einzustufen sein, was allerdings nicht einen möglichen Verstoß gegen das Fairnessgebot ausschließt (siehe dazu in Kap. 3 B. IV.).

III. Ist das Gemeinwohl durch den Einsatz eines Kalten Streiks gefährdet?

Da die Streikankündigung als isoliertes Kampfmittel auch breitgefächert Auswirkungen auf das Verhalten der allgemeinen Bevölkerung haben kann, ist eine hieraus möglicherweise resultierende Gemeinwohlverletzung zumindest kurz anzusprechen.[462] Die Auswirkungen lassen sich beispielhaft anhand des Konsumverhaltens der allgemeinen Bevölkerung veranschaulichen. Auf Grundlage einer ihr bekanntgemachten Streikankündigung kann sich die Bevölkerung dazu veranlasst sehen, ihr gewöhnliches Konsumverhalten zu ändern.[463] Bleibt der Streik wider Erwarten aus, stellt sich aus ihrer Sicht ein Umdisponieren im Nachhinein als sinnlos heraus. Ganz abgesehen davon aber, dass es der Bevölkerung völlig unbenommen bleibt, trotz Streikankündigung ihrem üblichen Konsumverhalten unter Inkaufnahme eines Risikos nachzugehen, stellt das Ausweichen auf ein nicht streikbetroffenes Unternehmen zumindest kein ungewöhnliches, weit über das mit Arbeitskämpfen sonst verbundene Maß an Nachteilen und Belastungen[464] dar (siehe zum Gemeinwohl als noch schwierig zu handhabende Zulässigkeitsbeschränkung von Arbeitskampfmaßnahmen oben Kap. 2 B. V. 4.). Ganz im Gegenteil dazu mindert die Ausweichmöglichkeit sogar das potentielle Schadensrisiko für die Unbeteiligten.

Die kurzzeitigen Störungen, die bei einem Kalten Streik in einem Betrieb entstehen können, sind zwar für die betroffenen Kunden durchaus ärgerlich, rechtfertigen aber unter Verhältnismäßigkeitsgesichtspunkten in der Regel keine Einschränkung des Arbeitskampfrechts. Die Auswirkungen des Kalten Streiks dürften regelmäßig lediglich lästig sein, während eine echte Gefährdung oder gar Verletzung des Gemeinwohls dadurch nicht begründet wird. Dies schließt allerdings Ausnahmen von dem Grundsatz, dass der Kalte Streik

---

462 Dies klingt an bei *v. Steinau-Steinrück/Brugger*, NZA-Beil. 3/2010, 127 (133).

463 Vgl. *v. Steinau-Steinrück/Brugger*, NZA-Beil. 3/2010, 127 (133).

464 BGHZ 70, 277 (282) = NJW 1978, 816 (817).

keine Gemeinwohlverletzung begründet, im Einzelfall nicht aus, wenn nämlich die durch den Kalten Streik verursachte Störung in einer sensiblen Branche ein Ausmaß erreicht, welches die Daseinsvorsorge und das Gemeinwohl tatsächlich gefährdet.

IV. Verstößt die Vorgehensweise beim Kalten Streik gegen das Fairnessgebot?

Bei einem Kalten Streik behauptet die Gewerkschaft gegenüber dem Kampfgegner zumindest nicht wahrheitswidrig, sie habe einen Streikbeschluss gefasst. Rein formal gesehen, übermittelt sie die notwendigen Informationen über den beschlossenen Streik. Insoweit ist der Gewerkschaft nichts vorzuwerfen.

Beabsichtigt die Gewerkschaft allerdings erwiesenermaßen mit der Streikankündigung einzig und zielgerichtet, (insbesondere betriebliche) Abläufe zu stören und beim Kampfgegner einen Vermögensschaden zu verursachen, dann pervertiert dies deren vorgesehenen *fairen* Zweck (siehe oben Kap. 1 A.). Ein solches Verhalten legt es einzig und allein darauf an, eine ähnlich gravierende Wirkung wie die Streikwirkung selbst, verdeckt unter dem Mäntelchen der vermeintlichen Rechtsklarheit, zu erreichen. Es kann der Gedanke verfangen, hierin einen Verstoß gegen das Fairnessgebot zu sehen.

Nach dem BAG konkretisiert dieses Fairnessgebot den Rechtmissbrauchsgedanken.[465] Es lässt sich nicht einfach mit einem Verbot des Abzielens auf Existenzvernichtung gleichsetzen[466]. Es gibt nur wenige Konkretisierungen zum Fairnessgebot im Arbeitskampf. Die unterschiedlichen, die es aber gibt, passen jedoch alle nicht unmittelbar auf die vorliegende Problematik. Insgesamt lässt sich eine erhebliche Zurückhaltung bei der Annahme eines Verstoßes gegen das Fairnessgebot in der Rechtsprechung beobachten.[467] So wurde sogar die Unterbrechung eines Streiks für einen Feiertag, um hierdurch den Arbeitgeber zur Lohnfortzahlung für den Feiertag zu zwingen und durch diese Kostenlast Druck auszuüben, nicht als Verstoß gegen das Fairnessgebot vom BAG deklariert.[468]

Im Wesentlichen lassen sich zu dem oben angeführten Gedanken zwei (sich gegenüberstehende) Positionen herausarbeiten:

---

465 BAGE 73, 141 (149) = NZA 1993, 809 (811); Däubler/*ders.*, Arbeitskampfrecht (2018), Rn. 14.16 („Damit sind Extremfälle gemeint, die man sonst unter dem Terminus des ‚Rechtsmissbrauchs' oder der ‚unzulässigen Rechtsausübung' zusammenfasst.").

466 BAGE 73, 141 (149) = NZA 1993, 809 (811).

467 Zu dieser Feststellung kommt auch *Deinert*, RdA 2007, 83 (87).

468 Vgl. BAGE 73, 141 = NZA 1993, 809; *Kissel*, Arbeitskampfrecht (2002), S. 357.

Auf der einen Seite haftet es der (zurückgenommenen) Streikankündigung als *Arbeitskampfmittel* als wesenstypisch an, für Beeinträchtigungen auf Betroffenenseite zu sorgen. Solange von dieser Methode nicht rücksichtslos Gebrauch gemacht wird (z. B. durch mehrfache Wiederholung und/oder existenzvernichtend), kommt ein Verstoß gegen das Gebot der fairen Kampfführung nicht in Betracht.

Auch wenn man die Streikankündigung als eigenständiges Arbeitskampfmittel akzeptiert, lässt sich auf der anderen Seite konstatieren, dass es einer Streikankündigung nichtdestotrotz grundlegend fremd bleiben muss, in sinn- und zweckwidriger Weise eingesetzt zu werden. Dies gilt allein schon deswegen, weil es ihre ureigentliche Aufgabe ist, bei der anderen Seite für verlässliche Rechtsklarheit zu sorgen. Die Pervertierung der Streikankündigung in ein „Täuschungsmittel" lässt über kurz oder lang die Vertrauenswürdigkeit in die von ihr übermittelte Information schwinden und zugleich ihren (von der BAG-Rechtsprechung ursprünglich verfolgten[469]) Nutzen gegen null laufen. Die Streikankündigung schafft typischerweise einen sensiblen Vertrauenstatbestand beim Empfänger, der nicht von der Gewerkschaft durch deren Einsatz als Arbeitskampfmittel missbraucht werden darf. Wenn dies indessen doch geschieht, leidet die Beziehung zwischen allen Beteiligten hierunter und es erschwert die nachträgliche Rückkehr zu einem gelebten Arbeitsfrieden erheblich (siehe zum verfolgten Zweck des Fairnessgebots bereits oben Kap. 1 A. II. 1.). Der Kalte Streik weckt Argwohn und Misstrauen in einem Verhältnis, das über die laufenden Tarifverhandlungen Bestand hat und noch zukünftig von der (Kompromiss-)Bereitschaft lebt, einen Konsens über Arbeitsbedingungen zu erreichen. Ein Arbeitskampf, welcher sich durch List und Täuschung auszeichnet, kann nicht mit dem Fairnessgebot in Einklang stehen. Ein anschließender unbeschwerter Umgang der Parteien miteinander ist nur schwer vorstellbar, wenn auf das Wort des anderen kein Verlass mehr zu sein scheint. Freilich heißt dies in der Folge nicht, dass sich die Gewerkschaft mit der Ankündigung des Streiks zu dessen Durchführung verpflichtet fühlen muss (siehe hierzu bereits oben Kap. 1 B. II. 2.). Vielmehr trägt die hier angelegte „Strenge" insgesamt zu einem Umgang mit der Streikankündigung bei, die diesen Gefahren entgegenläuft.

Nur die letztgenannte Position trägt der Bedeutung der Streikankündigung im Tarifkonflikt ausreichend Rechnung. Es erscheint sachgerecht, in der von

469 BAGE 142, 98 (111) = NZA 2012, 1372 (1376) („Die von einer Arbeitskampfmaßnahme des Gegenspielers betroffene Seite muss wissen, woran sie ist und was von ihr verlangt wird, damit sie ihr eigenes Verhalten darauf einrichten [kann].").

vorneherein beabsichtigten Rücknahme der Streikankündigung eine neue Konkretisierung des Verstoßes gegen das Gebot der fairen Kampfführung zu sehen, wenn doch die Streikankündigung als Verfahrensbestandteil, die im Tarifkonflikt schon von Rechts wegen ein hohes Vertrauen auf der Gegenseite genießt, durch ihre Zweckentfremdung als Arbeitskampfmittel genau hieran verliert. Der Kalte Streik ist imstande, das Verhältnis zwischen allen Beteiligten nachhaltig und schwerwiegend zu belasten. Der Kalte Streik ist bereits aus diesen Gründen rechtswidrig, wenn er durch eine Gewerkschaft zum Einsatz kommt.

Folgt man der hier vertretenen Auffassung, täte eine Gewerkschaft sicher gut daran, bereits in ihren Arbeitskampfrichtlinien entsprechende Vorkehrungen zu treffen, um sich selbst nicht in die Versuchung zu bringen, die Streikankündigung zweckwidrig als Arbeitskampfmittel zu instrumentalisieren. Eine Klausel in den gewerkschaftlichen Arbeitskampfregeln könnte wie folgt lauten:

> *(1) Über die Durchführung von Arbeitskampfmaßnahmen sowie über den Aufruf zum Arbeitskampf entscheidet der Bundesvorstand.*
>
> *(2) Der Kampfbeschluss ist dem Kampfgegner vor Beginn der Maßnahme bekannt zu machen (Streikankündigung). Ergeben sich im Anschluss hieran von außen herrührende und gewichtige Gründe, vom geplanten Kampfvorhaben abzusehen, so kann der Bundesvorstand nach Prüfung der Sachlage den Streik noch kurzfristig absagen. Die Entscheidung kann durch den Bundesvorstand widerruflich an ein zuständiges Gremium auf Bundes- oder Landesebene delegiert werden.*

V. Fazit

Festzuhalten bleibt also:

1. Die erst späte Erkennbarkeit eines Kalten Streiks ist seinem Wesen immanent. Dass die Arbeitgeberseite „nur" einem Kalten Streik ausgesetzt gewesen ist, ist für diese erst erkennbar, wenn es für eine angemessene Reaktion schon zu spät ist, weil ein irreversibler Schaden – wie häufig – bereits entstanden ist.
2. Selbst wenn man den Kalten Streik nicht bereits aus diesem Grund für rechtswidrig halten mag, führt er in den *einsatzrelevanten* Bereichen zu einer Beeinträchtigung der Parität zwischen den Tarifpartnern. Denn der Arbeitgeberseite mangelt es an effektiven Verteidigungsmitteln. Nur in Einzelfällen, in denen bereits der Streik (und seine Aussicht hierauf) ein stumpfes Schwert und wenig geeignet ist, Parität zwischen den Parteien herzustellen, kann auch der Kalte Streik unschwer durch Öffentlichkeitsarbeit von der Arbeitgeberseite abgewehrt werden. Im Übrigen dürfte eine Gemeinwohlgefährdung durch den Kalten Streik eher die Ausnahme sein (siehe Kap. 3 B. III.).

3. In jedem Fall spricht aber die zweckwidrige Nutzung der Streikankündigung für einen Verstoß gegen das Gebot der fairen Kampfführung. Es erscheint nach der hier vertretenen Auffassung sachgerecht, im Vorgehen der Gewerkschaft mittels Kaltem Streik eine neue Konkretisierung des Verstoßes gegen das Fairnessgebot zu sehen, wenn die Streikankündigung, die im Tarifkonflikt von Rechts wegen ein hohes Vertrauen auf der Arbeitgeberseite genießt, durch ihre Verfremdung zum Arbeitskampfmittel gerade hieran verliert. Mittels Einsatz eines Kalten Streiks ist die Gewerkschaft imstande, das Verhältnis zwischen den Parteien nachhaltig und schwerwiegend zu belasten. Nach der hier vertretenen Auffassung ist der Kalte Streik daher rechtswidrig.

Kapitel 4: Die Haftung der Gewerkschaft für den Einsatz einer Streikankündigung

Die bisherige Untersuchung hat ergeben, dass der Kalte Streik in einigen Branchen für Gewerkschaften eine hohe Attraktivität besitzt. Nach der hier vertretenen und in Kapitel 3 dargelegten Auffassung ist der Kalte Streik allerdings rechtswidrig und damit unzulässig. Der Einsatz jener Arbeitskampfmaßnahme ist daher mit einem erheblichen Haftungsrisiko für die Gewerkschaften verbunden. Im abschließenden Kapitel 4 wird in gebotener Kürze zunächst erörtert, welche Schadensersatzansprüche sich aus dem rechtswidrigen Kalten Streik für die betroffene Arbeitgeberseite ergeben können, bevor anschließend auf die Ansprüche Dritter eingegangen wird (A.). Um das Bild zu vervollständigen, wird schließlich noch die Frage behandelt, inwiefern eine rechtswidrige Streikankündigung (die nicht selbst Mittel zur Durchsetzung der koalitionsspezifischen Ziels ist) bereits Schadensersatzansprüche auslösen kann (B.).

A. Durchsetzung von Schadensersatzansprüchen im Falle eines Kalten Streiks

Nur vergleichsweise selten befassten sich in der Vergangenheit Gerichte mit Haftungsfragen eines rechtswidrigen Arbeitskampfes. Dies liegt vor allem darin begründet, dass typischerweise eine thematisch zugehörige Maßregelungsklausel[470] im Tarifvertrag den Weg zum Arbeitsgericht versperrt.

Sind Haftungsfragen dennoch (gerade bei Vorliegen eines neuen atypischen Arbeitskampfmittels) einmal zu klären, dann lassen sich dem Art. 9 Abs. 3 GG jedenfalls keine (Rechts-)Folgen für den *rechtswidrigen* Einsatz des Arbeitskampfes entnehmen. Auf eine spezifische einfachgesetzliche Regelung kann beim Arbeitskampfschadensrecht genauso wenig zurückgegriffen werden wie bei allen anderen Angelegenheiten, die den Arbeitskampf betreffen. Obwohl der damalige Justizminister *Dehler* im Jahr 1953 ein Arbeitskampfgesetzbuch ankündigte[471] und aus dem Schrifttum zwei konkrete Ausgestaltungsvorschläge

---

470 Siehe hierzu etwa Däubler/*Hensche*, Arbeitskampfrecht (2018), Rn. 26.52 ff.; Däubler/*Ahrendt*, TVG (2016), § 1 Rn. 1344 ff.; Schaub/*Treber*, Arbeitsrechts-Handbuch (2019), Rn. 194.15.

471 Vgl. *Seiter*, NJW 1976, 1369 (in Fn. 1); *Niese*, Streik und Strafrecht (1954), S. 6 ff.

hervorgingen[472], gibt es bis heute keine einfachgesetzlichen Regelungen zum Arbeitskampfrecht (siehe hierzu und zum Regelungsauftrag des Gesetzgebers in arbeitskampfrechtlichen Angelegenheiten bereits Kap. 2 A. II.). Die Rechtsprechung und die Literatur haben es sich daher (auch) zur Aufgabe machen müssen, ein stimmiges Haftungssystem aus den einfachgesetzlichen Normen des Bürgerlichen Gesetzbuchs für rechtswidrige Arbeitskämpfe herauszuarbeiten.[473]

Im Folgenden soll ein Überblick über mögliche Schadensersatzansprüche des Arbeitgebers (I.) und von Dritten (II.) gegen die Gewerkschaft in Bezug auf ihren (rechtswidrigen) Einsatz des Kalten Streiks verschafft werden. Für eine detaillierte Darstellung zum Arbeitskampfschadensrecht kann zwar auf das mittlerweile reichhaltige Schrifttum[474] verwiesen und aus diesem Grund auf eine breitere Darstellung verzichtet werden, allerdings ist es zwecks Abrundung der Untersuchung und zur Beseitigung von Unklarheiten, die es im Hinblick auf den Kalten Streik insoweit gibt, erforderlich, die Rechtsfolgen aufzuzeigen, die der Einsatz des Kalten Streiks für die Gewerkschaften nach sich ziehen kann, nämlich Schadensersatzansprüche seitens der Arbeitgeber. Es soll aufgezeigt werden, welche Anspruchsgrundlagen bei einem durch eine Gewerkschaft nachweislich vorgenommenen Kalten Streik konkret in Frage kommen und welche Kostenrisiken hieraus erwachsen.

I. Schadensersatzansprüche des Arbeitgebers bei einem Kalten Streik

Als zivilrechtliche Anspruchsgrundlagen für einen Schadensersatzanspruch infolge eines rechtswidrigen Arbeitskampfes kommen aus Sicht des betroffenen

---

472 *Birk/Konzen/Löwisch/Raiser/Seiter*, ArbeitskampfG (1988), sowie *Franzen/Thüsing/Waldhoff*, Arbeitskampf in der Daseinsvorsorge (2012).

473 Vgl. weiterführend zum Arbeitskampf und Zivilrecht: jüngst *Lichtenberg*, Arbeitskampfbedingte Leistungsstörungen (2020); *Malorny*, Die Haftung der Gewerkschaft gegenüber ihren Tarifpartnern und Dritten für Schäden bei rechtswidrigen Streiks (2019), S. 26 ff.; *Gamillscheg*, Kollektives Arbeitsrecht, Band I (1997), S. 959 („Das Arbeitskampfrecht ist Privatrecht, unbestritten"); *Deinert/Kittner*, in: FS Lörcher (2013), S. 283 (285); *Benecke*, ZFA 2018, 2 (3); *Richardi*, ZFA 1985, 101 (110 ff., 125 f.).

474 Vgl. *Lichtenberg*, Arbeitskampfbedingte Leistungsstörungen (2020); *Malorny*, Die Haftung der Gewerkschaft gegenüber ihren Tarifpartnern und Dritten für Schäden bei rechtswidrigen Streiks (2019); *Gröner*, Streik und Drittschaden (2016); *Otto*, Arbeitskampf- und Schlichtungsrecht (2006), S. 294 ff.; *Adam*, Das Verhältnis von Arbeitskampfrecht und Schuldrecht (1988).

Arbeitgebers[475] grundsätzlich sowohl vertragliche (1.) als auch gesetzliche Ansprüche gegen die Gewerkschaft in Betracht. Zu letzteren sind vor allem deliktische Ansprüche (2.) zu rechnen. Daneben könnte auch eine Haftung aus den Grundsätzen der culpa in contrahendo einschlägig sein (1.).

1. Vertragliche Haftung

Die Geltendmachung eines vertraglichen Schadensersatzanspruchs seitens des Arbeitgebers aufgrund eines Kalten Streiks setzt voraus, dass eine vertragliche Pflicht durch die Gewerkschaft schuldhaft verletzt wurde und diese Verletzung zu einem Schaden auf Arbeitgeberseite geführt hat.

Möglich ist dies typischerweise dann, wenn entgegen einer bestehenden Friedenspflicht gekämpft wird.[476] In diesem Fall bietet §§ 280 Abs. 1, 3, 283 S. 1 BGB die richtige Haftungsgrundlage. Der zwischen Gewerkschaft und Arbeitgeberseite existierende Tarifvertrag stellt ein rechtsgeschäftliches Schuldverhältnis dar. Die (relative) Friedenspflicht ist diesem Verhältnis immanent und schützt den Tarifvertrag als eine Friedensordnung für seinen Regelungsgegenstand in seinem Geltungsbereich (siehe zur Friedenspflicht oben Kap. 2 B. III.). Die „tariflich geregelte Materie“ ist während der Laufzeit des Tarifvertrags kollektiven Auseinandersetzungen entzogen.[477] Die Friedenspflicht ist eng mit dem Wesen des Tarifvertrags verbunden ist. Wäre diese nicht dem Tarifvertrag immanent, bestünde keine Planungssicherheit. Es könnte eine Partei nach Abschluss eines Tarifvertrags mit Arbeitskampfmitteln direkt Neuverhandlungen über denselben Gegenstand zu erreichen suchen. Die Parteien könnten auf den Bestand der vereinbarten Arbeitsbedingungen und den vereinbarten Zeitraum nicht

---

475 Ist im Folgenden von dem *Arbeitgeber* die Rede, ist dieser zur Erleichterung des folgenden Überblicks auch zugleich selbst Partei eines angestrebten Firmentarifvertrags. Vgl. zu den Ansprüchen des Arbeitgeberverbands etwa *Otto*, Arbeitskampf- und Schlichtungsrecht (2006), S. 299 ff.; vgl. explizit zu seinem vertraglichen Anspruch gegen die Gewerkschaft die Ausführungen von *Malorny*, Die Haftung der Gewerkschaft gegenüber ihren Tarifpartnern und Dritten für Schäden bei rechtswidrigen Streiks (2019), S. 39 ff.

476 Vgl. hierzu ausführlich BAGE 155, 347 (356) = NZA 2016, 1543 (1546); *Malorny*, Die Haftung der Gewerkschaft gegenüber ihren Tarifpartnern und Dritten für Schäden bei rechtswidrigen Streiks (2019), S. 37 ff.; Däubler/*Ahrendt*, TVG (2016), § 1 Rn. 1249. Zu betonen ist, dass sich hier die Rechtswidrigkeit des Kalten Streiks bereits von seinem Verstoß gegen die bestehende Friedenspflicht ableitet. Demgemäß kommt es nicht auf die Argumente an, die unter Kap. 3 B. herausgearbeitet worden sind.

477 BAGE 41, 209 = NJW 1983, 1750.

vertrauen. Daher wird die Friedenspflicht als Hauptleistung und folglich als selbständige Unterlassungspflicht eingeordnet. Ein Verstoß hiergegen kann daher einen Schadensersatzanspruch begründen.[478] Kommt also ein Kalter Streik trotz bestehender Friedenspflicht zum Einsatz, wird es der Gewerkschaft infolgedessen zugleich unmöglich im Sinne des § 275 Abs. 1 BGB der inhaltlichen Bestimmung jener Pflicht gerecht zu werden, sodass eine Pflichtverletzung nach § 283 S. 1 BGB vorliegt.[479] Diese Verletzung begründet den Tatbestand, sofern die Gewerkschaft ein Verschulden trifft.

Verletzt der Kalte Streik keine zwischen den Parteien bestehende Friedenspflicht, so kann dennoch ein Schadensersatzanspruch auf der Basis einer quasivertraglichen Haftungsgrundlage bestehen. Wenngleich in der Rechtsprechungspraxis – soweit ersichtlich – bisher nicht zu thematisiert, kann eine Haftung der Gewerkschaft unter dem Gesichtspunkt der *culpa in contrahendo (c. i. c.)* gemäß §§ 311 Abs. 2, 280 Abs. 1, 241 Abs. 2 BGB gelingen. Diese ist jedenfalls dann zu bejahen, wenn und soweit man ein vorvertragliches Schuldverhältnis zwischen den streitenden Parteien erkennt und den rechtswidrigen Arbeitskampf als Schutzpflichtverletzung einordnet.[480] Streben beide Parteien nach dem Abschluss eines Tarifvertrags, begeben sie sich zu diesem Zweck regelmäßig in Verhandlungen oder treten in rechtsgeschäftlichen Kontakt zueinander (der zwar noch nicht das Stadium der Vertragsverhandlungen erreicht hat, aber doch vor dem Hintergrund eines möglichen Vertragsschlusses zwischen ihnen stattfindet) und begründen damit ein Schuldverhältnis im Sinne des § 311 Abs. 2 BGB.[481] Die sich hieraus ergebende Schutzpflicht bindet die Parteien in

---

478 Zum Ganzen: *Malorny*, Die Haftung der Gewerkschaft gegenüber ihren Tarifpartnern und Dritten für Schäden bei rechtswidrigen Streiks (2019), S. 51 ff. m. w. N.

479 Ausführlich zur Pflichtverletzung jüngst *Malorny*, Die Haftung der Gewerkschaft gegenüber ihren Tarifpartnern und Dritten für Schäden bei rechtswidrigen Streiks (2019), S. 45 ff.; vgl. hierzu ebenfalls *Brox/Rüthers*, Arbeitskampfrecht (1982), S. 215, 218 f.

480 Befürwortend *Malorny*, Die Haftung der Gewerkschaft gegenüber ihren Tarifpartnern und Dritten für Schäden bei rechtswidrigen Streiks (2019), S. 130 ff.; *Arnold*, Die tarifrechtliche Dauerrechtsbeziehung (1996), S. 114; wohl ebenso *Künster*, Die culpa in contrahendo in vortariflichen Rechtsbeziehungen (1994), S. 114; ablehnend *Otto*, Arbeitskampf- und Schlichtungsrecht (2006), S. 302; *Konzen*, in: FS Kissel (1994), S. 571 (606); *Benecke*, ZFA 2018, 2 (4).

481 *Malorny*, Die Haftung der Gewerkschaft gegenüber ihren Tarifpartnern und Dritten für Schäden bei rechtswidrigen Streiks (2019), S. 132 ff.; *Künster*, Die culpa in contrahendo in vortariflichen Rechtsbeziehungen (1994), S. 82, 86 f.; so wohl ebenfalls bereits *Richardi*, Die Grenzen der Zulässigkeit des Streiks (1980), S. 38.

besonderem Maße, auf einen redlichen und loyalen Umgang miteinander achtzugeben und im Rahmen des ihnen Zumutbaren Rücksicht zu nehmen auf die Rechte, (grundrechtlichen)[482] Rechtsgüter und Interessen ihres Gegenübers im Sinne des § 241 Abs. 2 BGB.[483]

Der von einer Gewerkschaft geführte Kalte Streik wirkt insbesondere auf das Recht am eingerichteten und ausgeübten Gewerbebetrieb der Arbeitgeberseite ein, wie nachstehend noch zu zeigen sein wird, ohne dass dies durch die Koalitionsfreiheit gerechtfertigt ist. Es ist ihr daher zumutbar[484], solche Arten von Arbeitskämpfen (aufgrund der Schutzpflicht) stets zu unterlassen. Ein Verstoß hiergegen begründet den Tatbestand, falls sie ein Verschulden trifft.

2. *Deliktische Haftung*

Neben den vertraglichen Ansprüchen können infolge des Kalten Streiks auch Ansprüche aus unerlaubter Handlung gemäß §§ 823 ff. BGB bestehen.

Vorauszuschicken ist insoweit, dass das Haftungskonzept des Bürgerlichen Gesetzbuchs keine *allgemeine* außervertragliche Haftung für Vermögensschäden vorsieht. Vermögen als solches ist nicht als „sonstiges Recht" im Sinne von § 823 Abs. 1 BGB geschützt.[485] Dies stellte das Reichsgericht bereits nach Inkrafttreten des Bürgerlichen Gesetzbuchs klar, indem es ausführte, eine allgemeine Haftung für fahrlässig verursachte Vermögensschäden müsse dem Bürgerlichen Gesetzbuch fremd bleiben.[486] Nur in *bestimmten* Fällen ist diese Restriktion zu durchbrechen. Die deliktische Haftung nach § 823 Abs. 1 BGB greift ein, sobald eines der dort genannten Rechtsgüter wie etwa das Eigentumsrecht verletzt wird und diese Verletzung dem Schädiger objektiv zuzurechnen ist. Doch wird dies (auch in den einsatzrelevanten Bereichen) nur äußerst selten eine Folge des Kalten

---

482 BAGE 136, 156 (162) = NZA 2011, 453 (455) („Bei der Frage, was die Schutz- und Rücksichtnahmepflicht im Einzelfall gebietet, ist insbesondere auf die von den Grundrechten zum Ausdruck gebrachte Werteordnung der Verfassung Rücksicht zu nehmen."); BAGE 119, 238 (243) = NZA 2007, 269 (271); *Bachmann*, in: MünchKomm-BGB (2019), § 241 Rn. 52; Jauernig/*Mansel*, BGB (2018), § 241 Rn. 10.

483 Vgl. hierzu allgemein *Bachmann/Schirmer*, in: FS Canaris (2017), S. 371; *Grigoleit*, in: FS Canaris I (2007), S. 275 ff.; *Medicus*, in: FS Canaris I (2007), S. 835 ff.

484 Vgl. zum Kriterium der „Zumutbarkeit" ausführlich *Malorny*, Die Haftung der Gewerkschaft gegenüber ihren Tarifpartnern und Dritten für Schäden bei rechtswidrigen Streiks (2019), S. 155 ff.

485 BGHZ 27, 137 (140) = NJW 1958, 1041 (1042); *Wagner*, in: MünchKomm-BGB (2020), § 823 Rn. 423; *Canaris*, in: FS Larenz (1983), S. 27 (36).

486 RGZ 51, 92 (93).

Streiks sein. In Betracht käme am ehesten noch eine Eigentumsverletzung. Diese dürfte aber schon deshalb ausgeschlossen sein, weil es an einem Eingriff in die Sachsubstanz wie auch an einer nicht unerheblichen Beeinträchtigung der bestimmungsgemäßen Verwendung der betreffenden Sache fehlt[487]. Selbst wenn infolge des Kalten Streiks ein Transportmittel unter Beibehaltung seiner Bewegungsmöglichkeit für Stunden an einer konkret geplanten Fahrt gehindert und dadurch in seiner wirtschaftlichen Nutzung vorübergehend eingeengt wird, ergibt sich hieraus nach der Rechtsprechung des BAG noch keine Eigentumsverletzung.[488] Genauso wenig dürfte es daher eine Eigentumsverletzung darstellen, wenn eine Just-in-time-Produktion wegen fehlender Materialien mehrere Stunden stillsteht (siehe das Fallbeispiel oben unter Kap. 3 B. II. 2. b)). Denn Maschinen eines Betriebs, die zur Produktion eingesetzt werden, sind nicht etwa infolge einer Einwirkung auf die Sachsubstanz unbrauchbar, sondern sie können „lediglich – ohne unmittelbare Einwirkung auf diese – für eine kurze Zeitspanne nicht wirtschaftlich genutzt werden.“[489]

Von immenser praktischer Bedeutung ist die Haftung aufgrund einer Verletzung des *Rechts am eingerichteten und ausgeübten Gewerbebetrieb*, welches die Rechtsprechung als „sonstiges Recht“ dem Schutz des § 823 Abs. 1 BGB unterstellt, um auf diese Weise eine Schutzlücke bei unmittelbaren Eingriffen in die Vermögensposition „Gewerbebetrieb“ zwischen §§ 823 Abs. 2, 824, 826 BGB und §§ 3 ff., 8 f. UWG zu schließen.[490] Bei der Strukturierung des Rechts

---

487 Vgl. allgemein zur Beeinträchtigung der Nutzungs- und Gebrauchsfähigkeit einer Sache im Rahmen von § 823 Abs. 1 BGB: BAGE 152, 240 (246) = NZA 2016, 47 (49); BGH NJW 2015, 1174 (1175); NJW-RR 2008, 406; NJW-RR 2005, 673 (674); Jauernig/*Teichmann*, BGB (2018), § 823 Rn. 8.

488 BAGE 152, 240 (246) = NZA 2016, 47 (49); BGH NJW-RR 2005, 673 (674).

489 BAGE 152, 240 (248) = NZA 2016, 47 (50); vgl. zu diesem Thema weiterführend *Malorny*, Die Haftung der Gewerkschaft gegenüber ihren Tarifpartnern und Dritten für Schäden bei rechtswidrigen Streiks (2019), S. 180 f.; *Benecke*, ZFA 2018, 2 (8 f.); *Bayreuther*, JbArbR 54 (2017), S. 83 (92 f.). Eine Antwort auf die Abgrenzungsfrage bleibt der Rechtswissenschaft überlassen: Ab wann ist die genannte „kurze Zeitspanne“ überschritten? Und liegt bei Überschreitung dann doch ein Eingriff in das Eigentum vor?

490 Vgl. nur BGHZ 29, 65 (69 f.) = NJW 1959, 479 f.; BAGE 152, 240 (248 f.) = NZA 2016, 47 (50); Jauernig/*Teichmann*, BGB (2018), § 823 Rn. 95a; *Wagner*, in: MünchKomm-BGB (2020), § 823 Rn. 361 ff.; *Franck*, Marktordnung durch Haftung (2016), S. 302 f.; vgl. weiterführend zum Recht am eingerichteten und ausgeübten Gewerbebetrieb statt vieler: *Riedl*, Das Recht am eingerichteten und ausgeübten Gewerbebetrieb (2011) sowie *Sack*, Das Recht am Gewerbebetrieb, Geschichte und Dogmatik (2007).

am Gewerbebetrieb ließ die Rechtsprechung die Wertungen gegen eine allgemeine Fahrlässigkeitshaftung für Vermögensschäden nicht außer Acht, weshalb bezüglich der Prüfungserfordernisse entsprechende Besonderheiten zu beachten sind: Ein Eingriff in dieses Recht setzt dessen Betriebsbezogenheit voraus, sodass das Unternehmen unmittelbar durch den Eingriff betroffen sein muss.[491] Geschützt ist die Einheit des Betriebs mit allem, was der unternehmerischen Betätigung dient und den wirtschaftlichen Wert des Betriebs ausmacht; hierzu zählen insbesondere auch nicht-körperliche Bestandteile wie geschäftliche Verbindungen, Beziehungen, Kundenstamm und die ungestörte Betätigung und Entfaltung des Betriebs seitens des Inhabers.[492] Außerdem setzt das Recht am eingerichteten und ausgeübten Gewerbebetrieb als Rahmenrecht zur Feststellung der Rechtswidrigkeit des Eingriffs eine umfassende Interessen- und Güterabwägung im Einzelfall voraus.[493]

Der Kalte Streik kann ein Unternehmen in seinem Gewerbebetrieb erheblich tangieren und damit als Verletzungshandlung im Sinne von § 823 Abs. 1 BGB von der Norm erfasst sein. Nicht nur, dass dieser den Betriebsablauf auf alle erdenklichen Arten zu stören imstande ist, der Kalte Streik kann gleichzeitig auch die öffentliche Meinungsbildung und die Informationslage am Markt verzerren und damit den Kundenkreis, Geschäftsbeziehungen sowie die Funktionsfähigkeit des Betriebs beeinträchtigen. Aufgrund der Rechtswidrigkeit des Kalten Streiks werden regelmäßig die Interessen und Rechtsgüter der Arbeitgeberseite die der Gewerkschaft im Rahmen der hier anzustellenden (abstrakten sowie konkreten) Abwägung überwiegen.[494]

In Betracht zu ziehen ist darüber hinaus die Möglichkeit einer Haftung gemäß § 826 BGB. Demgemäß ist zum Ersatz des Schadens verpflichtet, wer in einer *gegen die guten Sitten verstoßenden* Weise einem anderen vorsätzlich Schaden zufügt. § 826 BGB ist nicht auf den Schutz bestimmter Rechtsgüter beschränkt,

491 BAGE 152, 240 (249 f.) = NZA 2016, 47 (50); BAGE 132, 140 (146 f.) = NZA 2009, 1347 (1349 f.); BGH NJW 2015, 1174 (1176).

492 BGHZ 193, 227 (232 f.) = NJW 2012, 2579 (2580); BGHZ 163, 9 (15) = NJW-RR 2005, 1175 (1177); BGHZ 45, 150 (155) = NJW 1966, 1120 (1121); BGHZ 29, 65 (70) = NJW 1959, 479 (480); KG BeckRS 2009, 89123.

493 *Wagner*, in: MünchKomm-BGB (2020), § 823 Rn. 370; *Koreng*, GRUR 2010, 1065 (1066).

494 Bei einem rechtswidrigen „heißen" Streik überwiegt tendenziell auch das Interesse des bestreikten Arbeitgebers im Rahmen der anzustellenden abstrakten sowie konkreten Interessensabwägung, vgl. *Malorny*, Die Haftung der Gewerkschaft gegenüber ihren Tarifpartnern und Dritten für Schäden bei rechtswidrigen Streiks (2019), S. 225, 227.

sondern gewährt einen Ersatzanspruch auch für bloße Vermögensschäden. Die praktische Bedeutung der Vorschrift ist im Arbeitskampfrecht jedoch nicht besonders groß. Denn zum einen lassen sich hier, trotz Rechtswidrigkeit des Arbeitskampfes, nur äußerst selten Verstöße gegen die guten Sitten feststellen, zum anderen spielt § 826 BGB praktisch keine Rolle in den Fällen, in denen ein Anspruch aus § 823 BGB besteht, da die Rechtsfolgen des § 826 BGB nicht weiter reichen als die des § 823 BGB.

Gleichwohl streitet prima facie einiges dafür, beim Kalten Streik die die Sittenwidrigkeit begründenden Umstände zumindest zu erwägen. Sittenwidrigkeit ist gegeben, wenn die Handlung gegen das Anstandsgefühl aller billig und gerecht Denkenden verstößt.[495] Es ist mithin eine besondere Verwerflichkeit des Verhaltens der Gewerkschaft erforderlich, die sich aus dem Zweck ihrer Handlung, dem angewandten Mittel oder der Zweck-Mittel-Relation ergeben kann.[496] Vergegenwärtigt man sich in diesem Zusammenhang nochmals, welches durchweg vertrauensverletzende und täuschende Wesen dem Kalten Streik immanent ist (siehe hierzu oben Kap. 1 B.), dann liegt der Schluss nicht völlig fern, bei dem von der Gewerkschaft angewandten Mittel von einer die Regeln eines fairen Arbeitskampfes nach Form und Ausmaß verletzenden Rücksichtslosigkeit sprechen zu können. Ob dies letztlich die Voraussetzung der Sittenwidrigkeit erfüllt, kann hier aber offen bleiben, weil eine deliktische Haftung beim Einsatz eines Kalten Streiks schon aus anderen Gründen und unter weniger strengen Voraussetzungen in Frage kommt.

II. Schadensersatzansprüche Dritter bei einem Kalten Streik

Der Kalte Streik kann nicht nur den Arbeitgeber, sondern potentiell auch mittelbar Dritte, also diejenigen Unternehmen und Personen, die selbst nicht Partei des umkämpften Tarifvertrags sind, erheblich wirtschaftlich beeinträchtigen. Ähnlich wie beim „heißen Streik" können die Schäden von Drittbetroffenen hier genauso weit oder sogar weiter als die des unmittelbar betroffenen Unternehmens reichen. Dies trifft vor allem auf Dritte zu, die in einer Vertragsbeziehung

495 BGH NJW-RR 2013, 550 (551); *Brox/Rüthers*, Arbeitskampfrecht (1982), S. 222.

496 BGHZ 192, 90 (101 f.) = NJW 2012, 1800 (1803); LAG Hessen BeckRS 2013, 72576 („Ein Streik ist [...] nur sittenwidrig, wenn er evident unverhältnismäßig ist oder Zwecke verfolgt werden, die offenkundig nicht dem Kompetenzbereich der Tarifvertragsparteien unterfallen."); *Malorny*, Die Haftung der Gewerkschaft gegenüber ihren Tarifpartnern und Dritten für Schäden bei rechtswidrigen Streiks (2019), S. 232; *Brox/Rüthers*, Arbeitskampfrecht (1982), S. 222.

mit dem bekämpften Arbeitgeber stehen, und Leistungsstörungen (insbesondere Nichterfüllung oder Verzug) auf sie schädigend zurückfallen.

Dritte befinden sich aber in der misslichen Lage, eine Kompensation für die erlittenen Schäden aus dem allgemeinen Leistungsstörungsrecht des Bürgerlichen Gesetzbuchs von ihrem unmittelbar vom Arbeitskampf betroffenen Vertragspartner nicht erlangen zu können, weil er typischerweise nicht schuldhaft handelte.[497] Ihnen bleiben einzig die Möglichkeiten, ggf. eine für den Fall des Arbeitskampfes vereinbarte Vertragsstrafe für Leistungsstörungen gegenüber dem betroffenen Arbeitgeber geltend zu machen oder sich mit Schadensersatzforderungen direkt an die Gewerkschaft zu wenden.[498] Die auf Seiten des geschädigten Dritten in Betracht zu ziehenden vertraglichen (1.) sowie deliktischen (2.) Ansprüche sind jedoch allesamt – unter Berücksichtigung der aktuellen Rechtsprechung des BAG – nicht oder nur selten erfolgsversprechend.

1. *Vertragliche Haftung*

Eine unmittelbare vertragliche Inanspruchnahme wegen Verstoßes gegen die Friedenspflicht ist praktisch undenkbar, denn dies würde voraussetzen, dass die Tarifvertragsparteien eine ausdrückliche Wirkung zugunsten nicht vom Tarifvertrag erfasster Unternehmen vereinbart hätten.[499]

Vielfach diskutiert wird aber die Frage, ob der Dritte in den *Schutzbereich* des Tarifvertrags einschließlich der Friedenspflicht zwischen Arbeitgeber und Gewerkschaft einzubeziehen ist. Eine Bejahung dieser Frage würde voraussetzen, dass er mit der Hauptleistung nach dem Inhalt des Vertrags bestimmungsgemäß in Berührung kommen soll (sog. „Leistungsnähe"), ein besonderes Interesse des Gläubigers an der Einbeziehung des Dritten besteht (sog. „Gläubigernähe"), den Interessen des Schuldners durch Erkennbarkeit und Zumutbarkeit der

---

497 *Benecke*, ZFA 2018, 2 (5); *Malorny*, RdA 2017, 149 (151); *Bayreuther*, RdA 2016, 181 (184).

498 Vgl. hierzu aber auch *Gröner*, Streik und Drittschaden (2016), S. 90 („[Dritte] sind aber durchaus daran interessiert, ihre eigenen vertraglichen Beziehungen zum bestreikten Arbeitgeber nicht mit Schadensersatzforderungen zu belasten. Daher liegt der Gedanke nahe, statt des bestreikten Arbeitgebers unmittelbar die streikführende Gewerkschaft auf Schadensersatz in Anspruch zu nehmen.").

499 So im Ergebnis ebenfalls *Malorny*, Die Haftung der Gewerkschaft gegenüber ihren Tarifpartnern und Dritten für Schäden bei rechtswidrigen Streiks (2019), S. 245 ff. sowie *Gröner*, Streik und Drittschaden (2016), S. 157; *Benecke*, ZFA 2018, 2 (6).

Haftungserweiterung Rechnung getragen wird und der Dritte schutzbedürftig ist.[500] Dies ist nach der BAG-Rechtsprechung und dem Großteil des Schrifttums nicht der Fall:[501]

Dritte kommen dem BAG und den Vertretern dieser Auffassung im Schrifttum zufolge bereits nicht bestimmungsgemäß mit der Leistung der Gewerkschaft (Einhaltung der Friedenspflicht) in Kontakt. Die tarifvertragliche Friedenspflicht schütze nur die Tarifvertragsparteien und deren Mitglieder vor Arbeitskampfmaßnahmen, nicht aber Dritte wie die Vertragspartner des bekämpften Arbeitgebers.[502] Selbst wenn diese rein faktisch von den Folgen einer Verletzung der Friedenspflicht betroffen seien, genüge dies jedenfalls nicht, um eine Leistungsnähe zu begründen, schon „wegen der erforderlichen Abgrenzung zum deliktischen Haftungsbereich darf die für die Annahme eines Vertrags mit Schutzwirkung zugunsten Dritter erforderliche Leistungsnähe nicht nur faktisch gegeben sein."[503] Ferner könne man dem Arbeitgeber in der Regel kein besonderes Interesse unterstellen, Dritte in den Schutzbereich der tarifvertraglichen Friedenspflicht miteinbeziehen zu wollen.[504] Daran ändere sich erst recht nichts mit Blick auf den Zweck der tarifvertraglichen Friedenspflicht.[505] Darüber hinaus sei die Einbeziehung von Dritten in den Tarifvertrag für die Gewerkschaft

500 BAGE 152, 260 (271) = NZA 2016, 179 (182); BAGE 155, 347 (378) = NZA 2016, 1543 (1554); *Gröner*, Streik und Drittschaden (2016), S. 161 ff.; Jauernig/*Stadler*, BGB (2018), § 328 Rn. 23 ff.

501 A. A. *Green*, NZA 2016, 274 (277); differenzierend *Willemsen/Mehrens*, NZA 2013, 1400 (1401).

502 *Malorny*, Die Haftung der Gewerkschaft gegenüber ihren Tarifpartnern und Dritten für Schäden bei rechtswidrigen Streiks (2019), S. 250; *Gröner*, Streik und Drittschaden (2016), S. 161; *Benecke*, ZFA 2018, 2 (7); *Rudkowski*, Anm. zu BAG, Urteil v. 25.8.2015 – 1 AZR 875/13, AP GG Art. 9 Arbeitskampf Nr. 183 unter III.

503 BAGE 155, 347 (379) = NZA 2016, 1543 (1554 f.).

504 *Gröner*, Streik und Drittschaden (2016), S. 161 („Zwar mag der Arbeitgeber daran interessiert sein, seine Vertragspartner vor den mittelbaren Folgen rechtswidriger Streiks zu schützen. Ein Schluss von diesem allgemeinen Interesse auf ein besonderes Interesse des Arbeitgebers am Einbezug Dritter in den Schutzbereich der tarifvertraglichen Friedenspflicht geht indes fehl.").

505 *Malorny*, Die Haftung der Gewerkschaft gegenüber ihren Tarifpartnern und Dritten für Schäden bei rechtswidrigen Streiks (2019), S. 250 ff.; *Gröner*, Streik und Drittschaden (2016), S. 161.

nicht erkennbar, und im Übrigen hinsichtlich des Haftungsrisikos auch nicht kalkulierbar.[506]

Ebenso wenig ergibt sich gegen die Gewerkschaft ein Anspruch auf Schadensersatz *aus abgetretenem Recht* im Wege der Drittschadensliquidation. Der beim Dritten eingetretene Schaden entspringt weder dem Zufall, noch handelt es sich um die Verlagerung ein und desselben Schadens.[507]

Es bestehen also keine Erfolgsaussichten hinsichtlich vertraglicher Ansprüche.

2. Deliktische Haftung

Mangels Erfolgsaussichten hinsichtlich vertraglicher Ansprüche, ergibt sich für Dritte die Notwendigkeit, auf deliktische Ansprüche auszuweichen. Doch auch, was die deliktische Haftung anbelangt, können Dritte bei einem sie tangierenden Kalten Streik nur schwer oder gar nicht die Voraussetzungen der in Betracht kommenden Ansprüche erfüllen.

Eine Haftung der Gewerkschaft nach § 823 Abs. 1 BGB gegenüber einem Dritten wegen einer Eigentumsverletzung ist hier nur vorstellbar, wenn dem Dritten nach den allgemeinen Beweisgrundsätzen der Nachweis gelingt, dass er in nicht unerheblicher Weise in der bestimmungsgemäßen Verwendung seiner Sachen beeinträchtigt wird. Besondere Schwierigkeiten kann es ihm in diesem Zusammenhang bereiten, der geforderten Überschreitung der Erheblichkeitsschwelle bei einem Kalten Streik gerecht zu werden.

Eine Deliktshaftung nach § 823 Abs. 1 BGB wegen des Eingriffs in den eingerichteten und ausgeübten Gewerbebetrieb scheidet dagegen unter Berücksichtigung der von Rechtsprechung und Teilen des Schrifttums aufgestellten Grundsätze schon von vornherein aus. Ein Kalter Streik richtet sich in der Regel nur gegen den Arbeitgeber. Die unmittelbare Kampfbetroffenheit des Arbeitgebers ergibt sich (wie bei einem „heißen Streik") aus dem Streikbeschluss. Demzufolge fehlt es gegenüber einem kampfunbeteiligten Dritten an der Betriebsbezogenheit eines Eingriffs in dessen Gewerbebetrieb, mag sein

---

506 BAGE 155, 347 (378) = NZA 2016, 1543 (1554); *Malorny*, Die Haftung der Gewerkschaft gegenüber ihren Tarifpartnern und Dritten für Schäden bei rechtswidrigen Streiks (2019), S. 252; *Gröner*, Streik und Drittschaden (2016), S. 164 f.; *Bayreuther*, JbArbR 54 (2017), S. 83 (86).

507 So bereits *Adam*, Das Verhältnis von Arbeitskampfrecht und Schuldrecht (1988), S. 110; *Benecke*, ZFA 2018, 2 (7); so im Ergebnis ebenfalls *Bayreuther*, RdA 2016, 181 (183).

Unternehmen auch durch den Kalten Streik beeinträchtigt sein.[508] Ein derartiger Eingriff lässt sich nach der jüngsten BAG-Rechtsprechung auch nicht dadurch begründen, dass man auf die Kenntnis der „Streuwirkung" einer Verletzungshandlung auf (Dritt-)Unternehmen abstellt.[509] In summa kommt die Haftung somit eher nicht in Betracht. Dem könnte man nur entgegenwirken, wenn man die Unmittelbarkeitsvoraussetzung anders versteht. Die in der Literatur hierzu geäußerte Kritik konnte sich in der Rechtsprechung allerdings (noch) nicht durchsetzen.[510]

Eine Haftung nach § 826 BGB infolge des Kalten Streiks ist wegen der restriktiven Auslegung des Tatbestands lediglich in konstruierten Ausnahmefällen denkbar, so beispielsweise, wenn der Kalte Streik nur vorgeschoben ist, um den Dritten gezielt zu schädigen[511]. Die Darlegungs- und Beweislast obliegt dabei dem Geschädigten.

III. Fazit

Es bleibt festzuhalten:

1. Der Einsatz eines Kalten Streiks kann vertragliche und deliktische Schadensersatzansprüche des betroffenen Arbeitgebers auslösen. Die Haftungsfolgen unterscheiden sich insoweit nicht von denen eines rechtswidrigen „heißen Streiks".
2. Sofern Dritte für den Fall eines Arbeitskampfes keine Vertragsstrafen für Leistungsstörungen mit dem Arbeitgeber vereinbart haben, bleiben ihnen nur ausnahmsweise deliktische Schadensersatzansprüche gegen die Gewerkschaft.

---

508 Vgl. zum derzeit vorherrschenden Grundsatz bezüglich Betriebsbezogenheit gegenüber Dritten: BAGE 152, 240 (250) = NZA 2016, 47 (50); BAGE 155, 347 (374) = NZA 2016, 1543 (1553); ErfK/*Linsenmaier*, Arbeitsrecht (2020), Art. 9 GG Rn. 226; *Fischer*, JM 2017, 149 (151); *Malorny*, RdA 2017, 149 (151); *Bayreuther*, RdA 2016, 181; *Melot de Beauregard*, DB 2016, 535.

509 BAGE 152, 240 (249) = NZA 2016, 47 (50).

510 *Green*, NZA 2016, 274 (276); *Scharff*, BB 2016, 122 (128); *Rudkowski*, Anm. zu BAG, Urteil v. 25.8.2015 – 1 AZR 875/13, AP GG Art. 9 Arbeitskampf Nr. 183 unter II.; *Scharff*, BB 2015, 1845 (1848 f.).

511 *Malorny*, Die Haftung der Gewerkschaft gegenüber ihren Tarifpartnern und Dritten für Schäden bei rechtswidrigen Streiks (2019), S. 278; *Gröner*, Streik und Drittschaden (2016), S. 196, 231; vgl. ebenfalls hierzu *Lambrich/Sander*, NZA 2014, 337 (341).

B. Durchsetzung von Schadensersatzansprüchen im Falle einer rechtswidrigen (unselbständigen) Streikankündigung

Nachdem die mögliche Schadenshaftung für den Einsatz des Kalten Streiks im vorstehenden Überblick geklärt wurde, stellt sich nun die Frage, ob und inwieweit auch die Streikankündigung (ohne selbst als Mittel zur Durchsetzung eines koalitionsspezifischen Ziels zu fungieren) etwaige zivilrechtliche Ansprüche beim betroffenen Arbeitgeber auslösen kann. Um diese Frage beantworten zu können, ist in einem ersten Schritt zu klären, was bewiesenermaßen vorliegen muss, um die Streikankündigung als notwendiger und legitimierender Verfahrensbestandteil im Tarifkonflikt (siehe hierzu bereits ausführlich in Kap. 1 A.) einem begründeten Vorwurf mit seinen zivilrechtlichen Konsequenzen auszusetzen (I.). Erst im Anschluss daran ist zu untersuchen, welche konkreten Ansprüche für den Arbeitgeber in Betracht kommen (II.).

Ziel der Untersuchung ist es, die Streikankündigung und im Besonderen das Phänomen des Kalten Streiks und dessen rechtliche Einordnung umfassend zu beleuchten (siehe Einl. B.). Mit den nachstehenden Ausführungen zur Durchsetzung von Schadensersatzansprüchen im Falle einer rechtswidrigen (unselbständigen) Streikankündigung nun schließt sich der Kreis.

I. Unter welchen Voraussetzungen ist die Streikankündigung rechtswidrig?

Die Streikankündigung als Verfahrensbestandteil soll den Empfänger unter anderem in die Lage versetzen, erkennen zu können, ob die von der Gewerkschaft aufgestellte Tarifforderung hinreichend konkretisiert ist, und exakt prüfen zu können, ob sie rechtmäßig ist, insbesondere ob sie weder gegen die Friedenspflicht verstößt noch unzulässig diskriminiert (siehe zum Inhalt einer Streikankündigung ausführlich oben unter Kap. 1 A. II. 4.). Stellt sich heraus, dass die Streikankündigung diese Voraussetzungen nicht erfüllt, also unzulässig ist, ist auch der angekündigte Streik rechtswidrig. Die Ankündigung ist ihrerseits sodann als unerlaubte Handlung[512] nicht schützenswert, weil es der Gewerkschaft zumutbar ist, im Vorhinein sorgfältig zu prüfen, ob ihr erklärter Inhalt rechtswidrig ist oder nicht[513]. Es liegt auf der Hand, dass eine „rechtswidrige Streikankündigung" zu unterbleiben hat.

512 In diese Richtung ebenfalls tendierend *Sprenger*, BB 2013, 1146 (1149).
513 BAGE 155, 347 (364) = NZA 2016, 1543 (1549); *Scharff*, BB 2015, 1845 (1850).

Die Streikankündigung ist rechtswidrig, wenn sie eine friedenspflichtverletzende oder einen tariflich nicht regelbaren Inhalt enthält. Die Beurteilung der Zulässigkeit der Tarifforderung(en) kann jedoch dadurch erschwert sein, dass ein Gemisch von rechtmäßigen und rechtswidrigen Forderungen (1.) oder Anzeichen dafür vorliegen, dass die bekanntgegebene Tarifforderung nur vorgeschoben ist, um andere tariflich-normativ nicht regelbare Ziele (siehe zur Regelbarkeit der Kampfforderung durch Tarifvertrag bereits Kap. 2 B. II.) zu erreichen (2.). Zuzugeben ist, dass darüber hinaus Konstellationen bestehen können, die es denkbar erscheinen lassen, die Streikankündigung leide an einem inhaltlichen Rechtsfehler. Im Folgenden soll indes nur kurz auf die letztgenannten Aspekte eingegangen werden, um den Rahmen der vorliegenden Untersuchung nicht zu sprengen.

1. Gemisch von rechtmäßigen und rechtswidrigen Streikforderungen

Enthält die Streikankündigung eine rechtswidrige Teilforderung, so hat der Arbeitgeber nicht die Möglichkeit, sein kampfbedingtes Nachgeben auf die zulässige Tarifforderung zu beschränken, die rechtswidrige Teilforderung „infiziert“ das Kampfziel insgesamt (sog. „Rührei-Theorie“[514]).[515] Hierbei spielt es nach der Rechtsprechung des BAG und dem überwiegenden Teil des Schrifttums keine Rolle, ob es sich um eine Haupt- oder Nebenforderung handelt.[516] Vertragspflichtverletzungen sind immer rechtswidrig; „ein bisschen rechtswidrig“ ist jedenfalls im Zivilrecht keine Kategorie.[517] Die Rührei-Theorie trägt dazu bei, die Funktionsfähigkeit des Tarifvertragssystems zu schützen und fördert gleichzeitig das Vertrauen in diese.[518] Ohne sie gelinge es dem Arbeitgeber nicht,

---

514 Vgl. zum Begriff „Rührei-Theorie“ etwa *Benecke*, ZFA 2018, 2 (12 f.) („Wie ein verdorbenes Ei das gesamte Rührei verdirbt, ist der [angekündigte] Streik bereits wegen einer rechtswidrigen Streikforderung rechtswidrig.“).

515 BAGE 155, 347 (363 f.) = NZA 2016, 1543 (1549); *Löwisch/Rieble*, TVG (2017), Grundlagen Rn. 517; *Otto*, Arbeitskampf- und Schlichtungsrecht (2006), S. 100 f.; *Bünnemann*, ZFA 2020, 44 (56 f.); *Höpfner*, ZFA 2018, 254 (296); *Rieble*, BB 2014, 949 (950); *Willemsen/Mehrens*, NZA 2013, 1400 (1401); a. A. Däubler/*Waldemar*, Arbeitskampfrecht (2018), Rn. 15.26 f.; *Däubler*, AuR 2017, 232 (233 f.); *Bücker*, AuR 2017, 328 (332); *Bram*, AuR 2017, 242 (244).

516 BAGE 155, 347 (364) = NZA 2016, 1543 (1549); *Bünnemann*, ZFA 2020, 44 (56); *Benecke*, ZFA 2018, 2 (13); *Bayreuther*, JbArbR 54 (2017), S. 83 (88); *Ellger*, BB 2016, 3066 (3072).

517 *Benecke*, ZFA 2018, 2 (13).

518 *Löwisch/Rieble*, TVG (2017), Grundlagen Rn. 517.

sich gegen eine von der Gewerkschaft (bewusst) unwesentliche rechtswidrige, z. B. friedenspflichtverletzende, Teilforderung effektiv zu wehren.[519] Es ist daher nicht zwingend, sie mit Blick auf die Entscheidung des EGMR vom 27. November 2014[520] als konventionsrechtlich defizitär anzusehen.[521]

Durchaus überlegenswert erscheint es in diesem Zusammenhang, der Gewerkschaft aber die Möglichkeit zu geben, die rechtswidrige(n) Streikforderung(en) zumindest mit Ex-nunc-Wirkung fallen zu lassen. Wirksam fallen gelassen sind Forderungen, wenn das nach der Satzung erforderliche Gewerkschaftsorgan die Änderung des Forderungskatalogs beschließt und der Tarifgegner den nunmehr modifizierten Beschluss erhält.[522] Scheint dies auf den ersten Blick ein gangbarer Weg zu sein, erweist es sich auf den zweiten freilich als Problemquelle. Denn über die *modifizierte Forderung* wurde nicht verhandelt. Der Arbeitgeber findet sich – obwohl der Streik selbst noch nicht begonnen hat – bereits in der Kampfphase (siehe zur Streikankündigung im Tarifkonflikt oben Kap. 1 A.) mit den nun reduzierten Forderungen konfrontiert, ohne zuvor die Möglichkeit gehabt zu haben, hierüber mit der Gewerkschaft auf friedlichem Wege zu verhandeln.[523] Das läuft dem Ultima-ratio-Prinzip zuwider (siehe zum Ultima-ratio-Prinzip bereits unter Kap. 2 B. V. 2. b) sowie Kap. 2 B. V. 3. b)). Erschienen die Verhandlungsmöglichkeiten ohne Ausübung von Druck hinsichtlich der (teils) rechtswidrigen Forderung noch zuvor aus Sicht der Gewerkschaft als ausgeschöpft, kann sich dies durch ihre Nachjustierung geändert haben. Der Arbeitgeber könnte sie nun in einem neuen Licht und als attraktivere Verhandlungsgrundlage ansehen. Es erscheint mithin nicht sachgerecht, den bereits angekündigten Streik nach Fallenlassen der rechtswidrigen Streikforderung(en) noch aufrechtzuerhalten.[524] Die Gewerkschaft muss dem Arbeitgeber Verhandlungen über die

---

519 *Löwisch/Rieble*, TVG (2017), Grundlagen Rn. 517; ebenfalls in diese Richtung weisend *Benecke*, ZFA 2018, 2 (13); *Ellger*, BB 2016, 3066 (3072); *Willemsen/Mehrens*, NZA 2013, 1400 (1402).

520 EGMR AuR 2015, 146.

521 *Löwisch/Rieble*, TVG (2017), Grundlagen Rn. 517; *Löwisch*, RdA 2017, 255 (257); a. A. *Bücker*, AuR 2017, 328 (331 f.); *Bram*, AuR 2017, 242 (244).

522 Die Möglichkeiten des Fallenlassens von rechtswidrigen Forderungen ließ das höchste Fachgericht in BAGE 155, 347 (365) = NZA 2016, 1543 (1549 f.) noch offen. Für die Möglichkeit plädieren etwa *Ricken*, in: MünchHandbuch-ArbR (2019), Rn. 272.54; Däubler/*Waldemar*, Arbeitskampfrecht (2018), Rn. 15.28; *Däubler*, AuR 2017, 232 (234 f.); *Fischer*, NZA 2014, 1177 (1181); *Treber*, SR 2013, 140 (147).

523 So zutreffend bereits *Rieble*, BB 2014, 949 (952).

524 A. A. wohl LAG Hessen BeckRS 2011, 75508; *Bünnemann*, ZFA 2020, 44 (57) („Das verdorbene Ei wurde insofern noch rechtzeitig entsorgt.").

neue Forderung anbieten und sobald diese gescheitert sind, kann sie auf den Streik wieder zurückgreifen. Dies kann die Gewerkschaft zwar in Schwierigkeiten bei der Mobilisierung der Belegschaft bringen, dies hätte sich allerdings durch sorgsamere Fassung der Tarifforderungen von vornherein vermeiden lassen.[525] Die Gewerkschaft trägt insofern nur die Verantwortung für ihr eigens riskantes Tun.[526] Zusätzlich besteht die Gefahr, dass durch das nachträgliche Fallenlassen der rechtswidrigen Forderung(en) die Verantwortung für die Rechtmäßigkeit des Gewerkschaftshandelns auf die Arbeitgeberseite delegiert wird.[527]

2. *Vorgeschobene Tarifforderung*

Manifestiert sich (durch Beweise untermauert[528]) der Eindruck, dass die mit der Streikankündigung übermittelte Forderung nur vorgeschoben ist, um in Wirklichkeit ein anderes tariflich-normativ nicht regelbares Ziel zu erreichen, dann ist der von der Gewerkschaft angekündigte Streik ebenfalls rechtswidrig. Für die Bestimmung ihres wirklichen Willens kann auf außerhalb des Beschlusses liegende Umstände zurückgegriffen werden.[529] Hierzu zählen aber aus Gründen der Rechtssicherheit nicht schon unbeachtliche Äußerungen einzelner nicht vertretungsberechtigter Mitglieder, sondern allenfalls Verlautbarungen wesentlicher Repräsentanten der Gewerkschaft in genau dieser Eigenschaft nach gefasstem Streikbeschluss.[530]

Nicht im Widerspruch dazu steht die aktuelle Rechtsprechung des BAG[531]. Zwischen den Zeilen lässt sich dieser entnehmen, dass eine Forderung nach den Gesamtumständen als erhoben anzusehen sein kann.[532] Es kommt also nicht

---

525 So zutreffend bereits *Rieble*, BB 2014, 949 (952).

526 So zutreffend bereits *Rieble*, BB 2014, 949 (952).

527 *Benecke*, ZFA 2018, 2 (13); *Meyer*, SAE 2017, 7 (9).

528 BAGE 25, 226 (233) = NJW 1973, 1994 („deren Unrichtigkeit die bestreikte Partei beweisen muß").

529 So ausdrücklich LAG Hessen NZA 2015, 1337 (1340); *Grimm/Vitt*, ArbRB 2020, 21 (21 f.); *Willemsen/Mehrens*, NZA 2018, 1382 (1385); *Melot de Beauregard/Baur*, NZA-RR 2016, 617 (618); *v. Steinau-Steinrück*, BB 2015, 2813 (2816); *Gaul*, RdA 2008, 13 (19); *Grimm/Pelzer*, NZA 2008, 1321 (1325 f.); *Rolfs/Clemens*, DB 2003, 1678 (1680); a. A. ErfK/*Linsenmaier*, Arbeitsrecht (2020), Art. 9 GG Rn. 138; Schaub/*Treber*, Arbeitsrechts-Handbuch (2019), Rn. 192.58; *Wendeling-Schröder*, AuR 2017, 96 (99); *Bücker*, AuR 2017, 328 (330); *Fischer*, NZA 2015, 1303 (1307).

530 *Ricken*, in: MünchHandbuch-ArbR (2019), Rn. 272.53; *Polzin*, NZA 2019, 753 (757).

531 BAGE 155, 347 = NZA 2016, 1543; BAGE 122, 134 = NZA 2007, 987.

532 BAGE 155, 347 (359 f.) = NZA 2016, 1543 (1548) („Nach den gesamten Umständen […] ist davon auszugehen, dass der Streikbeschluss des hierzu berechtigten

ausschließlich und in allen Fallgestaltungen nur formal auf den Streikbeschluss der Gewerkschaft an. Diese Wertung erscheint sinnvoll, denn sonst könnte die Gewerkschaft schließlich durch die geschickte Formulierung des Streikbeschlusses entsprechende Ziele mit dem Arbeitskampf verfolgen, die in Wahrheit nicht von Art. 9 Abs. 3 GG gedeckt wären und die Grenzen der Erkämpfbarkeit unterlaufen würden.[533] Bedenken in Bezug auf eine damit einhergehende Tarifzensur können nicht durchgreifen, da es allein um eine Rechtsmissbrauchskontrolle geht.[534] Eine stets zu überwindende praktische Schwierigkeit besteht jedoch darin, zuverlässig die Schwelle auszuloten, ab wann Erklärungen, die nicht mit den im Streikbeschluss aufgelisteten Forderung übereinstimmen, *tatsächlich* als ein mit dem (angekündigten) Streik verfolgtes Ziel einzuordnen sind.[535] Denn schließlich können die erhobenen Tarifforderungen mit etwaigen gesellschafts-sozialpolitischen Forderungen kollidieren, die nicht unmittelbar mit dem angestrebten Streik in Verbindung stehen sollen.[536]

II. Zivilrechtliche Ansprüche des Arbeitgebers bei rechtswidriger Streikankündigung

Mit der rechtswidrigen Ankündigung eines Streiks besteht insoweit ein erhöhtes Risiko für die Gewerkschaft, vom betroffenen Rechteinhaber auf Unterlassung (1.) und/oder Schadensersatz (2.) in Anspruch genommen zu werden.

Bundesvorstands der Bekl. inhaltlich dem Streikziel entsprach, das der Kl. zu 3 in den Streikankündigungsschreiben vom 15.2.2012 – ergänzt um ein weiteres Schreiben selben Datums – und vom 25.2.2012 übermittelt wurde.“); BAGE 122, 134 (164) = NZA 2007, 987 (997); BAGE 25, 226 (234) = NJW 1973, 1994; dies erkennt zutreffend das LAG Hessen NZA 2015, 1337 (1340 f.), welches zudem in diesem Zusammenhang auf BVerfGE 92, 365 = NZA 1995, 754 verweist, der zufolge eine Forderung nach den Gesamtumständen auch aufgrund konkludenten Verhaltens als erhoben anzusehen sein kann; dem wohl zustimmend *Polzin*, NZA 2019, 753 (755); *Ricken*, in: MünchHandbuch-ArbR (2019), Rn. 272.53.

533 LAG Hessen NZA 2015, 1337 (1341); *Willemsen/Mehrens*, NZA 2018, 1382 (1385); *Melot de Beauregard/Baur*, NZA-RR 2016, 617 (618); *v. Steinau-Steinrück*, BB 2015, 2813 (2816).

534 So ausdrücklich *v. Steinau-Steinrück*, BB 2015, 2813 (2816).

535 Vgl. dazu jüngst *Polzin*, NZA 2019, 753 (757).

536 *Polzin*, NZA 2019, 753 (757).

1. Anspruch auf Unterlassung des angekündigten Streiks

Die Streikankündigung kann einen Unterlassungsanspruch auslösen. Abhängig davon, ob sie einen friedenspflichtverletzenden oder tariflich nicht regelbaren Inhalt enthält, kommen vertragliche oder quasi-negatorische Anspruchsgrundlagen des betroffenen Rechteinhabers in Betracht.

Bei einem Verstoß gegen die Friedenspflicht lässt sich ein vertraglicher Unterlassungsanspruch bereits unmittelbar aus dem Tarifvertrag ableiten.[537] Im Fall eines tariflich nicht regelbaren Inhalts dagegen ist auf § 1004 Abs. 1 S. 2 BGB abzustellen. Obwohl in dieser Vorschrift nur von Eigentum die Rede ist, ist es nach herrschender Ansicht anerkannt, dass ihr Schutz auch die in § 823 Abs. 1 BGB genannten Lebensgüter und die rechtsfortbildend entwickelten „sonstigen Rechte" erfasst.[538] Daher können aus §§ 823 Abs. 1, 1004 Abs. 1 BGB analog i. V. m. dem Recht am ausgeübten und eingerichteten Gewerbebetrieb (siehe zum Recht am Gewerbebetrieb bereits Kap. 4 A. I. 2. und Kap. 4 A. II. 2.) Unterlassungsansprüche des betroffenen Arbeitgebers[539] gegen die streikwillige Gewerkschaft hergeleitet werden.

Dass der angekündigte Streik „erst" unmittelbar bevorsteht und noch nicht im Gange ist, ist für den Unterlassungsanspruch unschädlich. Das Unterlassungsbegehren lässt sich auf Fälle ausdehnen, in denen noch keine Beeinträchtigung stattgefunden hat, jedoch mit großer Wahrscheinlichkeit stattfinden wird.[540]

---

537 ErfK/*Linsenmaier*, Arbeitsrecht (2020), Art. 9 GG Rn. 225; *Domke*, Das belgische Arbeitskampfrecht (2018), S. 192; *Janssen*, Die einstweilige Verfügung im Arbeitskampf (2015), S. 155; *Walker*, Der einstweilige Rechtsschutz im Zivilprozess und im arbeitsgerichtlichen Verfahren (1993), S. 461; *Bünnemann*, ZFA 2020, 44 (57, 64); *Dütz*, BB 1980, 533 (534). Regelmäßig wird aber auch in diesem Fall auf den Unterlassungsanspruch gemäß § 1004 Abs. 1 BGB analog i. V. m. § 823 Abs. 1 BGB abgestellt, vgl. hierzu *Bünnemann*, ZFA 2020, 44 (57), der zutreffend die Attraktivität dieser Anspruchsgrundlage insbesondere aus dem Vorteil des besonderen Gerichtsstands der unerlaubten Handlung (§ 32 ZPO) herleitet.

538 BGH NJW 1998, 2058 (2059 f.); Schulze/*Schulte-Nölke*, BGB (2019), § 1004 Rn. 1; Jauernig/*Berger*, BGB (2018), § 1004 Rn. 2; Erman/*Ebbing*, BGB (2020), § 1004 Rn. 10.

539 Vgl. etwa zum Unterlassungsanspruch des Arbeitgeberverbandes die Ausführungen von BAGE 144, 1 (12, 29 f.) = NZA 2013, 437 (440, 446 f.); BAGE 122, 134 (149 f.) = NZA 2007, 987 (992); ErfK/*Linsenmaier*, Arbeitsrecht (2020), Art. 9 GG Rn. 231; *Schneider*, Der einstweilige Rechtsschutz im Arbeitskampf (2019), S. 51 f.

540 *Raff*, in: MünchKomm-BGB (2020), § 1004 Rn. 40 f.; Staudinger/*Thole*, BGB (2019), § 1004 Rn. 464; *Göbel*, Die Auswirkungen des Tarifeinheitsgesetzes auf das Arbeitskampfrecht (2019), S. 104; *Otto*, Arbeitskampf- und Schlichtungsrecht (2006), S. 415.

Dieser sog. *vorbeugende Unterlassungsanspruch* ist im Falle der Erstbegehungsgefahr allgemein anerkannt und entspricht gängiger Praxis, da man dem Inhaber einer Rechtsposition nicht zumuten will, erst eine vorhersehbare erste Störung abzuwarten, sollte sie unmittelbar bevorstehen.[541]

Typischerweise bleibt dem Betroffenen nichts anderes übrig, als in Bezug auf einen bevorstehenden Arbeitskampf im Rahmen des einstweiligen Rechtsschutzes[542], also in engem zeitlichen Zusammenhang, zu reagieren, um so das angegriffene Vorhaben vorbeugend untersagen zu lassen und zu erkennen zu geben, dass der Streik unzulässig ist und er sich verteidigen werde. Voraussetzung für den Erlass einer Unterlassungsverfügung ist, dass der Rechteinhaber das Bestehen eines Verfügungsanspruchs und eines Verfügungsgrunds darlegen und glaubhaft machen kann (§ 62 Abs. 2 S. 1 ArbGG i. V. m. §§ 935 ff. ZPO).[543] Als wesentlicher Nachteil im Sinne von § 940 ZPO genügt hier allein die Gefahr des drohenden Rechtsverlusts des Arbeitgebers, auf eine Existenzgefährdung des Arbeitgebers kommt es richtigerweise nicht an.[544] Die Unterlassungsverfügung kommt einer Befriedigungsverfügung gleich und nimmt die Hauptsache regelmäßig vorweg, da sie in der Regel einen (situationsbezogenen) faktisch endgültigen Zustand herstellt.[545] Deshalb legen die zur Entscheidung berufenen Gerichte

541 Vgl. statt vieler etwa Staudinger/*Thole*, BGB (2019), § 1004 Rn. 464 m. w. N.

542 Vgl. etwa zur Zulässigkeit einer einstweiligen Verfügung im Bereich des Arbeitskampfes: LAG Hessen NZA 2015, 1337 (1338) („Der Erlass einer einstweiligen Verfügung kommt, wie sich mittelbar aus § 62 II ArbGG ergibt, auch im Bereich des Arbeitskampfs in Betracht"); LAG Baden-Württemberg NZA 2009, 631 (632) („Der Erlass einer einstweiligen Verfügung im Arbeitskampf ist nach allgemeiner Ansicht grundsätzlich zulässig."); *Reichold*, in: FS Buchner (2009), S. 721 (723); *Kissel*, Arbeitskampfrecht (2002), S. 914 ff.; *Bünnemann*, ZFA 2020, 44 (45 ff.); *Grunsky*, RdA 1986, 196 (201 f.).

543 ErfK/*Koch*, Arbeitsrecht (2020), § 62 ArbGG Rn. 15 ff.; GMP/*Schleusener*, ArbGG (2017), § 62 Rn. 92 ff.; NK-ArbR/*Krönig*/*Holthaus*, Gesamtes Arbeitsrecht (2016), § 62 ArbGG Rn. 58 ff.; Natter/Gross/*Pfitzer*/*Zimmermann*, ArbGG (2013), § 62 Rn. 62 f.

544 Vgl. Natter/Gross/*Pfitzer*/*Zimmermann*, ArbGG (2013), § 62 Rn. 63; *Kissel*, Arbeitskampfrecht (2002), S. 922 f.; *Walker*, Der einstweilige Rechtsschutz im Zivilprozess und im arbeitsgerichtlichen Verfahren (1993), S. 471 f.; *Luckscheiter*, Der einstweilige Rechtsschutz gegen Streiks (1989), S. 148; *Bünnemann*, ZFA 2020, 44 (65); *Dütz*, BB 1980, 533 (539); a. A. Däubler/*Hensche*, Arbeitsrecht (2017), Art. 9 GG Rn. 129; *Dorndorf*/*Weiss*, Warnstreiks und vorbeugender Rechtsschutz (1983), S. 55 f.

545 LAG Berlin-Brandenburg LAGE Art. 9 GG Arbeitskampf Nr. 101; Däubler/*Hensche*, Arbeitsrecht (2017), Art. 9 GG Rn. 129; *Bünnemann*, ZFA 2020, 44 (47); *Fischer*, RdA 2009, 287 (290) („Arbeitskämpfe werden juristisch im Regelfall im einstweiligen

an ihren Erlass einen recht strengen Maßstab an. In jedem Fall ist die einstweilige Verfügung aber dann zu erlassen, wenn das Arbeitsgericht zur Überzeugung gelangt, der angekündigte Streik sei unter Beachtung der höchstrichterlichen Rechtsprechung als ohnehin offensichtlich[546] rechtswidrig zu qualifizieren und der Arbeitgeber sei der Gefahr des drohenden Rechtsverlusts ausgesetzt, die es notwendigerweise abzuwenden gilt.

2. *Anspruch auf Schadensersatz aufgrund rechtswidriger Streikankündigung*

Wie ein Streik kann auch schon seine Ankündigung die Friedenspflicht verletzen und unmittelbar in das Recht des zu bestreikenden Arbeitgebers an seinem eingerichteten und ausgeübten Gewerbebetrieb eingreifen. Was die in Betracht zu ziehenden Anspruchsgrundlagen betrifft, kann insofern auf die Ausführungen zum rechtswidrigen Kalten Streik verwiesen werden (siehe hierzu oben Kap. 4 A.). Hinsichtlich der Verletzungshandlung bleibt aber klarzustellen, dass anders als beim Kalten Streik, der sich durch den unfairen Gebrauch einer an sich *rechtmäßigen* Streikankündigung (wäre sie denn unselbständiger Verfahrensbestandteil) auszeichnet, hier die Streikankündigung *rechtswidrig* ist.

Von einer Streikankündigung geht Kampfdruck aus. Sie bildet keine reine Vorbereitungshandlung[547] und kann daher schon allgemein nicht als noch friedenswahrende Handlung angesehen werden. Mit der Bekanntgabe des Streikbeschlusses erfüllt die Gewerkschaft eine Voraussetzung für die kampfrechtliche Suspendierungsmöglichkeit (siehe hierzu ausführlich bereits Kap. 1 A. II. 1.) und überschreitet mithin deutlich die maßgebliche Schwelle von lediglich

---

Verfügungsverfahren gewonnen oder verloren."); vgl. auch *Walker*, NZA 1993, 769 (774); *Walker*, ZFA 1995, 185 (204).

546 Hier gemeint: „Offensichtliche Rechtswidrigkeit" im Sinne von LAG Baden-Württemberg BeckRS 2016, 71965 („Eine solche offensichtliche Rechtswidrigkeit liegt vor, wenn die Rechtswidrigkeit allein aufgrund einer eindeutigen Rechtsprechung des Bundesarbeitsgerichts festgestellt werden kann, wenn also keine rechtsfortbildenden Überlegungen angestellt werden müssen."); vgl. auch ErfK/*Linsenmaier*, Arbeitsrecht (2020), Art. 9 GG Rn. 229. Vgl. weiterführend zum Streitstand hinsichtlich des Prüfungsmaßstabs im einstweiligen Verfügungsverfahren auf Erlass eines Streikverbots die Ausführungen und Verweise bei *Bünnemann*, ZFA 2020, 44 (53) sowie Däubler/*Bertzbach*/*Kloppenburg*, Arbeitskampfrecht (2018), Rn. 24.43.

547 Vgl. hierzu im Allgemeinen *Ricken*, in: MünchHandbuch-ArbR (2019), Rn. 272.51; *Löwisch*/*Rieble*, TVG (2017), § 1 Rn. 1230; *Hromadka*/*Maschmann*, Arbeitsrecht, Band 2 (2017), S. 173.

gewerkschaftsinterner Willensbildung zum Kampf.[548] Enthält die Streikankündigung eine friedenspflichtverletzende Forderung, dann macht dies der anderen Seite deutlich, dass die Zusage gegenseitiger Vertragstreue zumindest von einer Seite als beendet angesehen wird und nunmehr mit einem Streik im angegebenen Zeitraum zu rechnen ist. Allein die hierdurch erzeugte Unsicherheit führt zu einer Störung der Vertragsbeziehungen und begründet als solche einen Verstoß gegen die Friedenspflicht[549] und – vorausgesetzt, es liegen alle restlichen Voraussetzungen vor – einen Anspruch aus §§ 280 Abs. 1, 3, 283 S. 1 BGB.

Ferner kann die Streikankündigung bei Rechtswidrigkeit der Kampfmaßnahme und bei schuldhaftem Handeln die Gewerkschaft zum Schadensersatz nach § 823 Abs. 1 BGB sowie §§ 311 Abs. 2, 280 Abs. 1, 241 Abs. 2 BGB gegenüber dem Kampfgegner verpflichten. Die Streikankündigung greift jedenfalls in das Rechtsgut des Gewerbebetriebs ein, ohne dass dieser eine verfassungsrechtliche (Art. 9 Abs. 3 GG) Rechtfertigung zukommt.[550] Die Auswirkungen einer Streikankündigung auf den Betrieb können einschneidend sein. Insofern kann auf die obigen Beispielfälle in Einl. A. sowie Kap. 3 B. II. 2. b) verwiesen werden.

III. Fazit

Es also lässt sich Folgendes festhalten:

1. Eine Streikankündigung mit unzulässigem Inhalt ist rechtswidrig. Liegt dem angekündigten Streik eine friedenspflichtverletzende oder tariflich nicht regelbare Forderung zugrunde ist hiervon jedenfalls unproblematisch auszugehen.
2. Enthält die Streikankündigung (wenn auch nur im Randbereich) eine rechtswidrige Teilforderung, führt dies dazu, dass die gesamte Tarifforderung als rechtswidrig anzusehen ist (sog. „Rührei-Theorie"). Das Fallenlassen von unzulässigen Streikforderungen zum Zweck der „Heilung" des rechtswidrigen Zustands wird im Schrifttum diskutiert, kann hier aber schon wegen des Ultima-ratio-Prinzips nicht überzeugen.

548 So schon *Löwisch/Rieble*, TVG (2017), § 1 Rn. 1230 („Die maßgebliche Schwelle wird nicht durch die gewerkschaftsinterne Willensbildung, etwa in einem Vorratsbeschluß überschritten, sondern erst, wenn der Kampfbeschluß nach außen dringt, also dem Gegner mitgeteilt oder von der Gewerkschaft an die Öffentlichkeit gegeben wird.").

549 So explizit für den Streikaufruf: *Ricken*, in: MünchHandbuch-ArbR (2019), Rn. 272.51.

550 Ähnlich *Sprenger*, BB 2013, 1146 (1149).

3. Ergeben außerhalb des Beschlusses liegende Umstände, dass die mit der Streikankündigung übermittelte Forderung nur vorgeschoben ist, um in Wirklichkeit ein anderes tariflich-normativ nicht regelbares Ziel zu erreichen, so ist der von der Gewerkschaft angekündigte Streik ebenfalls rechtswidrig. Aus Gründen der Rechtssicherheit sind Äußerungen einzelner nicht vertretungsberechtigter Mitglieder allerdings unbeachtlich. Zu beachten sind vielmehr allenfalls Verlautbarungen wesentlicher Repräsentanten der Gewerkschaft in genau dieser Eigenschaft nach gefasstem Streikbeschluss.
4. Der Gewerkschaft ist ein sorgfältiger sowie behutsamer Umgang mit der Streikankündigung zu empfehlen. Anderenfalls setzt sie sich einem erhöhten Risiko aus, vom betroffenen Rechteinhaber auf Unterlassung gemäß §§ 823 Abs. 1, 1004 Abs. 1 BGB analog und/oder Schadensersatz gemäß §§ 280 Abs. 1, 3, 283 S. 1 BGB, §§ 311 Abs. 2, 280 Abs. 1, 241 Abs. 2 BGB sowie § 823 Abs. 1 BGB in Anspruch genommen zu werden.

Fazit und Zusammenfassung

A. Fazit

Anliegen der Arbeit war es zum einen, die Streikankündigung möglichst umfassend zu analysieren. Es hat sich gezeigt, dass sie ein notwendiger Bestandteil des Arbeitskampfgeschehens ist und durch ihren Informationsgehalt dem betroffenen Kampfgegner nicht nur dienen, sondern unter Umständen auch schaden kann, weshalb eine Gewerkschaft sie vorsichtig sowie umsichtig einsetzten sollte. Ziel der Arbeit war es weiterhin zu prüfen, ob in der bloßen Streikankündigung bereits eine atypische Arbeitskampfmaßnahme gesehen werden kann, die zudem einer Überprüfung anhand der höchstrichterlich entwickelten Kriterien standhält. Die Untersuchung hat ergeben, dass die Streikankündigung ein Arbeitskampfmittel ist, wenn die Gewerkschaft sie in der Absicht, den Streik nicht durchzuführen, strategisch einsetzt, um Verhandlungsdruck auf den Arbeitgeber aufzubauen. Dem Betroffenen kommen dabei im Prozess gegen die Gewerkschaft die Grundsätze des Anscheinsbeweises zugute. Ein Kalter Streik ist in sensiblen Branchen rechtswidrig, weil paritätsverletzend; in jedem Fall ist er aber unfair. Die privilegierende Wirkung des Koalitionsrechts greift hier nicht, so dass mit dem Kalten Streik folglich Schadensersatzansprüche bei Verschulden einhergehen.

Die wesentlichen Einzelergebnisse der Arbeit sollen nachfolgend in Thesen zusammengefasst werden.

B. Zusammenfassung der wesentlichen Ergebnisse in Thesen

I. Streikankündigung

1. Die Streikankündigung wird als Synonym zur Bekanntgabe des Streikbeschlusses verwendet (Kap. 1 A. II.). Nicht zu verwechseln ist sie mit anderen Mitteilungen im arbeitskampfrechtlichen Zusammenhang wie der Streikdrohung, der Streikvorankündigung, dem Streikaufruf sowie der individuellen Kampfteilnahmeerklärung des Arbeitnehmers (Kap. 1 A. III.).

2. Bei der Streikankündigung handelt es sich um eine geschäftsähnliche Handlung. Vor jedem Streik ist es zwingend notwendig, dass die Streikankündigung der jeweiligen Gegenseite, gleich in welcher Form, unmittelbar zugeht, damit diese überprüfen kann, ob sie einer rechtmäßigen Kampfmaßnahme ausgesetzt ist.

Deshalb müssen der Ankündigung Informationen zum Träger, zur Art und zum Zeitraum des Streiks sowie zum Kreis der betroffenen Arbeitnehmer(-gruppe) und zum Streikziel zu entnehmen sein. Die an den Kampfgegner übermittelte Tarifforderung muss jedenfalls so bestimmt sein, dass sie ihm eine Rechtmäßigkeitskontrolle ermöglicht (Kap. 1 A. II. 4.). Liegt dem angekündigten Streik eine (wenn auch nur einen Randbereich betreffende) friedenspflichtverletzende oder tariflich nicht regelbare Forderung zugrunde, dann ist die Streikankündigung rechtswidrig. Ergeben außerhalb des Beschlusses liegende Umstände, dass die mit der Streikankündigung übermittelte Forderung nur vorgeschoben ist, um in Wirklichkeit ein anderes tariflich-normativ nicht regelbares Ziel zu erreichen, dann ist die Streikankündigung seitens der Gewerkschaft ebenfalls rechtswidrig (Kap. 4 B. I.). In diesen Fällen setzt sich die Gewerkschaft einem erhöhten Risiko aus, vom betroffenen Rechteinhaber auf Unterlassung und/oder Schadensersatz in Anspruch genommen zu werden (Kap. 4 B. II.).

II. Arbeitskampfrechtliche Grundlagen

3. Der tarifvertragsbezogene Arbeitskampf ist von Art. 9 Abs. 3 GG lediglich als Annexgewährleistung zur Tarifautonomie geschützt. Er existiert nur, um die Funktionsfähigkeit der Tarifautonomie zu sichern. Daraus ergibt sich wiederum die Mindestanforderung an das Arbeitskampfrecht. Diese besteht somit darin, die Funktionsfähigkeit der Tarifautonomie zu wahren (Kap. 2 A. I.).

4. In der jüngeren Vergangenheit hat das BAG die verfassungsrechtliche Verhältnismäßigkeitsprüfung mit ihren drei Elementen der Geeignetheit, Erforderlichkeit und Proportionalität zu einer reinen Missbrauchskontrolle verkürzt. Dieses Dogma hat sich als nicht haltbar erwiesen. Denn der Bezugspunkt der Verhältnismäßigkeitskontrolle ist nicht im Kampfziel, sondern in der Herstellung von Parität zu erkennen. Eine Einschätzungsprärogative der Gewerkschaften gibt es nicht (Kap. 2 B. V.). Ferner gesteht das BAG den Gewerkschaften ein weitreichendes Recht auf Erfindung neuer Kampfmittel zu. Solange die Maßnahme ein koalitionsspezifisches Ziel verfolge, falle es unter den Schutzbereich von Art. 9 Abs. 3 GG (Kap. 2 C. I.). Auch dieser Annahme kann allerdings nicht gefolgt werden, da sie nicht ausreichend die Funktion des Arbeitskampfes berücksichtigt, der einen Rahmen, innerhalb dessen die Entwicklung der Kampfformen erfolgen kann, bildet. Es muss zumindest die Arbeitskraft von vertragsbegünstigten Koalitionsmitgliedern und Außenseitern als Kerngedanke im Mittelpunkt stehen, damit neue Erfindungen von Arbeitskampfmitteln zunächst einmal in den Schutzbereich des Art. 9 Abs. 3 GG fallen. Eine weitere Prüfung

der neuen Maßnahme schließt sich dann unter den bekannten Gesichtspunkten an und entscheidet letztlich über ihre Zulässigkeit im Einzelfall (Kap. 2 C. III.).

III. Kalter Streik

5. Unter einem „Kalten Streik" versteht man die Vorgehensweise, bei der die Gewerkschaft zwar den Streik ankündigt, diesen anschließend aber plangemäß nicht vollzieht. Der Begriff ist das Pendant zur „Kalten Aussperrung". Indem der Begriff „Streik" verwandt wird, obwohl es zu einem solchen letztlich gar nicht kommt bzw. kommen soll – deswegen eben „Kalter" Streik –, wird auch das ähnlich gravierende Ausmaß wie im Fall eines tatsächlich durchgeführten „heißen Streiks" betont (Kap. 1 B. I.). Aus rein faktischer sowie strategischer Warte mag die Vorgehensweise gemäß dem Kalten Streik für Gewerkschaften nicht unattraktiv erscheinen, denn er kann, je nachdem in welcher Branche initiiert, Druck auf den sozialen Gegenspieler ausüben und bei diesem schon durch die bloße Ankündigung einen Vermögensschaden entstehen lassen bzw. ihn aufgrund der Ankündigung nötigen, nicht mehr reversible Vermögensdispositionen zu treffen; all dies ist möglich, ohne dass eine Kostenbelastung auf Seiten der Gewerkschaft entsteht. Dem Kalten Streik sind damit die wesentlichen Merkmale immanent, auf die eine Gewerkschaft bei der Erfindung neuer atypischer Arbeitskampfmaßnahmen großen Wert legt (Kap. 1 B. III.).

6. Da die (unselbständige) Streikankündigung nicht zu ihrer Umsetzung verpflichtet, bleibt es freilich der Gewerkschaft im Lichte ihrer koalitionsspezifischen Betätigungsfreiheit gemäß Art. 9 Abs. 3 GG überlassen, von einem angekündigten Streik nachträglich noch abzusehen. Über die Nichtumsetzung einer Streikankündigung hat die Gewerkschaft ihren Kampfgegner in Kenntnis zu setzen, wobei sie ihm weder einen Grund für ihre Entscheidung angeben noch eine besondere Form einhalten muss (Kap. 1 B. II.). Im Fall der Rücknahme einer Streikankündigung kann jedoch ein Anscheinsbeweis dafür streiten, dass diese lediglich als zweckentfremdetes Instrument der Gewerkschaft im Sinne eines Kalten Streiks zur Durchsetzung ihres koalitionsspezifischen Ziels diente, dann nämlich, wenn kein Grund für die Rücknahme ersichtlich ist. Bei einer Streikankündigung existiert ein *typischer Geschehensablauf*. Es entspricht dem allgemeinen Erfahrungssatz, dass in der großen Mehrzahl aller Fälle auf die Ankündigung auch der Streik tatsächlich folgt. Gelingt es der Gewerkschaft gerade nicht, sich des entstandenen Anscheins dadurch zu entledigen, dass sie Tatsachen nachweist, die den Nichteintritt des Streiks (die Abweichung vom typischen Geschehensablauf) erklären, lässt das den Rückschluss auf das zweckentfremdete Instrument des Kalten Streiks zu (Kap. 3 A. I. und Kap. 3 A. II.).

7. Selbst unter Berücksichtigung der aktuellen Entscheidungspraxis des BAG und den damit einhergehenden erweiterten Handlungsmöglichkeiten der Koalitionen ist der Kalte Streik als generell rechtswidrig einzuordnen. Das Ergebnis wird von drei wesentlichen Argumenten getragen. Auf die Rechtswidrigkeit des Kalten Streiks weist zunächst seine erst späte *Erkennbarkeit* hin. Dass die Arbeitgeberseite einem Kalten Streik ausgesetzt gewesen ist, ist für sie erst erkennbar, wenn es für eine angemessene Reaktion schon zu spät, das heißt ein irreversibler Schaden häufig schon entstanden ist. Ein weiteres Argument, das die Rechtswidrigkeit des Kalten Streiks (zumindest in den einsatzrelevanten Bereichen) belegt, liegt im *Mangel an effektiven Verteidigungsmitteln* und damit einem *Paritätsverstoß*. Nicht nur, dass bei Rücknahme der Streikankündigung der Schaden schon längst irreversibel entstanden ist, es gibt hiernach offensichtlich auch keine Grundlage mehr, auf der ein potentielles Verteidigungsmittel aufsetzen kann (Kap. 3 B. II.). Schließlich überzeugt es, die Vorgehensweise gemäß dem Kalten Streik per se als *unfair* zu bewerten, da die Streikankündigung im Tarifkonflikt von Rechts wegen ein großes Vertrauen auf Arbeitgeberseite genießt, das durch die Verfremdung der Streikankündigung zum Arbeitskampfmittel gerade nicht negativ beeinträchtigt werden darf (Kap. 3 B. IV.).

8. Der Einsatz eines Kalten Streiks kann vertragliche und deliktische Schadensersatzansprüche seitens der betroffenen Arbeitgeber auslösen. Die Haftungsfolgen unterscheiden sich insoweit nicht von denen eines rechtswidrigen „heißen Streiks“ (Kap. 4 A. I.). Gleiches gilt für Dritte, denen – sofern sie für den Fall eines Arbeitskampfes keine Vertragsstrafen für Leistungsstörungen mit dem Arbeitgeber vereinbart haben – nur ausnahmsweise deliktische Schadensersatzansprüche gegen die Gewerkschaft bleiben (Kap. 4 A. II.).

Literaturverzeichnis

Adam, Detlev, Das Verhältnis von Arbeitskampfrecht und Schuldrecht (zugleich Jur. Diss. Univ. Erlangen-Nürnberg 1986), Frankfurt a. M. u. a. 1988.

Agbalaka, Lino, Flashmob-Aktionen im Arbeitskampf (zugleich Jur. Diss. Humboldt Universität zu Berlin 2014), Berlin 2014.

Arnold, Markus, Die tarifrechtliche Dauerrechtsbeziehung (zugleich Jur. Diss. Univ. Köln 1995), Heidelberg 1996.

Auktor, Christian, Der Wellenstreik im System des Arbeitskampfrechts (zugleich Jur. Diss. Univ. München 2001), München 2002.

Bachmann, Gregor/Schirmer, Jan-Erik, Leistungs- und Schutzpflichten in der Zivilrechtsdogmatik. Zum Erfüllungsanspruch aus Schutzpflichten, in: Marietta Auer, Hans Christoph Grigoleit, Johannes Hager u. a. (Hrsg.), Privatrechtsdogmatik im 21. Jahrhundert, Festschrift für Claus-Wilhelm Canaris zum 80. Geburtstag, Berlin 2017, S. 371–402. Zit.: *Bachmann/Schirmer*, in: FS Canaris (2017).

Badura, Peter, Die Tarifautonomie im Spannungsfeld von Gemeinwohlerfordernissen und kollektiver Interessenwahrung, in: AöR 104 (1979), S. 246–264.

Bayreuther, Frank, Wohin bewegt sich das Arbeitskampfrecht? – Neue Kampfformen, veränderte Streikziele, mehr Drittwirkung, in: Richard Giesen, Abbo Junker, Volker Rieble (Hrsg.), Arbeitskampf, Verhandlung und Schlichtung, 14. ZAAR-Kongress – München, 28. April 2017, München 2018, S. 15–50. Zit.: *Bayreuther*, in: Arbeitskampf, Verhandlung und Schlichtung (2018).

ders., Schadensersatz im Arbeitskampf, in: JbArbR 54 (2017), S. 83–108.

ders., Der Dritte im Arbeitskampf – Schadensersatz Drittbetroffener und Auswirkungen von Streiks auf die Vertragsbeziehungen des Bestreikten mit Dritten, in: RdA 2016, S. 181–186.

ders., Tarif- und Arbeitskampfrecht in der Neuorientierung, in: NZA 2008, S. 12–18.

ders., Tarifautonomie als kollektiv ausgeübte Privatautonomie. Tarifrecht im Spannungsfeld von Arbeits-, Privat- und Wirtschaftsrecht (zugleich Jur. Habil. Univ. Erlangen-Nürnberg 2004), München 2005.

BeckOK Grundgesetz siehe *Epping, Volker/Hilgruber, Christian.*

Belling, Detlev W., Die Zulässigkeit freiwilliger Sonderzahlungen als Mittel der Streikabwehr, in: NZA 1990, S. 214–219.

Benecke, Martina, Rühreitheorie, Friedenspflichtverletzungen und „Ins-Messer-Laufen-Lassen" im Haftungssystem des BGB – Zur Dogmatik des Arbeitskampfschadensrechts, in: ZFA 2018, S. 2–16.

Bepler, Klaus, Deutsches Streikrecht und Europäische Sozialcharta (ESC), in: Wolfhard Kohte, Hans-Jürgen Dörner, Rudolf Anzinger (Hrsg.), Arbeitsrecht im sozialen Dialog, Festschrift für Hellmut Wissmann zum 65. Geburtstag, München 2005, S. 97–113. Zit.: *Bepler*, in: FS Wissmann (2005).

Berg, Peter/Platow, Helmut/Schoof, Christian/Unterhinninghofen, Hermann, Tarifvertragsgesetz und Arbeitskampfrecht, 3. Aufl., Frankfurt a. M. 2010. Zit.: BPSU, Tarifvertragsgesetz und Arbeitskampfrecht (2010).

Bewernitz, Torsten/Dribbusch, Heiner, „Kein Tag ohne Streik": Arbeitskampfentwicklung im Dienstleistungssektor, in: WSI Mitteilungen 2014, S. 393–401.

Bieder, Marcus, Paradigmenwechsel im Arbeitskampf: Neue Bezugspunkte für die Verhältnismäßigkeitskontrolle von Sympathiestreiks, in: NZA 2008, S. 799–803.

Birk, Rolf/Konzen, Horst/Löwisch, Manfred/Raiser, Thomas/Seiter, Hugo, Gesetz zur Regelung kollektiver Arbeitskampfkonflikte – Entwurf und Begründung, Tübingen 1988. Zit.: *Birk/Konzen/Löwisch/Raiser/Seiter*, ArbeitskampfG (1988).

Blume, Lara, Strafbefreiende Wirkung der „neuen" Arbeitskampffreiheit? Eine Untersuchung der Wechselwirkung zwischen Art. 9 Abs. 3 GG und den Strafnormen des StGB (zugleich Jur. Diss. Bucerius Law School Hamburg 2019), Baden-Baden 2019. Zit.: *Blume*, Strafbefreiende Wirkung der „neuen" Arbeitskampffreiheit?

Boecken, Winfried/Düwell, Josef/Diller, Martin/Hanau, Hans (Hrsg.), Nomos Kommentar, Gesamtes Arbeitsrecht, Baden-Baden 2016. Zit.: NK-ArbR/ *Bearbeiter*.

Böhmert, Sabine, Das Recht der ILO und sein Einfluss auf das deutsche Arbeitsrecht im Zeichen der europäischen Integration (zugleich Jur. Diss. Univ. Würzburg 2001), Baden-Baden 2002.

BPSU siehe *Berg, Peter/Platow, Helmut/Schoof, Christian/Unterhinninghofen, Hermann*.

Bram, Rainer, Aktuelle prozessrechtliche Fragen im einstweiligen Rechtsschutz von Arbeitskampfmaßnahmen, in: ArbuR 2017, S. 242–246.

Brauneisen, Kai Thomas, Die tarifvertragsbedingte Friedenspflicht (zugleich Jur. Diss. Univ. Heidelberg 2018), Tübingen 2019.

Brötzmann, Ulrich, Zur Frage der Zulässigkeit von streikbegleitenden Flashmob-Aktionen im Einzelhandel als Arbeitskampfmittel, in: NJW 2010, S. 638–639.

Brox, Hans/Rüthers, Bernd, Arbeitskampfrecht, 2. Aufl., Stuttgart u. a. 1982. Zit.: *Brox/Rüthers*, Arbeitskampfrecht (1982).

Brox, Hans/Rüthers, Bernd/Henssler, Martin, Arbeitsrecht, 19. Aufl., Stuttgart 2016.

Buchholtz, Gabriele, Streiken im europäischen Grundrechtsgefüge (zugleich Jur. Diss. Bucerius Law School Hamburg 2014), Tübingen 2014.

Buchner, Herbert, Der „Funktionseliten"-Streik – Zu den Grenzen der Durchsetzbarkeit von Spartentarifverträgen – Stellungnahme zum Urteil des Hessischen LAG (BB 2003, 1229) und seiner Bewertung durch Volker Rieble (BB 2003, 1227), in: BB 2003, S. 2121–2130.

Bücker, Andreas, Richterliche Erkenntnisse über wahre Streikziele und die Rühreitheorie, in: AuR 2017, S. 328–332.

Bünnemann, Fabian, Die einstweilige Verfügung gegen Streiks, in: ZFA 2020, S. 44–69.

Burkiczak, Christian, Grundgesetz und Deregulierung des Tarifvertragsrechts (zugleich Jur. Diss. Univ. Köln 2005), Berlin 2006.

Canaris, Claus-Wilhelm, Schutzgesetze – Verkehrspflichten – Schutzpflichten, in: Claus-Wilhelm Canaris, Uwe Diederichsen (Hrsg.), Festschrift für Karl Larenz zum 80. Geburtstag am 23. April 1983, München 1983, S. 27–110. Zit.: *Canaris*, in: FS Larenz (1983).

Chiu, Yu-Fan, Die Zulässigkeit atypischer Arbeitskampfformen und die Kampfmittelfreiheit (zugleich Jur. Diss. Univ. Göttingen 2015), Frankfurt a. M. u. a. 2016.

Claaßen, Sara, Zulässigkeit einer sog. „Flashmob-Aktion" als Arbeitskampfmittel – Analyse des BAG-Urteils vom 22.09.2009 (1 AZR 972/08), in: Georg Annuß, Hans-Jürgen Rupp (Hrsg.), Noerr Academy, Wissenschaft trifft Praxis, Arbeitsrecht 2010, Norderstedt 2011, S. 123–190. Zit.: *Claaßen*, in: Noerr Academy (2011).

Czerweny von Arland, Katharina, Die Arbeitskampfmittel der Gewerkschaften und der Verhältnismäßigkeitsgrundsatz (zugleich Jur. Diss. Univ. Heidelberg 1992), Frankfurt a. M. u. a. 1993.

Czycholl, Roland, Rechtmäßigkeit von Arbeitskämpfen in kirchlichen Einrichtungen (zugleich Jur. Diss. Bucerius Law School Hamburg 2013), Aachen 2013.

Czycholl, Roland/Frieling, Tino, Auswirkungen der Europäischen Sozialcharta auf das Arbeitskampfrecht – Das Streikrecht aus Art. 6 Abs. 4 ESC als vorrangige gesetzgeberische Entscheidung, in: ZESAR 2011, S. 322–327.

Däubler, Wolfgang (Hrsg.), Arbeitskampfrecht, Handbuch für die Rechtspraxis, 4. Aufl., Baden-Baden 2018. Zit.: Däubler/*Bearbeiter*, Arbeitskampfrecht (2018).

ders., Haftung der Gewerkschaft für Millionenschäden?, in: AuR 2017, S. 232–237.

ders. (Hrsg.), Tarifvertragsgesetz mit Arbeitnehmer-Entsendegesetz, 4. Aufl., Baden-Baden 2016. Zit.: Däubler/*Bearbeiter*, TVG (2016).

ders., Die unverhältnismäßige Aussperrung – BAG (GS) AR Art 9 GG – Arbeitskampf – Nr. 43, in: JuS 1972, S. 642–648.

Däubler, Wolfgang/Hjort, Jens Peter/Schubert, Michael/Wolmerath, Martin (Hrsg.), Arbeitsrecht – Individualarbeitsrecht mit kollektiven Bezügen, 4. Aufl., Baden-Baden 2017. Zit.: Däubler/*Bearbeiter*, Arbeitsrecht (2017).

Degenhart, Christoph, Staatsrecht I: Staatsorganisationsrecht, 35. Aufl., Heidelberg 2019. Zit.: *Degenhart*, Staatsrecht I (2019).

Deinert, Olaf, Tariffähigkeit, Tarifeinheit und Mindestlohn, in: AuR 2016, S. 444–448.

ders., Folgen der Tarifpluralität für das Arbeitskampfrecht, in: RdA 2011, S. 12–23.

ders., Schranken der Satzungsgestaltung beim Abstreifen der Verbandstarifbindung durch OT-Mitgliedschaften, in: RdA 2007, S. 83–91.

Deinert, Olaf/Kittner, Michael, Richterrechtliches Verhältnismäßigkeitsprinzip im Arbeitskampf und völkerrechtliche Vorgaben, in: Wolfgang Däubler, Reingard Zimmer (Hrsg.), Arbeitsvölkerrecht, Festschrift für Klaus Lörcher, Baden-Baden 2013, S. 283–301. Zit.: *Deinert/Kittner*, in: FS Lörcher (2013).

Detje, Richard, IG Metall-Offensive zur Erneuerung der Gewerkschaftsarbeit – Von Organizing zu einer Politik der Demokratisierung, in: Juri Hälker (Hrsg.), Organizing – Neue Wege gewerkschaftlicher Organisation, Supplement der Zeitschrift Sozialismus 9/2008, Hamburg 2008, S. 7–13. Zit.: *Detje*, Supplement der Zeitschrift Sozialismus 9/2008.

Detterbeck, Steffen, Allgemeines Verwaltungsrecht, 17. Aufl., München 2019.

Dietrich, Anna-Katharina, Organizing als Strategie zur Stärkung gewerkschaftlicher Organisationsmacht – Eine Untersuchung der ver.di-Kampagne bei Amazon, in: Berliner Journal für Soziologie (2017), S. 243–269.

Domke, Anja Kristina, Das belgische Arbeitskampfrecht – ein Rechtsvergleich mit Deutschland (zugleich Jur. Diss. Univ. Bielefeld 2018), Berlin 2018. Zit.: *Domke*, Das belgische Arbeitskampfrecht (2018).

Dornbusch, Gregor/Fischermeier, Ernst/Löwisch, Manfred (Hrsg.), AR-Kommentar, Kommentar zum gesamten Arbeitsrecht, 9. Aufl., Köln 2019. Zit.: Dornbusch/Fischermeier/Löwisch/*Bearbeiter*, AR-Kommentar (2019).

Dorndorf, Eberhard/Weiss, Manfred, Warnstreiks und vorbeugender Rechtsschutz gegen Streiks, Frankfurt a. M. 1983.

Dörre, Klaus, Funktionswandel des Streiks – Konflikte in zwei Welten von Arbeitsbeziehungen, in: Hermann-Josef Banke, Robert Conrad (Hrsg.), Streik als Mittel des Arbeitskampfes – Das Tarifeinheitsgesetz und die Tarifautonomie, Tübingen 2019, S. 197–214. Zit.: *Dörre*, in: Streik als Mittel des Arbeitskampfes (2019).

Döttger, Doreen, Der Schutz tariflicher Normsetzung – Zur Erforderlichkeit einer Erweiterung der bestehenden Handlungsinstrumentarien der Tarifvertragsparteien um einen Unterlassungsanspruch gegen tarifwidriges Handeln vor dem Hintergrund des Art. 9 Abs. 3 GG (zugleich Jur. Diss. Univ. Jena 2002), Berlin 2003. Zit.: *Döttger*, Der Schutz tariflicher Normsetzung (2003).

Dribbusch, Heiner, Organizing in der Fläche: Die ver.di/SEIU-Kampagne im Hamburger Bewachungsgewerbe, in: WSI Mitteilungen 2008, S. 18–24.

ders., Arbeitskampf im Wandel – Zur Streikentwicklung seit 1990, in: WSI Mitteilungen 2006, S. 382–388.

Dumke, Matthias, Streikrecht i.S. des Art. 6 Nr. 4 ESC und deutsches Arbeitskampfrecht (zugleich Jur. Diss. Univ. Kiel 2012), Frankfurt a. M. 2013.

Dütz, Wilhelm, Vorläufiger Rechtsschutz im Arbeitskampf, in: BB 1980, S. 533–543.

Dütz, Wilhelm/Thüsing, Gregor, Arbeitsrecht, 24. Aufl., München 2019.

Ebert, Roger, Die Zuständigkeit der Tarifvertragsparteien zum Abschluß von Verbands- und Firmentarifverträgen (zugleich Jur. Diss. Freie Universität Berlin 2003), Frankfurt a. M. u. a. 2003.

Ellger, Vera, Anmerkung zu BAG, Urteil vom 26.07.2016 – 1 AZR 160/14, in: BB 2016, S. 3066–3072.

Engels, Andreas, Verfassung und Arbeitskampfrecht (zugleich Jur. Diss. Univ. Köln 2007), Berlin 2008.

Epping, Volker/Hilgruber, Christian (Hrsg.), Beck´scher Online-Kommentar Grundgesetz, 46. Edition, München 2020. Zit.: BeckOK-GG/*Bearbeiter*.

Erbguth, Jan, Die Rechtsprechung des Bundesverfassungsgerichts und des Bundesarbeitsgerichts zum Grundsatz der Parität im Arbeitskampfrecht (zugleich Jur. Diss. Univ. Regensburg 2000), Sinzheim 2001.

ErfK siehe *Müller-Glöge, Rudi/Preis, Ulrich/Schmidt, Ingrid.*

Erman siehe *Westermann, Harm Peter/Grunewald, Barbara/Maier-Reimer, Georg.*

Feudner, Bernd W., Tarifverträge für „Funktionseliten"?, in: BB 2007, S. 2459–2462.

Fischer, Ulrich, Zu Risiken und Nebenwirkungen im Arbeitskampf, Anmerkung zu BAG, Urteil vom 26.07.2016 – 1 AZR 160/14, in: JM 2017, S. 149–151.

ders., Das Urteil des LAG Hessen in Sachen Pilotenvereinigung Cockpit – Alles klar an der Streikfront?, in: NZA 2015, S. 1303–1307.

ders., Das Fallenlassen einzelner unzulässiger Streikforderungen – Ein Rezept gegen verdorbene „Arbeitskampfrühreier"?, in: NZA 2014, S. 1177–1183.

ders., Der blinde Fleck in der Wesentlichkeitslehre des Bundesverfassungsgerichts beim Arbeitskampfrecht – Ein arbeitsrechtlicher Zwischenruf aus der Praxis – Erfahrungen aus dem Bahnstreik 2007, in: RdA 2009, S. 287–296.

Fischinger, Philipp Sergius, Zur Begrenzung des Streikrechts durch den Grundsatz der Verhältnismäßigkeit, in: RdA 2007, S. 99–103.

Franck, Jens-Uwe, Marktordnung durch Haftung (zugleich Jur. Habil. Univ. München 2013/2014), Tübingen 2016.

Franzen, Martin, Arbeitskampf und Europa, in: EuZA 2010, S. 453–456.

ders., Die neuere Rechtsprechung des Ersten Senats des BAG zum Arbeitskampfrecht, in: JbArbR 47 (2010), S. 119–137.

Franzen, Martin/Thüsing, Gregor/Waldhoff, Christian, Arbeitskampf in der Daseinsvorsorge, Vorschläge zur gesetzlichen Regelung von Streik und Aussperrung in Unternehmen der Daseinsvorsorge, Tübingen 2012. Zit.: *Franzen/Thüsing/Waldhoff*, Arbeitskampf in der Daseinsvorsorge (2012).

Frege, Carola M., Gewerkschaftsreformen in den USA – eine kritische Analyse des „Organisierungsmodells", in: Industrielle Beziehungen 2000, S. 260–280.

Fütterer, Patrick, Die Reichweite des Solidaritätsstreikrechts (zugleich Jur. Diss. Univ. Bremen 2012), Baden-Baden 2013.

ders., Das Koalitions- und Streikrecht im EU-Recht nach dem Wandel der Rechtsprechung des EGMR zur Koalitionsfreiheit gemäß Art. 11 EMRK (Demir und Baykara und andere), in: EuZA 2011, S. 505–520.

Gamillscheg, Franz, Kollektives Arbeitsrecht, Band I: Grundlagen, Koalitionsfreiheit, Tarifvertrag, Arbeitskampf und Schlichtung, München 1997. Zit.: *Gamillscheg*, Kollektives Arbeitsrecht, Band I (1997).

Gärtner, Frederike Cathérine, Die gesetzliche Regulierung von Bahnstreiks in Frankreich – Arbeitskampf vs. Kontinuität öffentlicher Dienstleistungen (zugleich Jur. Diss. Univ. München 2011), Frankfurt a. M. 2012. Zit.: *Gärtner*, Die gesetzliche Regulierung von Bahnstreiks in Frankreich (2012).

Gaul, Björn, Neue Felder des Arbeitskampfs: Streikmaßnahmen zur Erzwingung eines Tarifsozialplans, in: RdA 2008, S. 13–24.

Gentz, Manfred, Brauchen wir ein neues Tarif- und Arbeitskampfrecht?, in: NZA 1985, S. 305-307.

Georges, Pauline, Der Grundsatz der Verhältnismäßigkeit im Arbeitskampfrecht und seine besondere Relevanz für die Rechtmäßigkeit von

Unterstützungsstreiks (zugleich Jur. Diss. Univ. Bielefeld 2015), Berlin 2015. Zit.: *Georges*, Der Grundsatz der Verhältnismäßigkeit (2015).

Germelmann, Claas-Hinrich/Matthes, Hans-Christoph/Prütting, Hanns (Begr.), Kommentar zum Arbeitsgerichtsgesetz, 9. Aufl., München 2017. Zit.: GMP/*Bearbeiter*, ArbGG (2017).

Giesen, Richard, Arbeitskämpfe und Drittbetroffenheit: Regelungsbedarf für den Gesetzgeber, in: Sozialer Fortschritt 2016, S. 266–274.

ders., Tarifvertragliche Rechtsgestaltung für den Betrieb (zugleich Jur. Habil. Univ. Bonn 2001), Tübingen 2002.

Giesen, Richard/Kersten, Jens, Der Arbeitskampf in der digitalisierten Arbeitswelt, in: NZA 2018, S. 1–8.

Gisbertz, Ulrike, Parität im Firmenarbeitskampf (zugleich Jur. Diss. Univ. Köln 2003), Baden-Baden 2004.

GMP siehe *Germelmann, Claas-Hinrich/Matthes, Hans-Christoph/Prütting, Hanns.*

Göbel, Malte, Die Auswirkungen des Tarifeinheitsgesetzes auf das Arbeitskampfrecht (zugleich Jur. Diss. Univ. Köln 2019), Baden-Baden 2019.

Gooren, Paul, Der Tarifbezug des Arbeitskampfes (zugleich Jur. Diss. Univ. Leipzig 2014), Baden-Baden 2014.

Graf, Esther, Die Tarifzuständigkeit (zugleich Jur. Diss. Univ. Marburg 2003), Frankfurt a. M. u. a. 2003.

Greef, Samuel, Organizing: Die Mobilisierung der Basis bei den Gewerkschaften, in: Rudolf Speth (Hrsg.), Grassroots-Campaigning, Wiesbaden 2013, S. 91–111. Zit.: *Greef*, in: Grassroots-Campaigning (2013).

Green, Jan-Niklas, Arbeitskämpfe zulasten der Allgemeinheit (zugleich Jur. Diss. Bucerius Law School Hamburg 2017), Baden-Baden 2017.

ders., Zur (fehlenden) Ersatzfähigkeit arbeitskampfbedingter Schäden bei Drittbetroffenen, in: NZA 2016, S. 274–278.

Greiner, Stefan, Atypische Arbeitskampfmittel und Kampfpluralität – Welche Verteidigungsmittel bleiben?, in: NJW 2010, S. 2977–2983.

ders., Rechtmäßigkeit des „Flashmob“ als Arbeitskampfmittel, Anmerkung zu BAG, Urteil vom 22.9.2009 – 1 AZR 972/08, in: EzA Art. 9 GG Arbeitskampf Nr. 143, S. 27–57.

ders., Der Arbeitskampf der GDL – Überlegungen zur Parität im Sparten- und Spezialistenarbeitskampf, in: NZA 2007, S. 1023–1028.

Grigoleit, Hans Christoph, Leistungspflichten und Schutzpflichten, in: Andreas Heldrich, Jürgen Prölss, Ingo Koller u.a. (Hrsg.), Festschrift für Claus-Wilhelm

Canaris zum 70. Geburtstag, Band I, München 2007, S. 275–306. Zit.: *Grigoleit*, in: FS Canaris I (2007).

Grimm, Detlef/Pelzer, Sebastian, Tarifsozialpläne im Tendenzunternehmen?, in: NZA 2008, S. 1321–1328.

Grimm, Detlef/Vitt, Tillmann, Neue Entwicklungen im Arbeitskampfrecht – Welche Möglichkeiten haben die Tarifvertragsparteien, wo lauern Risiken?, in: ArbRB 2020, S. 21–25.

Gröner, Niklas, Streik und Drittschaden (zugleich Jur. Diss. Univ. München 2016), Baden-Baden 2016.

Grunsky, Wolfgang, Prozessuale Fragen des Arbeitskampfrechts, in: RdA 1986, S. 196–203.

Hänsle, Walter, Streik und Daseinsvorsorge (zugleich Jur. Diss. Univ. München 2015), Tübingen 2016.

Hanau, Peter/Thüsing, Gregor, Neue Sensibilisierungen im Arbeitskampfrecht: Der Streik in der Luftfahrt, in: Gregor Thüsing (Hrsg.), Tarifautonomie im Wandel, Beiträge zum Tarif-, Arbeitskampf- und Koalitionsrecht, Köln 2003, S. 35–70. Zit.: *Hanau/Thüsing*, in: Tarifautonomie im Wandel (2003).

Hartmann, Felix, Zehn Jahre Viking und Laval: Zu Existenz und Notwendigkeit eines funktionalen Arbeitskampfbegriffs im Unionsrecht, in: EuZA 2018, S. 1–2.

Hassel, Anke/Schroeder, Wolfgang, Gewerkschaften 2030 – Rekrutierungsdefizite, Repräsentationslücken und neue Strategien der Mitgliederpolitik, WSI-Report Nr. 44 11/2018, online abrufbar unter: *https://www.boeckler.de/pdf/p_wsi_report_44_2018.pdf* (zuletzt abgerufen am 17.8.2020).

Hayen, Ralf-Peter/Ebert, Franz Christian, Zulässigkeit von Unterstützungsstreiks – Aktuelle Rechtsprechung im Spiegel völkerrechtlicher und rechtsvergleichender Betrachtungen, in: AuR 2008, S. 19–31.

Hensche, Detlef/Wolter, Henner, Die verhältnismäßige Freiheit – zum Übermaßverbot des Streiks, in: Thomas Dieterich, Martine Le Friant, Luca Nogler, Katsutoshi Kezuka, Heide Pfarr (Hrsg.), Individuelle und kollektive Freiheit im Arbeitsrecht, Gedächtnisschrift für Ulrich Zachert, Baden-Baden 2010, S. 544–560. Zit.: *Hensche/Wolter*, in: GS Zachert (2010).

Henssler, Martin, Die neue Rolle der Gewerkschaften bei Restrukturierungen und Massenentlassungen, in: Martin Henssler, Jacob Joussen, Martin Maties, Ulrich Preis (Hrsg.), Moderne Arbeitswelt, Festschrift für Rolf Wank zum 70. Geburtstag, München 2014, S. 137–158. Zit.: *Henssler*, in: FS Wank (2014).

ders., Neue Strategien der deutschen Gewerkschaften und ihre Absicherung im deutschen Arbeitskampfrecht, in: Martin Henssler, Kazuaki Tezuka (Hrsg.), Aktuelle arbeitsrechtliche Herausforderungen in Japan und Deutschland,

Köln 2014, S. 75–94. Zit.: *Henssler*, in: Aktuelle arbeitsrechtliche Herausforderungen in Japan und Deutschland (2014).

ders, Arbeitskampf in Deutschland – Wie geht es weiter? Brauchen wir ein Arbeitskampfgesetzbuch?, in: ZFA 2010, S. 397–425.

Henssler, Martin/Willemsen, Josef/Kalb, Heinz-Jürgen (Hrsg.), Arbeitsrecht Kommentar, 9. Aufl., Köln 2020. Zit.: Henssler/Willemsen/Kalb/*Bearbeiter*, Arbeitsrecht (2020).

Höfling, Wolfram/Engels, Andreas, Der „Bahnstreik" oder: Offenbarungseid des Arbeitskampfrichterrechts?, in: NJW 2007, S. 3102–3103.

Höfling, Wolfram/Rixen, Stephan, Tariftreue oder Verfassungstreue? Von der „gewährleistungsstaatlichen" Relativierung des Grundrechtsschutzes am Beispiel der Tariftreue-Entscheidung des BVerfG, in: RdA 2007, S. 360–366.

Höpfner, Clemens, Die Schlichtung von Tarifkonflikten, in: ZFA 2018, S. 254–306.

ders., Aktuelle Strategien im deutschen Tarif- und Arbeitskampfrecht, in: Clemens Latzel, Christian Picker (Hrsg.), Neue Arbeitswelt, 3. Assistententagung im Arbeitsrecht 2013 in München, Tübingen 2014, S. 115–144. Zit.: *Höpfner*, in: Neue Arbeitswelt (2014).

Hohenstatt, Klaus-Stefan/Schramm, Nils, Erneute Erweiterung des Kampfarsenals: Zulässigkeit von Unterstützungsstreiks, in: NZA 2007, S. 1034–1037.

Holler, Daniel Eginhard, Die Ordnungsfunktion des Tarifvertrags (zugleich Jur. Diss. Univ. Erlangen-Nürnberg 2019), Baden-Baden 2020.

Holthusen, Marcel, Die Betriebsstilllegung durch den Arbeitgeber im Arbeitskampf, in: RdA 2019, S. 216–223.

von Hoyningen-Huene, Gerrick Freiherr, Rechtmäßigkeitsvoraussetzungen aktueller Arbeitskampfmittel der Gewerkschaften, in: JuS 1987, S. 505–513.

Hromadka, Wolfgang, „Kalter Streik", in: Editorial NJW 32/2010.

Hromadka, Wolfgang/Maschmann, Frank, Arbeitsrecht, Band 2: Kollektivarbeitsrecht + Arbeitsstreitigkeiten, 7. Aufl., Berlin und Heidelberg 2017. Zit.: *Hromadka/Maschmann*, Arbeitsrecht, Band 2 (2017).

Hueck, Alfred/Nipperdey, Hans Carl, Lehrbuch des Arbeitsrechts, Band II: Kollektives Arbeitsrecht, Halbband 2, 7. Aufl., Berlin und Frankfurt a. M. 1970. Zit.: *Hueck/Nipperdey*, Lehrbuch des Arbeitsrechts II (1970)

Hütter-Brungs, Gisela, Tarifautonomie und unternehmerische Freiheit (zugleich Jur. Diss. Univ. Bonn 2019/2020), Tübingen 2020.

Jacobs, Matthias, Das neue Arbeitskampfrecht des Bundesarbeitsgerichts – Kritische Überlegungen zur Akzentuierung der Kampfmittelfreiheit und zur Entwertung des Verhältnismäßigkeitsgrundsatzes in der neuen Rechtsprechung des Ersten Senats, in: ZFA 2011, S. 71–94.

Jacobs, Matthias/Payandeh, Mehrdad, Das beamtenrechtliche Streikverbot: Konventionsrechtliche Immunisierung durch verfassungsrechtliche Petrifizierung, in: JZ 2019, S. 19–26.

Jacobs, Matthias/Schmidt, Laura, Anforderungen an Einschränkungen des Streikrechts – Besprechung der Urteile des Europäischen Gerichtshofs für Menschenrechte vom 2.10.2014 und 27.11.2014 – Rechtssachen Veniamin Tymoshenko/Ukraine und Hravatki Lijeènièki Sindikat/Kroatien, in: EuZA 2016, S. 82–96.

Janssen, Stefan R., Die einstweilige Verfügung im Arbeitskampf (zugleich Jur. Diss. Univ. Köln 2015), Frankfurt a. M. u. a. 2015.

Jauernig, Othmar (Begr.), Bürgerliches Gesetzbuch, Kommentar, 17. Aufl., München 2018. Zit.: Jauernig/*Bearbeiter*, BGB (2018).

Jöris, Heribert, Arbeitskampf: Spiel ohne Grenzen?, in: NJW-Spezial 2014, S. 370–371.

Junker, Abbo, Grundkurs Arbeitsrecht, 19. Aufl., München 2020. Zit.: *Junker*, Arbeitsrecht (2020).

ders., Zukunft der Tarifautonomie: Rechtliche und rechtspolitische Herausforderungen, in: ZFA 2016, S. 81–98.

Kalb, Heinz-Jürgen, Die Entwicklung des Arbeitskampfrechts durch das Bundesarbeitsgericht, in: RdA 1994, S. 385–394.

Kamanabrou, Sudabeh, Arbeitsrecht, Tübingen 2017.

Kentner, Kathrin, Arbeitskampfmittel der Arbeitgeber (zugleich Jur. Diss. Univ. München 2009), Frankfurt a. M. u. a. 2010.

Kersten, Jens, Der Streik in der Daseinsvorsorge, in: Christan Waldhoff, Gregor Thüsing (Hrsg.), Verfassungsfragen des Arbeitskampfes, Baden-Baden 2014, S. 15–46. Zit.: *Kersten*, in: Verfassungsfragen des Arbeitskampfes (2014).

ders., Neues Arbeitskampfrecht, Tübingen 2012.

ders., Koalitionsfreiheit als Kampfmittelfreiheit? – Zugleich ein Beitrag zur „Governance der Schwärme", in: Richard Giesen, Abbo Junker, Volker Rieble (Hrsg.), Neues Arbeitskampfrecht?, 7. ZAAR-Kongress – München 7. Mai 2010, München 2010, S. 61–94. Zit.: *Kersten*, in: Neues Arbeitskampfrecht? (2010).

Kerwer, Christof, Von Lokführern, solidarischen Druckern und Nürnberger Haushaltsgeräten: Neue Tendenzen im Arbeitskampfrecht, in: EuZA 2008, S. 335–354.

Kiel, Heinrich/Lunk, Stefan/Oetker, Hartmut (Hrsg.), Münchener Handbuch zum Arbeitsrecht, Band 3: Kollektives Arbeitsrecht I, 4. Aufl., München 2019. Zit.: *Bearbeiter*, in: MünchHandbuch-ArbR (2019).

Kingreen, Thorsten/Poscher, Ralf, Grundrechte, Staatsrecht II, 35. Aufl., Heidelberg 2019. Zit.: *Kingreen/Poscher*, Grundrechte (2019).

Kissel, Otto Rudolf, Der Warnstreik – Wechselwirkung von Rechtswissenschaft und Rechtsprechung in einem Konfliktfeld des Arbeitskampfes, in: Walter Gropp, Martin Lipp, Heinhard Steiger (Hrsg.), Rechtswissenschaft im Wandel, Tübingen 2007. Zit.: *Kissel*, in: Rechtswissenschaft im Wandel (2007).

ders., Arbeitskampfrecht, München 2002.

Klein, Thomas, Das Kollektivvertrags- und Streikrecht für Beamte in privatisierten Unternehmen – Am Beispiel der Postnachfolgeunternehmen (zugleich Jur. Diss. Univ. Trier 2016), Baden-Baden 2017. Zit.: *Klein*, Das Kollektivvertrags- und Streikrecht für Beamte in privatisierten Unternehmen (2017).

Kleist, Lydia, Hat der Grundsatz der Kampfparität noch Bestand? (zugleich Jur. Diss. Univ. Bremen 2015), Hamburg 2015.

Kloepfer, Michael, Arbeitsgesetzgebung und Wesentlichkeitstheorie – Zur Verfassungspflicht einer Gesetzgebung insbesondere im Arbeitskampfrecht, in: NJW 1985, S. 2497–2505.

Konzen, Horst, Kampfmittelfreiheit und Flash mob-Aktionen, in: Michael Martinek, Peter Rawert, Birgit Weitemeyer (Hrsg.), Festschrift für Dieter Reuter zum 70. Geburtstag am 16. Oktober 2010, Berlin und New York 2010, S. 603–625. Zit.: *Konzen*, in: FS Reuter (2010).

ders., Die erweiterte Zulassung des Unterstützungsstreiks, in: SAE 2008, S. 1–9.

ders., Grundlagen und Grenzen des vorbeugenden Rechtsschutzes unter Tarifparteien, in: Meinhard Heinze, Alfred Söllner (Hrsg.), Arbeitsrecht in der Bewährung, Festschrift für Otto Rudolf Kissel zum 65. Geburtstag 1994, München 1994, S. 571–610. Zit.: *Konzen*, in: FS Kissel (1994).

Koreng, Ansgar, Das „Unternehmenspersönlichkeitsrecht“ als Element des gewerblichen Reputationsschutzes, in: GRUR 2010, S. 1065–1070.

Kornbichler, Hendrik, Die Stilllegung des Betriebs im Arbeitskampf (zugleich Jur. Diss. Univ. München 1999), Aachen 1999.

Krämer, Daniel, Die Richtigkeitsgewähr des Tarifvertrags (zugleich Jur. Diss Univ. Bonn 2013), Berlin 2015.

Kreuz, Harald, Der Grundsatz der Verhältnismäßigkeit im Arbeitskampfrecht (zugleich Jur. Diss. Univ. Bochum 1987), Berlin 1988.

Krieger, Steffen/Günther, Jens, Streikrecht 2.0 – Erlaubt ist, was gefällt!?, in: NZA 2010, S. 20–23.

Künster, Marion, Die culpa in contrahendo in vortariflichen Rechtsbeziehungen (zugleich Jur. Diss. Univ. Bonn 1994), Aachen 1994.

Lambrich, Thomas, Tarif- und Betriebsautonomie – Ein Beitrag zu den Voraussetzungen und Grenzen des Tarifvorbehalts, insbesondere dem Erfordernis der Tarifbindung des Arbeitgebers (zugleich Jur. Diss. Univ. Trier 1999), Berlin 1999. Zit.: *Lambrich*, Tarif- und Betriebsautonomie (1999).

Lambrich, Thomas/Sander, Charlotte, Von streikenden Fluglotsen, Vorfeldmitarbeitern und Schleusenwärtern – wenn Gewerkschaften Dritte instrumentalisieren, in: NZA 2014, S. 337–342.

Laurer, Richard, Das Recht des Beamten zum Streik – Von den rechtshistorischen Ursprüngen des beamtenrechtlichen Streikverbots bis zu seiner völkerrechtlichen Infragestellung (zugleich Jur. Diss. Würzburg 2016), Berlin 2017. Zit.: *Laurer*, Das Recht des Beamten zum Streik (2017)

Lehmann, Friedrich-Wilhelm, Arbeitskampfrecht – Macht der Koalitionen – Ohnmacht der Betroffenen und Drittbetroffenen – Ein Blick zurück nach vorn, in: Jobst-Hubertus Bauer, Michael Kort, Thomas M. J. Möllers, Bernd Sandmann (Hrsg.), Festschrift für Herbert Buchner zum 70. Geburtstag, München 2009, S. 529–553. Zit.: *Lehmann*, in: FS Buchner (2009).

Lembke, Mark, Arbeitskampfrecht – Quo vadis?, in: NZA 2014, S. 471–473.

ders., Die Arbeitskampfbeteiligung von Außenseitern (zugleich Jur. Diss. Univ. Heidelberg 1999), Berlin und Heidelberg 2000.

Lesch, Hagen, Konflikteskalation in Tarifverhandlungen: Methode, Indikatoren und empirische Befunde, in: Industrielle Beziehungen 2017, S. 31–53.

Lichtenberg, Lucas Aaron, Arbeitskampfbedingte Leistungsstörungen (zugleich Jur. Diss. Univ. München 2020), Berlin 2020.

Lieb, Manfred, Gedanken zur Aussperrung, in: DB 1980, S. 2188–2195.

Lieb, Manfred/Jacobs, Matthias, Arbeitsrecht, 9. Aufl., Heidelberg 2006.

Lobinger, Thomas, Der Schutz von Besitz und Eigentum im Arbeitskampf, in: Christian Hertel, Stephan Lorenz, Christina Stresemann (Hrsg.), Simplex Sigillum Veri, Festschrift für Wolfgang Krüger zum 70. Geburtstag, München 2017, S. 249–262. Zit.: *Lobinger*, in: FS Krüger (2017).

Lörcher, Klaus, Soziale Menschenrechte im individuellen Arbeitsrecht nach Demir und Baykara – am Beispiel von Art. 8 EMRK (Recht auf Achtung des Privat- und Familienlebens), in: AuR 2011, S. 88–92.

Löwisch, Manfred, Schadensersatzklagen gegen die Gewerkschaft der Flugsicherung, Anmerkung zu BAG, Urteil vom 26.07.2016 – 1 AZR 160/14, in: RdA 2017, S. 255–259.

ders., Besitzschutz gegen Flashmob, in: NZA 2010, S. 209–211.

ders., Das Übermaßverbot im Arbeitskampfrecht – Bemerkungen zum Beschluß des Großen Senats des Bundesarbeitsgerichts vom 21.4.1971, in: ZFA 1971, S. 319–345.

Löwisch, Manfred/Caspers, Georg/Klumpp, Steffen, Arbeitsrecht, 12. Aufl., München 2019.

Löwisch, Manfred/Rieble, Volker, Tarifvertragsgesetz, 4. Aufl., München 2017. *Zit.: Löwisch/Rieble*, TVG (2017).

Luckscheiter, Uwe, Der einstweilige Rechtsschutz gegen Streiks (zugleich Jur. Diss. Univ. Konstanz 1989), Konstanz 1989.

Malorny, Friederike, Die Haftung der Gewerkschaft gegenüber ihren Tarifpartnern und Dritten für Schäden bei rechtswidrigen Streiks (zugleich Jur. Diss. Bucerius Law School Hamburg 2019), Berlin 2019.

dies., Haftung der Gewerkschaft bei rechtswidrigem Streik, in: RdA 2017, S. 149–152.

von Mangoldt, Hermann/Klein, Friedrich/Starck, Christian (Begr.), Grundgesetz, Kommentar, 7. Aufl., München 2018. Zit.: v. Mangoldt/Klein/Starck/*Bearbeiter*, GG (2018).

Manzanza Lumingu, Yves-Junior, Regelung des Streikrechts in Bereichen der Daseinsvorsorge in der Bundesrepublik Deutschland (zugleich Jur. Diss. Univ. Würzburg 2017), Baden-Baden 2017.

Matthes, Ilka, Eine Negativprobe der Arbeitskampfparität (zugleich Jur. Diss. Univ. Jena 2016), Hamburg 2017.

Maunz, Theodor/Dürig, Günter (Begr.), Grundgesetz-Kommentar, 90. Aufl., Stand: Februar 2020, München 2020. Zit.: Maunz/Dürig/*Bearbeiter*, GG (02/2020).

Mayer-Maly, Theo, Anmerkung zu BAG, Urteil vom 23.10.1996 – 1 AZR 269/96, in: AR-Blattei ES 170.1 Nr. 44.

Medicus, Dieter, Zur Anwendbarkeit des Allgemeinen Schuldrechts auf Schutzpflichten, in: Andreas Heldrich, Jürgen Prölss, Ingo Koller, u. a. (Hrsg.), Festschrift für Claus-Wilhelm Canaris zum 70. Geburtstag, Band I, München 2007, S. 835–856. Zit.: *Medicus*, in: FS Canaris I (2007).

Melms, Christopher/Reinhardt, Sarah, Das Ende der relativen Friedenspflicht – Arbeitskampf immer und überall?, in: NZA 2010, S. 1033–1037.

Melot de Beauregard, Paul, Streik – Kein Schadensersatz für Dritte, in: DB 2016, S. 535–536.

ders., Tarif- und Arbeitskampfrecht für die Praxis, München 2014.

Melot de Beauregard, Paul/Baur, Maximilian, Rechtsprechung zum Arbeitskampfrecht in den Jahren 2013 bis 2015, in: NZA-RR 2016, S. 617–622.

Meyer, Cord, Koalitions-, Tarifvertrags- und Arbeitskampfrecht, Leipzig 2019.

ders., Schadensersatz im Arbeitskampf – Besprechungsaufsatz zum BAG-Urteil vom 26.07.2016 – 1 AZR 160/14, in: SAE 2017, 7–13.

ders., Neues zum Spartenarbeitskampf – Besprechungsaufsatz zu Urteilen des ArbG Frankfurt am Main vom 28.2.2012 – 9 Ga 25/12 und vom 29.2.2012 – 9 Ga 24/12, in: SAE 2012, 35–39.

Mösch, Reinhold, Gilt der Grundsatz der Verhältnismäßigkeit im Arbeitskampfrecht? (zugleich Jur. Diss. Univ. Marburg 1990), Pfaffenweiler 1991.

Müller-Glöge, Rudi/Preis, Ulrich/Schmidt, Ingrid (Hrsg.), Erfurter Kommentar zum Arbeitsrecht, 20. Aufl., München 2020. Zit.: ErfK/*Bearbeiter*, Arbeitsrecht (2020).

Müller-Jentsch, Walther, Strukturwandel der industriellen Beziehungen, 2. Aufl., Wiesbaden 2017.

MünchHandbuch-ArbR siehe *Kiel, Heinrich/Lunk, Stefan/Oetker, Hartmut.*

MünchKomm-BGB siehe *Säcker, Franz Jürgen/Rixecker, Roland/Oetker, Hartmut/Limperg, Bettina.*

Musielak, Hans-Joachim/Voit, Wolfgang (Hrsg.), Kommentar zur Zivilprozessordnung, 17. Aufl., München 2020. Zit.: Musielak/Voit/*Bearbeiter*, ZPO (2020).

Natter, Eberhard/Gross, Roland (Hrsg.), Arbeitsgerichtsgesetz, Handkommentar, 2. Aufl., Baden-Baden 2013. Zit.: Natter/Gross/*Bearbeiter*, ArbGG (2013).

Neuner, Jörg, Allgemeiner Teil des Bürgerlichen Rechts, 12. Aufl., München 2020. Zit.: *Neuner*, BGB AT (2020).

Niese, Werner, Streik und Strafrecht, Tübingen 1954.

NK-ArbR siehe *Boecken, Winfried/Düwell, Josef/Diller, Martin/Hanau, Hans.*

Nonnenmühlen, Philipp, Atypische Arbeitskampfmittel der Arbeitnehmerseite (zugleich Jur. Diss. Bucerius Law School Hamburg 2017), Frankfurt a. M. 2017.

Nusser, Julian, Grundrechtsschutz im Mehrebenensystem – Typische Spannungslagen am Beispiel des Streikverbots für Beamtinnen und Beamte, in: Sebastian Bretthauer, Christina Henrich, Berit Völzmann u. a. (Hrsg.), Wandlungen im Öffentlichen Recht, Festschrift zu 60 Jahren Assistententagung – Junge Tagung Öffentliches Recht, Baden-Baden 2020, S. 591–608. Zit.: *Nusser*, in: Wandlungen im Öffentlichen Recht (2020).

Odenthal, Fabian, Die Zulässigkeit von Sonderformen des Arbeitskampfs (zugleich Jur. Diss. Univ. Bonn 2019), Baden-Baden 2020.

Olbertz, Klaus/Reinartz, Oliver, Die erweiterten Kampfrechte der Gewerkschaften – Was Arbeitgeber künftig beachten müssen, in: ArbRB 2008, S. 310–314.

Otto, Hansjörg, Das konturlose Arbeitskampfrecht des BAG – Vom Arbeitskampf als ultima ratio zur nahezu unbeschränkten Kampffreiheit?, in: RdA 2010, S. 135–148.

ders., Arbeitskampf- und Schlichtungsrecht, München 2006.

ders., Anmerkung zu BAG, Urteil vom 23.10.1996 – 1 AZR 269/96, in: EzA Art. 9 GG Arbeitskampf Nr. 126, S. 9–22.

Ozimek, Michael, Streiks von Sparten- und Spezialistengewerkschaften (zugleich Jur. Diss. Univ. Bochum 2011/2012), Hamburg 2012.

Peters, Harald, Das Scheitern der Tarifverhandlungen als Rechtmäßigkeitsvoraussetzung für Arbeitskampfmaßnahmen (zugleich Jur. Diss. Univ. Köln 1996), Heidelberg 1997.

Pflüger, Norbert, Verhandlungsparität beim Spezialistenstreik, in: RdA 2008, 185–187.

Pfohl, Marco Alexander, Die Friedenspflicht der Tarifvertragsparteien (zugleich Jur. Diss. Univ. Kassel 2010), Kassel 2011.

Picker, Eduard, Der Arbeitskampf in der Rechts- und Wirtschaftsordnung – Zu einer Dogmatik des Arbeitskampfrechts, in: ZFA 2011, S. 443–552 (Teil III A-B).

ders., Der Arbeitskampf in der Rechts- und Wirtschaftsordnung – Zu einer Dogmatik des Arbeitskampfrechts, in: ZFA 2010, S. 499–631 (Teile I und II).

ders., Der Warnstreik und die Funktion des Arbeitskampfes in der Privatrechtsordnung, München u. a. 1983.

Polzin, Daniel, Die Maßgeblichkeit des Streikbeschlusses für die Ermittlung des Streikziels, in: NZA 2019, S. 753–758.

Preis, Ulrich, Arbeitsrecht – Kollektivarbeitsrecht, 4. Aufl., Köln 2017. Zit.: *Preis*, Kollektivarbeitsrecht (2017).

Raab, Thomas, Streikaufruf und Streikteilnahme als Voraussetzungen für die Suspendierung der arbeitsvertraglichen Hauptleistungspflichten, in: Rüdiger Krause, Roland Schwarze (Hrsg.), Festschrift für Hansjörg Otto zum 70. Geburtstag am 23. Mai 2008, Berlin 2008, S. 405–449. Zit.: *Raab*, in: FS Otto (2008).

Rehder, Britta/Deinert, Olaf/Callsen, Raphaël, Arbeitskampfmittelfreiheit und atypische Arbeitskampfformen, Saarbrücken 2012. Zit.: *Bearbeiter*, in: Rehder/Deinert/Callsen, Arbeitskampfmittelfreiheit und atypische Arbeitskampfformen (2012).

Reichold, Hermann, Arbeitsrecht, 6. Aufl., München 2019.

ders., Verfassungsrechtliche Grenzen der Arbeitskampfverfügung, in: Jobst-Hubertus Bauer, Michael Kort, Thomas M. J. Möllers, Bernd Sandmann

(Hrsg.), Festschrift für Herbert Buchner zum 70. Geburtstag, München 2009, S. 721–730. Zit.: *Reichold*, in: FS Buchner (2009).

Reinartz, Oliver/Olbertz, Klaus, Der Arbeitskampf im Ungleichgewicht: Rechtmäßigkeit des Unterstützungsstreiks?, in: DB 2008, S. 814–819.

Renneberg, Peter, Organizing und andere Arbeitskampfformen, in: Juri Hälker (Hrsg.), Organizing – Neue Wege gewerkschaftlicher Organisation, Supplement der Zeitschrift Sozialismus 9/2008, Hamburg 2008, S. 22–28. Zit.: *Renneberg*, Supplement der Zeitschrift Sozialismus 9/2008.

ders., Die Arbeitskämpfe von morgen? (zugleich Jur. Diss. Univ. Hamburg 2004), Hamburg 2005.

Reuss, Wilhelm, Die Grenzen legaler Arbeitskämpfe, in: JJb 4 (1963/1964), S. 163–191.

Reuter, Dieter, Das Arbeitsrecht in der deutschen Rechts- und Wirtschaftsordnung, Baden-Baden 2013.

Richardi, Reinhard, Arbeitsgesetzgebung und Systemgerechtigkeit, in: NZA 2008, S. 1–6.

ders., Richterrecht als Rechtsquelle, in: Manfred Lieb, Ulrich Noack, Harm Peter Westermann (Hrsg.), Festschrift für Wolfgang Zöllner zum 70. Geburtstag, Band II, Köln u. a. 1988, S. 935–948. Zit.: *Richardi*, in: FS Zöllner (1998).

ders., Die Bedeutung des zivilrechtlichen Haftungssystems für den Arbeitskampf, in: ZFA 1985, S. 101–126.

ders., Die Grenzen der Zulässigkeit des Streiks, Bielefeld u. a. 1980.

Richardi, Reinhard/Bayreuther, Frank, Kollektives Arbeitsrecht, 4. Aufl., München 2019.

Richter, Marcus, Grenzen aktiver Produktionsbehinderung im Arbeitskampf (zugleich Jur. Diss. Univ. Köln 2004), Frankfurt a. M. 2005.

Rieble, Volker, Fallenlassen einzelner Streikforderungen, in: BB 2014, S. 949–953.

ders., Das neue Arbeitskampfrecht des BAG, in: BB 2008, S. 1506–1515.

ders., Arbeitsniederlegung zur Standorterhaltung, in: RdA 2005, S. 200–212.

ders., Modernisierung des Arbeitskampfrechts zu einem Tarifverhandlungsrecht, in: ZAF 2005, S. 218–229.

ders., Zulässigkeit des Lokführer-"Funktionseliten"-Streiks – Anmerkung zum Urteil des Hessischen LAG vom 2.5.2003 – 3 Sa Ga 638/03, in: BB 2003, S. 1227–1229.

ders., Der Tarifvertrag als kollektiv-privatautonomer Vertrag, in: ZFA 2000, S. 5–27.

ders., Eindeutigkeit einer Aussperrungserklärung, in: SAE 1996, S. 227–236.

Riedl, Leopold J., Das Recht am eingerichteten und ausgeübten Gewerbebetrieb – eine noch zeitgemäße Rechtsfigur? (zugleich Jur. Diss. Univ. Würzburg 2011), Hamburg 2011. Zit.: *Riedl,* Das Recht am eingerichteten und ausgeübten Gewerbebetrieb (2011).

Rieger, Eva-Maria, Die arbeitskampfbedingte Betriebsstillegung (zugleich Jur. Diss. Univ. Mainz 2004), Mainz 2005.

Rieth, Horst, „Flashmob" – ein Arbeitskampfmittel?, in: SAE 2010, S. 37–42.

Rolfs, Christian/Clemens, Fabian, Entwicklungen und Fehlentwicklungen im Arbeitskampfrecht, in: NZA 2004, 410–417.

dies., Erstreikbarkeit firmenbezogener Verbandstarifverträge? – Bemerkungen zum Urteil des LAG Schleswig-Holstein vom 27.03.2003 – 5 Sa 137/03, in: DB 2003, S. 1678–1681.

Rolfs, Christian/Giesen, Richard/Kreikebohm, Ralf/Udsching, Peter, Arbeitsrecht Kommentar, München 2008. Zit.: Rolfs/Giesen/Kreikebohm/Udsching/*Bearbeiter*, Arbeitsrecht (2008).

Rosenau, Marc Tobias, Die Koalitionsbetätigungsfreiheit im gewandelten Kontext (zugleich Jur. Diss. Univ. Bonn 2012), Frankfurt a. M. 2013.

Rudkowski, Lena, Anmerkung zu BAG, Urteil vom 25.8.2015 – 1 AZR 875/13, in: AP GG Art. 9 Arbeitskampf Nr. 183.

dies., Der Streik in der Daseinsvorsorge (zugleich Jur. Diss. Freie Universität Berlin 2009/2010), München 2010.

Rüfner, Wolfgang, Zur Gemeinwohlbindung der Tarifvertragsparteien, in: RdA 1985, S. 193–199.

Rüthers, Bernd, Der Abbau des „ultima ratio"-Gebotes im Arbeitskampfrecht durch das Bundesarbeitsgericht, in: Martin Henssler, Clemens Höpfner (Hrsg.), Wider den juristischen Zeitgeist, Ausgewählte Schriften, Tübingen 2017, S. 68–97. Zit.: *Rüthers*, in: Ausgewählte Schriften (2017).

ders., Arbeitskampf in einer veränderten Wirtschafts- und Arbeitswelt, in: NZA 2010, S. 6–13.

Rüthers, Bernd/Höpfner, Clemens, Über die Zulässigkeit von Flashmobs als Arbeitskampfmaßnahme, in: JZ 2010, S. 261–264.

Sachs, Michael (Hrsg.), Grundgesetz – Kommentar, 9. Aufl., München 2021. Zit.: Sachs/*Bearbeiter*, GG (2021).

Sack, Rolf, Das Recht am Gewerbebetrieb, Geschichte und Dogmatik, Tübingen 2007.

Säcker, Franz Jürgen, Von der offenen Arbeitseinstellung zur verdeckten Betriebsblockade – Der Arbeitskampf im Wandel zum Partisanenkampf, in: NJW 2010, S. 1115–1118.

Säcker, Franz Jürgen/Mohr, Jochen, Das neue Arbeitskampfrecht: Das Ende der Friedlichkeit und die Relativierung absolut geschützter Rechte, in: JZ 2010, S. 440–450.

Säcker, Franz-Jürgen/Oetker, Hartmut, Grundlagen und Grenzen der Tarifautonomie, München 1992.

Säcker, Franz Jürgen/Rixecker, Roland/Oetker, Hartmut/Limperg, Bettina (Hrsg.), Münchener Kommentar zum Bürgerlichen Gesetzbuch, Band 2, Schuldrecht – Allgemeiner Teil I, §§ 241-310, 8. Aufl., München 2019. Zit.: *Bearbeiter*, in: MünchKomm-BGB (Stand).

dies. (Hrsg.), Münchener Kommentar zum Bürgerlichen Gesetzbuch, Band 5, Schuldrecht – Besonderer Teil II, §§ 535-630h, 8. Aufl., München 2020. *Bearbeiter*, in: MünchKomm-BGB (Stand).

dies. (Hrsg.), Münchener Kommentar zum Bürgerlichen Gesetzbuch, Band 7, Schuldrecht – Besonderer Teil IV, §§ 705-853, 8. Aufl., München 2020. *Bearbeiter*, in: MünchKomm-BGB (Stand).

dies. (Hrsg.), Münchener Kommentar zum Bürgerlichen Gesetzbuch, Band 8, Sachenrecht, §§ 854-1296, 8. Aufl., München 2020. *Bearbeiter*, in: MünchKomm-BGB (Stand).

Schansker, Mareike, Die Beschränkung des Streikrechts auf tariflich regelbare Ziele (zugleich Jur. Diss. Univ. Tübingen 2013), Baden-Baden 2015.

Scharff, Bettina, Urteilsbesprechung zu BAG, Urteil vom 28.08.2015 – 1 AZR 754/13, „Schadensersatzanspruch drittbetroffener Fluggesellschaft bei Fluglotsenstreik“, in: BB 2016, S. 122–128.

dies., Rechtsschutzmöglichkeiten Dritter bei Arbeitskampfmaßnahmen, in: BB 2015, S. 1845–1850.

Schaub, Günther (Begr.), Arbeitsrechts-Handbuch, 18. Aufl., München 2019. Zit.: Schaub/*Bearbeiter*, Arbeitsrechts-Handbuch (2019).

Schellhammer, Kurt, Zivilprozess, Gesetz – Praxis – Fälle, 15. Aufl., Heidelberg 2016. Zit.: *Schellhammer*, Zivilprozess (2016).

Schlachter, Monika, Beamtenstreik im Mehrebenensystem – Die Europäische Menschenrechtskonvention und ihre Wirkungen auf das deutsche Recht, in: RdA 2011, S. 341–348.

Schneider, Sven Patrick, Der einstweilige Rechtsschutz im Arbeitskampf (zugleich Jur. Diss. Bucerius Law School Hamburg 2019), Berlin 2019.

Scholz, Rupert, Bahnstreik und Verfassung, in: Jobst-Hubertus Bauer, Michael Kort, Thomas M. J. Möllers, Bernd Sandmann (Hrsg.), Festschrift für Herbert Buchner zum 70. Geburtstag, München 2009, S. 827–837. Zit.: *Scholz*, in: FS Buchner (2009).

Scholz, Rupert/Konzen, Horst, Die Aussperrung im System von Arbeitsverfassung und kollektivem Arbeitsrecht, Berlin 1980.

Schreieder, Agnes, Organizing – Gewerkschaft als soziale Bewegung, Berlin 2005.

Schulze, Reiner (Begr.), Bürgerliches Gesetzbuch, Handkommentar, 10. Aufl., Baden-Baden 2019. Zit.: Schulze/*Bearbeiter*, BGB (2019).

Schwarze, Roland, Kampfmittelfreiheit und bestehende Rechtsordnung im neuen Arbeitskampfrecht, in: ZFA 2018, S. 149–169.

Schwarzwälder, Timo, Machtmissbrauchskontrolle von Streiks selbstständig organisierter Funktionseliten (zugleich Jur. Diss. Univ. Freiburg Breisgau 2013), Berlin und Münster 2013.

Seiter, Hugo, Die neue Aussperrungsrechtsprechung des Bundesarbeitsgerichts – Zu den Urteilen des Bundesarbeitsgerichts vom 10.6.1980, in: RdA 1981, S. 65–93.

ders., Kodifizierung des Arbeitskampfrechts?, in: NJW 1976, S. 1369–1375.

ders., Streikrecht und Aussperrungsrecht (zugleich Jur. Habil. Univ. Tübingen 1973/74), Tübingen 1975.

Seiwerth, Stephan, Die Gemeinwohlbindung der Koalitionen und des Tarifvertrags, in: RdA 2017, S. 373–379.

Sprenger, Markus, Haftung der Gewerkschaft für Gegner- und Drittschäden aus rechtswidrigen Streiks – Zugleich Besprechung zu BAG 19.6.2012 – 1 AZR 775/10 – und zu ArbG Frankfurt, 27.3.2012, 16.8.2012 und 25.3.2013 – 10 Ca 3468/11, 12 Ca 8341/11 und 9 Ca 5558/12, in: BB 2013, S. 1146–1149.

von Staudinger, Julius (Begr.), Kommentar zum Bürgerlichen Gesetzbuch, Buch 3: Sachenrecht: §§ 985–1011 BGB, Berlin 2019. Zit.: Staudinger/*Bearbeiter*, BGB (2019).

Stegmüller, Martin, Einschränkungen des Streikrechts in Betrieben der Daseinsvorsorge – Varianten einer denkbaren gesetzlichen Normierung, in: NZA 2015, S. 723–728.

von Steinau-Steinrück, Robert, Anmerkung zu LAG Hessen, Urteil vom 09.09.2015 – 9 SaGa 1082/15, in: BB 2015, S. 2813–2816.

von Steinau-Steinrück, Robert/Brugger, Helen, Arbeitskampfrecht quo vadis?, in: NZA-Beil. 3/2010, S. 127–135.

Stoppelman, David, Tariffähigkeit und Tarifzuständigkeit von Arbeitgeberverbänden (zugleich Jur. Diss. Univ. Bonn 2014), Berlin 2015.

Sunnus, Michael, Arbeitskampfrecht in Bewegung? – Alte Begriffe und neue Rechtsprechung, in: AuR 2008, S. 1–12.

Sura, Stephan, Das verfassungsgemäße, aber menschenrechtswidrige Beamtenstreikverbot? Eine Skizze in sieben Episoden, in: NJOZ 2019, S. 1–9.

Szigetvári, Tibor, Moderne Erscheinungsformen des Arbeitskampfes: Eine Untersuchung der Zulässigkeit und Grenzen atypischer Arbeitskampfmittel der Arbeitnehmerseite (zugleich Jur. Diss. Univ. Tübingen 2019), Baden-Baden 2020. Zit.: *Szigetvári*, Moderne Erscheinungsformen des Arbeitskampfes (2020).

Thüsing, Gregor, Tarifautonomie und Gemeinwohl, in: Hartmut Oetker, Ulrich Preis, Volker Rieble (Hrsg.), 50 Jahre Bundesarbeitsgericht, München 2004, S. 889–912. Zit.: *Thüsing*, in: 50 Jahre Bundesarbeitsgericht (2004).

Thüsing, Gregor/Stiebert, Tom, Grundsatz des Vorrangs des Unionsrechts – Verhältnis der Europäischen Menschenrechtskonvention zu nationalem Recht, in: ZESAR 2011, S. 222–227.

Thüsing, Gregor/Waldhoff, Christian, Koaltionsfreiheit und Arbeitsrechtskampf – Eine verfassungsrechtliche Positionsbestimmung der Flashmob-Entscheidung des BAG, in: ZFA 2011, S. 329–389.

Treber, Jürgen, Einstweilige Verfügungen im Arbeitskampf – neuere Entwicklungen, in: SR 2013, S. 140–152.

ders., Aktiv produktionsbehindernde Maßnahmen (zugleich Jur. Diss. Univ. Mainz 1995/96), Berlin 1996.

Ubber, Thomas, Aktuelle Formen des Arbeitskampfes – Ankündigungsstreik, Unterstützungshauptstreik, Streik mit Drittwirkung, indirekter Streik und Mogelstreik, in: Friedrich-Wilhelm Lehmann (Hrsg.), Deutsche und europäische Tariflandschaft im Wandel, Frankfurt a. M. 2013, S. 139–156. Zit.: *Ubber*, in: Deutsche und europäische Tariflandschaft im Wandel (2013).

Ulber, Daniel, Tarifdispositives Gesetzesrecht im Spannungsfeld von Tarifautonomie und grundrechtlichen Schutzpflichten (zugleich Jur. Diss. Univ. Köln 2010), Berlin 2010.

Walker, Wolf-Dietrich, Einstweiliger Rechtsschutz im Arbeitskampf, in: ZFA 1995, S. 185–228.

ders., Der einstweilige Rechtsschutz im Zivilprozess und im arbeitsgerichtlichen Verfahren (zugleich Jur. Habil. Univ. Münster 1992), Tübingen 1993.

ders., Zur Rechtmäßigkeit von Arbeitsniederlegungen wegen der Kündigung eines Tarifvertrages, in: NZA 1993, S. 769–775.

Wank, Rolf, Aktuelle Probleme des Arbeitskampfrechts – Unterstützungsstreik, Streik um Tarifsozialplan, Schadensersatz und einstweilige Verfügung, in: RdA 2009, S. 1–13.

ders., Grundlagen des Arbeitskampfrechts, in: Meinhard Heinze, Alfred Söllner (Hrsg.), Arbeitsrecht in der Bewährung, Festschrift für Otto Rudolf Kissel zum 65. Geburtstag 1994, München 1994, S. 1225–1252. Zit.: *Wank*, in: FS Kissel (1994).

ders., Zum Vorschlag einer Kodifizierung des Arbeitskampfrechts, in: RdA 1989, S. 263–270.

Weber, Maria, Die Verhältnismäßigkeit der Arbeitskämpfe von Spartengewerkschaften (Zugleich Jur. Diss. Univ. Greifswald 2009/2010), Greifswald 2011.

Weiss, Manfred/Seifert, Achim, Der Streik im Recht der internationalen Arbeitsorganisation, in: Thomas Dieterich, Martine Le Friant, Luca Nogler, Katsutoshi Kezuka, Heide Pfarr (Hrsg.), Individuelle und kollektive Freiheit im Arbeitsrecht, Gedächtnisschrift für Ulrich Zachert, Baden-Baden 2010, S. 130–146. Zit.: *Weiss/Seifert*, in: GS Zachert (2010).

Weiß, Norman, Von Paukenschlägen und steten Tropfen – Anmerkungen zur Bedeutung und Wirkung von EGMR-Urteilen aus staats- und völkerrechtlicher Sicht, in: EuZA 2010, S. 457–468.

Wendeling-Schröder, Ulrike, Schadensersatz drittbetroffener Unternehmen bei Streiks?, in: AuR 2017, S. 96–99.

Wertenbruch, Johannes, Abgabe und Zugang von Willenserklärungen, in: JuS 2020, S. 481–488.

Westermann, Harm Peter/Grunewald, Barbara/Maier-Reimer, Georg (Hrsg.), Erman, Bürgerliches Gesetzbuch, Handkommentar, 16. Aufl., Köln 2020. Zit.: Erman/*Bearbeiter*, BGB (2017).

Wetzel, Detlef/Weigand, Jörg/Niemann-Findeisen, Sören/Lankau, Torsten, Organizing: Die mitgliederorientierte Offensivstrategie für die IG Metall, in: Detlef Wetzel (Hrsg.), Organizing, Die Veränderung der gewerkschaftlichen Praxis durch das Prinzip Beteiligung, Hamburg 2013, S. 47–66. Zit.: *Wetzel/Weigand/Niemann-Findeisen/Lankau*, in: Organizing (2013).

Wiese, Günther, Individuum und Kollektiv im Recht der Koalitionen, in: ZFA 2008, S. 317–351.

ders., Bildnisschutz des Arbeitnehmers im Arbeitskampf, in: Hans Forkel, Alfons Kraft (Hrsg.), Beiträge zum Schutz der Persönlichkeit und ihrer schöpferischen Leistungen, Festschrift für Heinrich Hubmann zum 70. Geburtstag, Frankfurt a. M. 1985, S. 481–510. Zit.: *Wiese*, in: FS Hubmann (1985).

Willemsen, Heinz Josef/Mehrens, Christian, Eine neue Unklarheitenregel für den Arbeitskampf?, in: NZA 2018, S. 1382–1386.

dies., Rechtswidriger Streik ohne Risiko? – Zum Einwand des rechtmäßigen Alternativverhaltens, in: NZA 2013, S. 1400–1404.

dies., Streikbegleitende “Flashmob-Aktionen” – Anmerkung zu BAG, Urteil vom 22.9.2009 – 1 AZR 972/08, in: AP GG Art. 9 Arbeitskampf Nr. 174.

Wisskirchen, Alfred, Die normensetzende und normenüberwachende Tätigkeit der Internationalen Arbeitsorganisation (IAO) – Rechtsfragen und praktische Erfahrungen, in: ZFA 2003, S. 691–733.

Wißmann, Hellmut, Die aktuelle Rechtsprechung des Bundesarbeitsgerichts zum Arbeitskampfrecht, in: Thomas Dieterich (Hrsg.), Das Arbeitsrecht der Gegenwart, Band 35 – Dokumentation für das Jahr 1997, Berlin 1998, S. 115–130. Zit.: *Wißmann*, in: Das Arbeitsrecht der Gegenwart (1998).

Wohlgemuth, Hans-Hermann, Aussperrung und Grundgesetz, in: BB 1979, S. 111–115.

Wolf, Manfred, Tarifautonomie, Kampfparität und gerechte Tarifgestaltung, in: ZFA 1971, S. 151–179.

Wolter, Henner, Aussperrung, Parität und Verhältnismäßigkeit, in: AuR 1979, S. 193–203.

Zachert, Ulrich/Metzke, Maria/Hamer, Wolfgang, Die Aussperrung, Köln 1978.

Zöllner, Wolfgang/Loritz, Karl-Georg/Hergenröder, Curt Wolfgang, Arbeitsrecht, 7. Aufl., München 2015.

Entscheidungsverzeichnis

EGMR

EGMR, Urteil v. 21.4.2009 – 68959/01, NZA 2010, 1423
EGMR, Urteil v. 8.4.2014 – 31045/10, NJOZ 2015, 1744
EGMR, Urteil v. 2.10.2014 – 48408/12, NZA 2015, 1268
EGMR, Urteil v. 27.11.2014 – 36701/09, AuR 2015, 146

Deutschland

BVerfG

BVerfG, Urteil v. 6.5.1964 – 1 BvR 79/62, BVerfGE 18, 18 = NJW 1964, 1267
BVerfG, Beschluss v. 18.12.1974 – 1 BvR 430/65, 259/66, BVerfGE 38, 281 = NJW 1975, 1265
BVerfG, Beschluss v. 24.5.1977 – 2 BvL 11/74, BVerfGE 44, 322 = NJW 1977, 2255
BVerfG, Beschluss v. 8.8.1978 – 2 BvL 8/77, BVerfGE 49, 89 = NJW 1979, 359
BVerfG, Urteil v. 1.3.1979 – 1 BvR 532, 533/77, 419/78, 1 BvL 21/78, BVerfGE 50, 290 = NJW 1979, 699
BVerfG, Beschluss v. 17.2.1981 – 2 BvR 384/78, BVerfGE 57, 220 = NJW 1981, 1829
BVerfG, Beschluss v. 20.10.1981 – 1 BvR 404/78, BVerfGE 58, 233 = NJW 1982, 815
BVerfG, Beschluss v. 26.6.1991 – 1 BvR 779/85, BVerfGE 84, 212 = NZA 1991, 809
BVerfG, Beschluss v. 2.3.1993 – 1 BvR 1213/85, BVerfGE 88, 103 = NJW 1993, 1379
BVerfG, Beschluss v. 9.3.1994 – 2 BvL 43/92, 51/92, 63/92, 64/92, 70/92, 80/92, 2 BvR 2031/92, BVerfGE 90, 145 = NJW 1994, 1577
BVerfG, Beschluss v. 16.5.1995 – 1 BvR 1087/91, BVerfGE 93, 1 = NJW 1995, 2477
BVerfG, Urteil v. 4.7.1995 – 1 BvF 2/86, 1/87, 2/87, 3/87, 4/87, 1 BvR 1421/86, BVerfGE 92, 365 = NZA 1995, 754
BVerfG, Beschluss v. 14.11.1995 – 1 BvR 601/92, BVerfGE 93, 352 = NZA 1996, 381
BVerfG, Beschluss v. 3.4.2001 – 1 BvL 32/97, BVerfGE 103, 293 = NZA 2001, 777
BVerfG, Beschluss v. 10.9.2004 – 1 BvR 1191/03, NZA 2004, 1338
BVerfG, Beschluss v. 14.10.2004 – 2 BvR 1481/04, BVerfGE 111, 307 = NJW 2004, 3407

BVerfG, Beschluss v. 29.12.2004 – 1 BvR 2283/03, 2504/03, 2582/03, NZA 2005, 153
BVerfG, Beschluss v. 6.2.2007 – 1 BvR 978/05, NZA 2007, 394
BVerfG, Urteil v. 4.5.2011 – 2 BvR 2365/09, 740/10, 2333/08, 1152/10, 571/10, BVerfGE 128, 326 = NJW 2011, 1931
BVerfG, Beschluss v. 26.3.2014 – 1 BvR 3185/09, NZA 2014, 493
BVerfG, Urteil v. 11.7.2017 – 1 BvR 1571/15, 1477/16, 1043/16, 2883/15, 1588/15, BVerfGE 146, 71 = NZA 2017, 915
BVerfG, Urteil v. 12.6.2018 – 2 BvR 1738/12, 646/15, 1068/14, 1395/13, BVerfGE 148, 296 = NJW 2018, 2695

BAG

BAG, Beschluss v. 28.1.1955 – GS 1/54, BAGE 1, 291 = NJW 1955, 882
BAG, Urteil v. 8.2.1957 – 1 AZR 169/55, BAGE 3, 280 = NJW 1957, 647
BAG, Urteil v. 20.12.1963 – 1 AZR 428/62, BAGE 15, 174 = NJW 1964, 883
BAG, Urteil v. 20.12.1963 – 1 AZR 429/62, BAGE 15, 202 = NJW 1964, 887
BAG, Urteil v. 3.10.1969 – 3 AZR 400/68, BAGE 22, 144
BAG, Beschluss v. 17.2.1970 – 1 ABR 15/69, BAGE 22, 295 = BeckRS 1970, 104448
BAG, Beschluss v. 21.4.1971 – GS 1/68, BAGE 23, 292 = BeckRS 9998, 152519
BAG, Urteil v. 19.6.1973 – 1 AZR 521/72, BAGE 25, 226 = NJW 1973, 1994
BAG, Urteil v. 19.10.1976 – 1 AZR 611/75, BAGE 28, 225 = NJW 1977, 318
BAG, Urteil v. 14.2.1978 – 1 AZR 76/76, BAGE 30, 50 = NJW 1979, 236
BAG, Urteil v. 10.6.1980 – 1 AZR 822/79, BAGE 33, 140 = NJW 1980, 1642
BAG, Urteil v. 10.6.1980 – 1 AZR 168/79, BAGE 33, 185 = AP GG Art. 9 Arbeitskampf Nr. 65
BAG, Urteil v. 21.12.1982 – 1 AZR 411/80, BAGE 41, 209 = NJW 1983, 1750
BAG, Urteil v. 12.9.1984 – 1 AZR 342/83, BAGE 46, 322 = NZA 1984, 393
BAG, Urteil v. 12.3.1985 – 1 AZR 636/82, BAGE 48, 195 = NZA 1985, 537
BAG, Urteil v. 12.1.1988 – 1 AZR 219/86, NZA 1988, 474
BAG, Urteil v. 7.6.1988 – 1 AZR 372/86, BAGE 58, 343 = AP GG Art. 9 Arbeitskampf Nr. 106
BAG, Urteil v. 21.6.1988 – 1 AZR 651/86, BAGE 58, 364 = NZA 1988, 846
BAG, Urteil v. 8.11.1988 – 1 AZR 417/86, BAGE 60, 101 = NZA 1989, 475
BAG, Urteil v. 11.5.1993 – 1 AZR 649/92, BAGE 73, 141 = NZA 1993, 809
BAG, Urteil v. 22.3.1994 – 1 AZR 622/93, BAGE 76, 196 = NZA 1994, 1097
BAG, Urteil v. 31.1.1995 – 1 AZR 142/94, BAGE 79, 152 = NZA 1995, 958
BAG, Urteil v. 27.6.1995 – 1 AZR 1016/94, BAGE 80, 213 = NZA 1996, 212
BAG, Urteil v. 31.10.1995 – 1 AZR 217/95, BAGE 81, 213 = NZA 1996, 389

BAG, Urteil v. 23.10.1996 – 1 AZR 269/96, NZA 1997, 397
BAG, Urteil v. 10.12.2002 – 1 AZR 96/02, BAGE 104, 155 = NZA 2003, 734
BAG, Urteil v. 18.2.2003 – 1 AZR 142/02, BAGE 105, 5 = NZA 2003, 866
BAG, Urteil v. 28.2.2006 – 1 AZR 460/04, BAGE 117, 137 = NZA 2006, 798
BAG, Urteil v. 12.9.2006 – 9 AZR 271/06, BAGE 119, 238 = NZA 2007, 269
BAG, Urteil v. 24.4.2007 – 1 AZR 252/06, BAGE 122, 134 = NZA 2007, 987
BAG, Urteil v. 19.6.2007 – 1 AZR 396/06, BAGE 123, 134 = NZA 2007, 1055
BAG, Urteil v. 20.1.2009 – 1 AZR 515/08, BAGE 129, 145 = NZA 2009, 615
BAG, Urteil v. 22.9.2009 – 1 AZR 972/08, BAGE 132, 140 = NZA 2009, 1347
BAG, Urteil v. 22.6.2010 – 1 AZR 179/09, BAGE 135, 1 = NZA 2010, 1365
BAG, Urteil v. 16.11.2010 – 9 AZR 573/09, BAGE 136, 156 = NZA 2011, 453
BAG, Urteil v. 19.6.2012 – 1 AZR 775/10, BAGE 142, 98 = NZA 2012, 1372
BAG, Urteil v. 20.11.2012 – 1 AZR 179/11, BAGE 143, 354 = NZA 2013, 448
BAG, Urteil v. 20.11.2012 – 1 AZR 611/11, BAGE 144, 1 = NZA 2013, 437
BAG, Beschluss v. 15.10.2013 – 1 ABR 31/12, BAGE 146, 189 = NZA 2014, 319
BAG, Urteil v. 25.8.2015 – 1 AZR 754/13, BAGE 152, 240 = NZA 2016, 47
BAG, Urteil v. 25.8.2015 – 1 AZR 875/13, BAGE 152, 260 = NZA 2016, 179
BAG, Urteil v. 26.7.2016 – 1 AZR 160/14, BAGE 155, 347 = NZA 2016, 1543
BAG, Urteil v. 14.8.2018 – 1 AZR 287/17, BAGE 163, 219 = NZA 2019, 100
BAG, Beschluss v. 28.7.2020 – 1 ABR 41/18, NZA 2020, 1413

Landesarbeitsgerichte

LAG Niedersachsen, Urteil v. 1.2.1980 – 10 Sa 110/79, AP GG Art. 9 Arbeitskampf Nr. 69
LAG Köln, Urteil v. 29.10.1998 – 10 Sa 14/98, NZA-RR 1999, 153
LAG Berlin-Brandenburg, Urteil v. 28.9.2007 – 8 Sa 916/07, BeckRS 2008, 53654
LAG Sachsen, Urteil v. 2.11.2007 – 7 SaGa 19/07, NZA 2008, 59
LAG Baden-Württemberg, Urteil v. 31.3.2009 – 2 SaGa 1/09, NZA 2009, 631
LAG Hessen, Urteil v. 9.8.2011 – 9 SaGa 1147/11 BeckRS 2011, 75508
LAG Hamburg, Urteil v. 6.2.2013 – 5 SaGa 1/12, BeckRS 2013, 67336
LAG Hessen, Urteil v. 25.4.2013 – 9 Sa 561/12, BeckRS 2013, 72576
LAG Hessen, Urteil v. 7.11.2014 – 9 SaGa 1496/14, BeckRS 2015, 68424
LAG Berlin-Brandenburg, Urteil v. 24.6.2015 – 26 SaGa 1059/15, LAGE Art. 9 GG Arbeitskampf Nr. 101
LAG Hessen, Urteil v. 9.9.2015 – 9 SaGa 1082/15, NZA 2015, 1337
LAG Berlin-Brandenburg, Urteil v. 15.6.2016 – 23 SaGa 968/16, BeckRS 2016, 73979
LAG Baden-Württemberg, Urteil v. 3.8.2016 – 4 SaGa 2/16, BeckRS 2016, 71965

Arbeitsgerichte

ArbG Nürnberg, Beschluss v. 8.8.2007 – 13 Ga 65/07, BeckRS 2007, 45850
ArbG Chemnitz, Urteil v. 5.10.2007 – 7 Ga 26/07, BeckRS 2007, 145261
ArbG Berlin, Urteil v. 29.4.2008 – 58 Ga 6014/08

BGH

BGH, Urteil v. 22.4.1958 – VI ZR 65/57, BGHZ 27, 137 = NJW 1958, 1041
BGH, Urteil v. 9.12.1958 – VI ZR 199/57, BGHZ 29, 65 = NJW 1959, 479
BGH, Urteil v. 31.1.1966 – III ZR 110/64, BGHZ 45, 150 = NJW 1966, 1120
BGH, Urteil v. 31.1.1978 – VI ZR 32/77, BGHZ 70, 277 = NJW 1978, 816
BGH, Urteil v. 03.7.1990 – VI ZR 239/89, NJW 1991, 230
BGH, Urteil v. 30.4.1992 – VII ZR 78/91, NJW 1992, 2489
BGH, Urteil v. 13.3.1998 – V ZR 190/97, NJW 1998, 2058
BGH, Urteil v. 11.1.2005 – VI ZR 34/04, NJW-RR 2005, 673
BGH, Beschluss v. 14.4.2005 – V ZB 16/05, BGHZ 163, 9 = NJW-RR 2005, 1175
BGH, Urteil v. 6.11.2007 – VI ZR 220/06, NJW-RR 2008, 406
BGH, Urteil v. 19.1.2010 – VI ZR 33/09, NJW 2010, 1072
BGH, Urteil v. 13.12.2011 – XI ZR 51/10, BGHZ 192, 90 = NJW 2012, 1800
BGH, Urteil v. 15.5.2012 – VI ZR 117/11, BGHZ 193, 227 = NJW 2012, 2579
BGH, Urteil v. 20.11.2012 – VI ZR 268/11, NJW-RR 2013, 550
BGH, Urteil v. 10.4.2014 – VII ZR 254/13, NJW-RR 2014, 1115
BGH, Urteil v. 9.12.2014 – VI ZR 155/14, NJW 2015, 1174
BGH, Urteil v. 26.1.2016 – XI ZR 91/14, BGHZ 208, 331 = NJW 2016, 2024
BGH, Urteil v. 11.12.2018 – KZR 26/17, NJW 2019, 661

Oberlandesgerichte

KG, Beschluss v. 29.9.2009 – 9 W 135/09, BeckRS 2009, 89123
OLG Schleswig, Urteil v. 17.12.2010 – 4 U 171/09, NJW-RR 2011, 692

RG

RG, Urteil v. 15.3.1902 – Rep. I. 392/01, RGZ 51, 92

BVerwG

BVerwG, Beschluss v. 28.2.1995 – 4 B 214.94, BVerwGE 100, 77 = NJW 1996, 867

www.ingramcontent.com/pod-product-compliance
Ingram Content Group UK Ltd.
Pitfield, Milton Keynes, MK11 3LW, UK
UKHW021939290926
8980IPUK00016B/1714

9 783631 905746